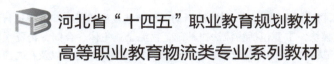

河北省"十四五"职业教育规划教材

高等职业教育物流类专业系列教材

物流法律法规基础

第 3 版

主　编　李　杰　张体勇　方　静
副主编　刘　阳　刘淑静
参　编　黄　欢　和　娅　张　悦
　　　　高田娟　薛　梅

机械工业出版社

本书以物流活动为主线,对物流活动各环节涉及的相关法律法规进行阐述。全书共有12个模块,主要包括物流法律基础、物流企业主体、合同、物资采购、物流仓储与配送、货物流通加工与包装、物流运输、货物装卸搬运,以及在物流活动中涉及的货物运输保险、物流信息管理、报关与检验检疫、物流争议解决等法律制度。

本书按照高职高专教育培养方案的要求,注重对学生实践能力的培养,力争做到理论联系实际,在阐释理论的同时辅以案例说明。另外,本书课后配有复习思考题,有助于学习者巩固已学知识,增强解决实际问题的能力。为适应我国物流业发展的需要,书中积极引入相关的国际公约与国际惯例,使本书更具实用性。

本书可以作为高职高专院校物流及相关专业的基础教材,并可作为物流行业及其他相关行业人员学习物流法律法规的参考用书。同时,本书还适合从事有关物流法律工作的人员阅读。

图书在版编目(CIP)数据

物流法律法规基础/李杰,张体勇,方静主编. —3版. —北京:机械工业出版社,2023.6(2025.2重印)
ISBN 978-7-111-72281-6

Ⅰ.①物… Ⅱ.①李… ②张… ③方… Ⅲ.①物流管理—法规—中国—高等职业教育—教材 Ⅳ.①D922.294.1

中国版本图书馆CIP数据核字(2022)第252565号

机械工业出版社(北京市百万庄大街22号 邮政编码100037)
策划编辑:孔文梅　　　　　责任编辑:孔文梅　张美杰
责任校对:韩佳欣　赵文婕　封面设计:鞠　杨
责任印制:单爱军
北京虎彩文化传播有限公司印刷
2025年2月第3版第4次印刷
184mm×260mm・16.25印张・368千字
标准书号:ISBN 978-7-111-72281-6
定价:49.90元

电话服务　　　　　　　　　网络服务
客服电话:010-88361066　　机　工　官　网:www.cmpbook.com
　　　　　010-88379833　　机　工　官　博:weibo.com/cmp1952
　　　　　010-68326294　　金　书　网:www.golden-book.com
封底无防伪标均为盗版　机工教育服务网:www.cmpedu.com

随着经济全球化的迅速发展,"物流"已成为现代服务业的支柱产业,对于推动国家经济建设发展和促进国民经济效益增长发挥着非常重要的作用,因而得到世界各国的高度重视。党的二十大部署了要加快建设质量强国和交通强国的任务,提出要"构建优质高效的服务业新体系,推动现代服务业同先进制造业、现代农业深度融合。要加快发展物联网,建设高效顺畅的流通体系,降低物流成本"。物流业的发展迎来了新的机遇和挑战。但现代物流产业的持续、稳定、健康发展,必须以良好的法律制度环境作为依托和保障,建立相对完善的物流法律制度是物流产业得以健康发展的重要条件。

物流法律法规在规范物流活动、处理交易纠纷、保护消费者权益、优化营商环境、促进产业健康发展等方面具有积极的作用。物流法律法规不仅为我国物流产业规模化发展保驾护航,而且也已成为我国物流企业挺进国际物流市场的重要保证。

《物流法律法规基础》自出版以来深受广大师生欢迎,已多次重印。此次再版,编者根据国家新颁布、修订实施的物流法律法规及相关的管理条例,审慎地对原书进行了修订和完善。本书具体特点如下:

(1)重点更突出。对内容结构进行了调整,更多地体现物流核心业务法律法规内容。

(2)内容更完整。对内容和相关案例进行了更新,更能体现社会和行业发展新动态,并增加了物流企业主体法律制度、合同法律制度、物流争议解决法律制度等模块内容,弥补了之前知识链条不完整的情况。

(3)体系更科学。对知识点进行了集成,把原包装与物流流通加工整合为一个模块,使知识点的布局更符合物流业务流程实际情况;把报关与检验检疫从原国际物流模块中分离出来,专门针对报关、检验检疫岗位进行法律法规职业技能讲解。

本书可以作为高职高专院校物流及相关专业的基础教材,也可作为物流行业及其他相关行业人员学习物流法律法规的参考用书。同时,本书还适合从事有关物流法律工作的人员阅读。

本书由李杰、张体勇、方静担任主编并负责统稿,刘阳、刘淑静担任副主编。

编者分工如下:模块一由刘阳、和娅编写,模块二、模块三、模块四、模块十二由张体勇编写,模块五由薛梅编写,模块六由黄欢编写,模块七、模块八由刘淑静编写,模块九由高田娟编写,模块十由张悦编写,模块十一由李杰、方静编写。各模块均列出了学习目标,每个单元都由经典案例引入,重点突出,实用性强。全书在编写过程中参考并借鉴了国内外一些学者的著作和研究成果，并参阅了国内外有关物流法律法规以及国际公约，在此，向相关作者一并致谢。

为方便教学，本书配备了电子课件、习题答案、教案、试卷等教学资源。凡选用本书作为教材的教师均可登录机械工业出版社教育服务网 www.cmpedu.com 免费下载。咨询可致电 010-88379375，服务 QQ：945379158。

物流是一个发展迅速的行业，不断有新的理论、思想、观念和技术产生，相关的法律法规也在不断地调整与完善，加之作者水平所限，书中难免存在不足之处，衷心希望读者批评指正，以便做进一步修改和完善。

编　者

二维码索引

序号	名称	二维码	页码	序号	名称	二维码	页码
1	物流法律基础		2	9	配送合同		102
2	物流企业及行业准入		7	10	流通加工的地位和类型		108
3	物流法律体系与法律关系		9	11	普通货物的包装法律规范		117
4	个人独资企业法		16	12	危险货物道路运输从业人员管理制度		127
5	公司法		30	13	铁路货物运输合同		131
6	仓储合同		87	14	租船合同		137
7	保管合同		96	15	航空货运合同		139
8	租赁合同		98	16	多式联运经营人		145

（续）

序号	名称	二维码	页码	序号	名称	二维码	页码
17	物流信息及互联网信息管理		192	20	调解		227
18	电子商务法律法规		195	21	仲裁		232
19	电子合同		202	22	民事诉讼		239

目录 Contents

前言

二维码索引

模块一　物流法律基础　1
　单元一　法律基础知识　2
　单元二　物流法律制度　5
　复习思考题　14

模块二　物流企业主体法律制度　15
　单元一　个人独资企业法　16
　单元二　合伙企业法　21
　单元三　公司法　29
　复习思考题　39

模块三　合同法律制度　41
　单元一　合同法概述　42
　单元二　合同的订立　45
　单元三　合同的效力　49
　单元四　合同的履行　52
　单元五　合同的变更、转让与终止　55
　单元六　合同的违约责任　60
　复习思考题　63

模块四　物资采购法律制度　64
　单元一　买卖合同　65
　单元二　招标投标法　68
　单元三　联合国国际货物销售合同公约（CISG）　73
　单元四　国际贸易术语解释通则（INCOTERMS）　78
　复习思考题　84

模块五　物流仓储与配送法律制度　86
　单元一　仓储合同　87
　单元二　保管合同　95
　单元三　租赁合同　98
　单元四　配送合同　101
　复习思考题　105

模块六　货物流通加工与包装法律制度　107
　单元一　流通加工法律规范　108

单元二　包装法律规范　117

复习思考题　122

模块七　物流运输法律制度　124

单元一　公路货物运输法律法规　125

单元二　铁路货物运输法律法规　130

单元三　水路货物运输法律法规　133

单元四　航空货物运输法律法规　138

单元五　多式联运法律法规　143

复习思考题　148

模块八　货物装卸搬运法律制度　150

单元一　货物装卸搬运法律关系概述　151

单元二　公路装卸搬运法律法规　153

单元三　港口装卸搬运法律法规　158

单元四　铁路装卸搬运法律法规　163

复习思考题　169

模块九　保险合同概述　171

单元一　物流保险法律制度概述　172

单元二　海上货物运输保险　177

单元三　陆上货物运输保险　183

单元四　航空货物运输保险　186

复习思考题　188

模块十　物流信息管理法律制度　190

单元一　物流信息及互联网信息管理概述　191

单元二　电子商务法律法规　195

单元三　电子合同　201

复习思考题　205

模块十一　报关与检验检疫法律制度　207

单元一　报关法律法规　208

单元二　检验检疫法律法规　217

复习思考题　225

模块十二　物流争议解决法律制度　226

单元一　调解　227

单元二　仲裁　231

单元三　民事诉讼　238

复习思考题　247

参考文献　249

模块一
物流法律基础

学习目标

📖 知识目标
○ 掌握法的概念，理解法律的本质和特征，了解我国法律体系和物流体系组成。

〰 能力目标
○ 能正确判断物流法律关系中的主体、客体和内容。能根据不同的分类标准对物流活动进行分类，能根据法律基础知识和物流法律相关知识，分析简单的案例。

📂 素质目标
○ 增加法律基础知识储备，增强法治观念和能力，提高物流行业从业人员职业适应能力和专业素养，提高就业创业能力。

单元一 法律基础知识

引导案例

2022年，华茂物流公司和昌盛外贸公司之间发生了一起保管费纠纷案。事情经过如下：昌盛外贸公司和华茂物流公司长期合作，经常委托华茂物流公司对自己公司的货物进行仓储保管，双方在业务中已形成习惯做法，即货物保管完成后，华茂物流公司为昌盛外贸公司开具正式发票，昌盛外贸公司收到发票一段时间后，再按发票金额向华茂物流公司支付保管费。2022年7月，昌盛外贸公司的一批货物由于在后续的贸易中发生亏损，就以种种借口拒付华茂物流公司的保管费，华茂物流公司在多次催收无望的情况下向法院提起诉讼。

在诉讼中，昌盛外贸公司辩称已将这笔保管费以现金形式付给了华茂物流公司，有华茂物流公司为其开具的正式发票为证。而华茂物流公司无法拿出对方未付款的有力证据，以致在一审中被法院驳回诉讼请求。

1. 分析华茂物流公司在本案中不签订书面合同，先行承担保管费的习惯做法存在哪些风险？
2. 从诚信的角度评析本案中昌盛外贸公司的行为。该行为会给昌盛外贸公司自身带来什么不利影响？
3. 总结本案，华茂物流公司以后应如何维护自己的合法权益？昌盛外贸公司在与商业伙伴开展业务中应遵守什么原则？

一、法的来源

法不是与生俱来的，而是社会生产力和生产关系发展的必然产物，是随着私有制、阶级、国家的出现而出现的。

在原始社会，社会生产力十分低下，生产资料和生活资料异常匮乏，人们需要互相依靠才能生存，生产资料和生活资料归集体所有，在全体成员间平均分配，没有剩余产品，没有贫富差距。因此，没有私有制和阶级，也就不会产生维护统治阶级利益的法。

进入奴隶制社会，社会生产力水平不断提高，生产和生活资料越来越丰富，产生了剩余产品，进而产生了私有制。那些掌握有大量剩余产品的人成为奴隶主阶级，其他一部分则成为被奴隶主统治的奴隶阶级。奴隶主为了维护自己的阶级利益，加强自己的统治，镇压被统治者的反抗，建立了国家暴力机构，制定了社会规范，产生了体现统治阶级意志和利益的规范的奴隶制法。

法自产生后，随社会形态一直在变迁，经历了奴隶制法、封建制法、资本主义法和社会主义法的演变。

二、法的本质与特征

1. 法的本质

法是体现统治阶级的意志，由国家制定或认可，受国家强制力保障实施的行为规范的总称。

2. 法的特征

（1）法是统治阶级意志的体现。
（2）法是由国家制定或认可的社会规范。
（3）法是由国家强制力保证实施的社会规范。
（4）法是规定人们的权利和义务的社会规范。
（5）法具有普遍适用性。

> **职业素养小讲堂**
>
> "不以规矩，不能成方圆"，这里的"规矩"是多方面的。其中，"法"就是社会普遍适用的"规矩"，是人们社会活动的基本准则。
>
> 新时代青年只有学好法律知识，才能遵守法律规则，才能迈好人生的第一步。人生的路很漫长，打好基础是人生之旅的关键所在。广大青年只有认真学习法，才能在未来做一个知法的人；只有成为一个知法的人，才能成为一个守法的人；只有自己守法，才能用法律的武器来保护自己的权利，进而借助法律维护他人的权益、国家的利益和法律的尊严。

三、法的渊源

法的渊源是指国家制定或认可的法的各种具体表现形式。我国法的渊源主要有以下几种。

1. 宪法

宪法是国家最高权力机关经由特殊程序制定和修改的，综合性地规定国家、社会和公民生活的根本问题的，具有最高法的效力的一种法。它在法的渊源体系中居于最高的、核心的地位，是一级大法或根本大法。

2. 法律

法律有广义和狭义之分。广义的法律泛指一切法律规范性文件；狭义的法律，仅指由全国人民代表大会及其常务委员会依法制定和变动的，并由国家强制力保证实施的行为规范的总称，它是中国法的渊源体系的主导。

本书所称"法律"，在单独用时采用广义理解，泛指一切规范性文件；在和法规、规章等一起用时采用狭义理解，仅指全国人民代表大会及其常务委员会制定的规范性文件。

3

3. 行政法规

行政法规是由最高国家行政机关国务院依法制定和变动的，有关行政管理和管理行政事项的规范性法律文件的总称。它是中国法的渊源体系中一种特定的法的渊源。

4. 地方性法规

地方性法规是由省、自治区、直辖市的人民代表大会及其常务委员会，在不与宪法、法律、行政法规相抵触的前提下，根据实际需要制定并颁布的地方性规范文件。地方性法规在本行政区域范围产生效力，是地方司法依据之一。

5. 行政规章

行政规章分为部门规章和政府规章两种。

部门规章是国务院所属部委根据法律和国务院行政法规、决定、命令，在本部门的权限内所发布的各种行政性的规范性法律文件，亦称部委规章。部门规章不得与宪法、法律、行政法规相抵触。

政府规章是有权制定地方性法规的地方人民政府根据法律、行政法规制定的规范性法律文件，亦称地方政府规章。政府规章除不得与宪法、法律、行政法规相抵触外，还不得与上级和同级地方性法规相抵触。

6. 国际条约

国际条约指两个或两个以上国家或国际组织间缔结的确定其相互关系中权利和义务的各种协议，是国际交往的一种最普遍的法的渊源或法的形式。

7. 国际惯例

国际惯例是指在有关国际关系中，因对同一性质的问题所采取的类似行为，经过长期反复实践逐渐形成的，为大多数国家所接受的，具有法律约束力的不成文的行为规则。

8. 技术标准

技术标准是对标准化领域中需要协调统一的技术事项所制订的标准，包括基础技术标准、产品标准、工艺标准、检测试验方法标准，及安全、卫生、环保标准等。技术标准是从事科研、设计、工艺、检验等技术工作以及商品流通中共同遵守的技术依据，是目前大量存在的、具有重要意义和广泛影响的标准。

四、法律部门及法律体系

1. 法律部门

法律部门，又称部门法，是根据一定的标准和原则，按照法律规范自身的不同性质，依据调整社会关系的不同领域和不同方法等所划分的同类法律规范的总和。

凡调整同一类社会关系的法律规范的总和，就构成一个独立的法律部门。我国的法律部门主要可分为：宪法、行政与行政诉讼法、刑法、刑事诉讼法、民法、民事诉讼法、商法、经济法、劳动法与社会保障法等。

2. 法律体系

法律体系，即部门法体系，是指由一国现行的全部法律规范按照不同的法律部门分类组合，形成的一个体系化的有机联系的统一体。

法律体系特征如下：

（1）法律体系是一国国内法构成的体系，包括被本国承认的国际法。

（2）法律体系是现行法构成的体系。

（3）法律体系由若干个相关的法律部门构成，法律部门由若干相关的法律规范构成。所以，法律规范是法律体系的基本构成单位。

资料补给站

全国物流标准化技术委员会（http://wlbz.chinawuliu.com.cn/）成立于2003年，是经国家标准化管理委员会批准成立的、由国家标准化管理委员会直属管理、在物流领域内从事全国性标准化工作的技术组织（编号：SAC/TC269），秘书处设在中国物流与采购联合会，主要负责物流基础、物流技术、物流管理和物流服务等标准化技术工作。

国际标准化组织（International Organization for Standardization，ISO）是国际标准化领域中一个十分重要的组织。国际标准化组织成立于1946年，中国是ISO的正式成员，代表中国参加ISO的组织是国家标准化管理委员会，ISO负责目前绝大部分领域的标准化活动。

单元二　物流法律制度

引导案例

A公司把一批自燃点是8℃的易燃物品委托给B物流公司运输，要求从甲地运往乙地。托运人A公司在托运单中未对货物属性做出说明，B物流公司在运输过程中也没有进行降温处理。此货物在途中自燃，引起汽车和其他货物燃烧，损失达30万元。

1. 本案物流法律关系中的主体、客体和内容分别是什么？
2. 本案中A、B公司的从业人员职业素养如何？应该如何改进提升？

一、物流的概念

物流是一个十分现代化的概念，由于它对商务活动的影响日益明显，所以越来越引起人们的注意。物流（Physical Distribution）一词起源于美国。《中华人民共和国国家标准物流术语》（GB/T 18354—2021）规定，物流（Logistics）是指根据实际需要，将运输、储存、装卸、搬运、包装、流通加工、配送、信息处理等基本功能实施有机结合，使物品从供应地向接收地进行实体流动的过程。

二、物流的分类

社会经济领域中的物流活动无处不在，对于各个领域的物流，虽然其基本要素都存在且相同，但由于物流对象不同，物流目的不同，物流范围、范畴不同，形成了不同的物流类型。在对物流的分类标准方面目前还没有统一的看法，主要的分类方法有以下几种。

1. 根据物流活动的范围标准

根据物流活动的范围，可将物流分为社会物流和企业物流。

（1）社会物流。社会物流是企业外部物流活动的总称。这种社会性很强的物流往往是由专门的物流承担人承担的，社会物流的范畴是社会经济大领域。社会物流研究再生产过程中随之发生的物流活动，研究国民经济中的物流活动，研究如何形成服务于社会、面向社会又在社会环境中运行的物流，研究社会中物流体系结构和运行，因此带有宏观性和广泛性。

（2）企业物流。企业物流是指企业内部的物品实体流动。企业物流又可以分为以下具体的物流活动：

1）生产物流。生产物流是指生产过程中原材料、在制品、半成品、产成品等在企业内部的实体流动。

2）供应物流。供应物流是指为生产企业提供原材料、零部件或其他物品时，物品在提供者与需求者之间的实体流动。

3）销售物流。销售物流是指生产企业、流通企业出售商品时，物品在供方与需方之间的实体流动。

4）回收物流。回收物流是指不合格物品的返修、退货以及周转使用的包装容器从需方返回到供方所形成的物品实体流动。

5）废弃物物流。废弃物物流是指将经济活动中失去原有使用价值的物品，根据实际需要进行收集、分类、加工、包装、搬运、储存等，并分送到专门处理场所时所形成的物品实体流动。

2. 根据物流活动的空间标准

根据物流活动的空间，可将物流分为区域物流和国际物流。

（1）区域物流。区域物流是指在一国内按照行政区域或者经济区域划分所进行的物流活动。区域物流有其独特的区域特点，一个国家范围内、一个城市内、一个经济区域内的物流通常都处于同一法律规范制度之下，受相同文化和社会因素的影响，拥有基本相同的装备水平。

（2）国际物流。国际物流是指不同国家或地区之间开展的跨国或跨地区的物流活动，包括两国（地区）间或多国（地区）之间开展的物流活动。

3. 根据物流活动的组织者标准

根据物流活动的组织者，可将物流分为自主物流、第三方物流和第四方物流。

（1）自主物流。自主物流是指生产企业为满足自身的需要，利用自己的人工、机械设备和场所，安排全部物流计划，自己从事货物实体流动全过程的物流活动。

（2）第三方物流。第三方物流是指由供方与需方以外的物流企业提供物流服务的业务模式。其具有节省费用、减少资本积压和库存、实现企业资源的优化配置、提升企业形象等诸多优点。

（3）第四方物流。第四方物流是指建立在第三方物流基础上的，对不同的第三方物流企业的管理、技术等物流资源做进一步整合，为用户提供全面意义上的供应链解决方案的一种更高级的物流模式。

资料补给站

2021年，我国社会物流总额335.2万亿元，按可比价格计算，同比增长9.2%，两年年均增长6.2%，增速恢复至正常年份平均水平。从构成看，工业品物流总额299.6万亿元，按可比价格计算，同比增长9.6%；农产品物流总额5.0万亿元，增长7.1%；再生资源物流总额2.5万亿元，增长40.2%；单位与居民物品物流总额10.8万亿元，增长10.2%；进口货物物流总额17.4万亿元，下降1.0%。2021年，我国物流业总收入11.9万亿元，同比增长15.1%。

我国物流行业逐渐进入高质量发展阶段，未来市场规模仍将保持扩大，但增速整体放缓。高质量发展是我国由物流大国向物流强国转变的必由之路，我国物流行业将在政策引导下坚持稳中求进的总基调，坚持新发展理念，加快行业转型升级，进一步创新发展，持续提升内部凝聚力和外部影响力。

（数据来源：2021年全国物流运行情况通报，中国物流与采购联合会网站，http://www.chinawuliu.com.cn/lhhzq/202202/09/570359.shtml，2022-02-09）

三、物流市场

（一）物流市场的结构

物流市场是指物流服务供给、物流服务需求交换关系的总和。从这个定义出发，我国物流市场由提供物流服务的物流企业和具有物流服务需求的各类经济部门、各类企业及个人构成。

物流企业及行业准入

1. 物流市场主体

进入物流市场的主体是谁呢？凡进入物流市场进行交易的单位与个人都是物流市场主体。具体来讲有政府、供方企业与个人、需方企业与个人、第三方物流企业、运输企业、仓储企业、包装企业、装卸企业等。运输企业还可以分为铁路运输企业、公路运输企业、内河与海上运输企业、航空运输企业、邮政企业、管道运输企业等。第三方物流企业应该逐步在物流市场中当主角，这是一个发展趋势。

2. 物流市场客体

凡是在物流市场上可以进行交易与加工增值的所有有形商品，包括生产资料与生活资料以及在物流市场上需要进行位移的所有实体，包括个人都是物流市场客体。与一般商品市场不同的是，属知识产权的所有无形资产不可能进入物流市场。个人的劳动力可以进入劳务市场进行交易，但个人进入物流市场仅为了位移，这就是我们常讲的客运。

3. 物流市场载体

物流市场载体就是为物流市场客体服务的设施与场所，包括铁路、公路、集装箱、船舶、飞机、港口、机场、管道、仓库、配送中心、物流中心等，没有它们，物流无法进行。

4. 物流市场中介组织

物流市场需要规范，一靠政府，二靠中介组织，特别是行业组织，如中国物流与采购联合会、中国仓储与配送协会、中国物资储运协会、中国国际货运代理协会、中国船东协会、中国船舶代理及无船承运人协会、中国集装箱行业协会、中国道路运输协会、中国交通运输协会等，这些协会实施行业自律，规范市场行为。

（二）我国物流市场对外开放的法律环境

自 2001 年我国加入世界贸易组织（WTO）以来，我国立法机关和各级政府机关制定、修订了大量法律法规，以适应"入世"的需要。我国的"入世"文件《中华人民共和国加入议定书》（以下简称《议定书》）中，对物流相关行业的开放做出了原则性的规定，并在附件 9《中华人民共和国服务贸易具体承诺减让表》第二条"最惠国豁免清单"中对相关行业的市场准入程度和开放时间表进行了详细的列举。

为了进一步扩大对外开放，积极促进外商投资，保护外商投资合法权益，规范外商投资管理，推动形成全面开放新格局，促进社会主义市场经济健康发展，2019 年 3 月 15 日，第十三届全国人民代表大会第二次会议表决通过了《中华人民共和国外商投资法》（自 2020 年 1 月 1 日起施行）。国家坚持对外开放的基本国策，鼓励外国投资者依法在中国境内投资物流行业。外商投资物流行业依法平等适用我国支持企业发展的各项政策。

为了贯彻落实党中央、国务院关于深化"放管服"改革，激发市场活力和社会创造力，2019 年 10 月 23 日，国务院总理李克强签署国务院令，公布《优化营商环境条例》（自 2020 年 1 月 1 日起施行），为包括物流行业在内的很多行业的招商引资、中外合作、健康发展提供政策支撑。为了构建高水平社会主义市场经济体制，完善市场准入、公平竞争、社会信用等市场经济基础制度，我国持续优化营商环境，合理缩减外资准入负面清单，依法保护外商投资权益，营造市场化、法治化、国际化一流营商环境。

 职业素养小讲堂

物流企业及从业人员掌握法律知识，规范物流中的无序现象，是物流发展的关键。无论是物流公司、仓储员还是快递员，都需要了解一些物流相关的法律法规知识。

物流从业人员应提升法律素养，做到知法、懂法、守法、用法。知法就是了解法律的条款；懂法就是理解法律的内容和原理；守法就是严格依照法律行使自己享有的权利和履行自己应尽的义务；用法就是会充分尊重他人合法权利和自由，积极寻求法律途径解决纠纷和争议，自觉运用法律的武器维护自己的合法权利，主动抵制破坏法律和秩序的行为。

四、我国物流法律体系概述

物流业是一个综合性行业，物流活动涉及的环节非常广泛，一般包括运输、仓储、装卸、搬运、配送、包装、流通加工、信息处理等。物流法律体系包括规范上述各种物流服务的法律、法规、部委规章和相关的国家标准等。

（一）运输法律制度

我国的运输法律制度一方面通过《中华人民共和国民法典》（以下简称《民法典》）第三编中的运输合同一章进行总体规范，另一方面依照水路运输、陆路运输、航空运输三种运输方式进行分别立法，包括法律、法规和部委规章等。

1. 水路运输法律制度

水路运输法律制度有以下方面：

（1）海上运输法律制度。海上运输对于货物的进出口流通起着非常重要的作用。目前，大多数货物的进出口是通过国际海运完成的。《中华人民共和国海商法》（以下简称《海商法》）调整海上运输关系，规定了海上货物运输合同等内容，促进了海上运输和经济贸易的发展。《中华人民共和国国际海运条例实施细则》分别对国际船舶代理、国际班轮运输、国际集装箱运输等进行了详细规定，在规范海运物流业中起着重要的作用。

（2）内河运输法律制度。对于内河运输，主要是通过《民法典》《海商法》《国内水路运输管理条例》《中华人民共和国航道管理条例》等进行规范。

2. 陆路运输法律制度

陆路运输法律制度有以下方面：

（1）公路运输法律制度。在我国目前的物流基础设施中，对公路的使用率很高，尤其是中短距离的物流配送几乎都要靠公路完成。公路运输方面的法律包括《中华人民共和国公路法》（以下简称《公路法》）等。但就货物运输而言，并没有专门的法律来调整，《公路法》主要是管理公路的法律，而不是公路运输的法律，公路货物运输主要通过《民法典》《道路运输条例》《道路货物运输及站场管理规定》等规范承运人、托运人及其他主体的行为。

（2）铁路运输法律制度。中长距离、大宗货物的运输主要靠铁路完成。铁路运输方面的法律包括：《中华人民共和国铁路法》（以下简称《铁路法》），对铁路运输企业及其职能、铁路运输营业等基本问题都有明确的规定；《铁路集装箱运输规则》，对铁路货物运输又做出了进一步规定。

3. 航空运输法律制度

《中华人民共和国民用航空法》是我国航空事业的基本法律，对公共航空运输企业、公共航空运输等进行了明确规范，但很少涉及航空货物运输方面的内容，主要通过《中国民用航空货物国际运输规则》《中国民用航空货物国内运输规则》对航空运输进行调整。

（二）仓储、装卸、搬运、配送、包装、流通加工法律制度

1. 仓储法律制度

《民法典》第三编合同第二十二章仓储合同部分，对仓储法律制度进行了具体规定，初步规范了仓储活动。

2. 装卸、搬运法律制度

我国没有装卸、搬运的专门立法，由于装卸、搬运与货物运输密切相关，水陆空运输法律制度对装卸、搬运均有规定，但是，各项规定之间缺乏一致性，须进行完善。

3. 配送法律制度

配送活动往往集装卸、包装、分拣、保管、加工、配货、运输等一系列活动于一身，没有专门调整配送活动的法律法规。而配送合同作为一种无名合同，往往具有仓储合同、运输合同、买卖合同和委托合同的某些特征，因此签订物流配送合同和调整配送活动主要依据《民法典》中的第三编。

4. 包装法律制度

货物的销售、运输、仓储方面的法律法规中都有包装条款，如《民法典》第六百一十九条规定，出卖人应当按照约定的包装方式交付标的物。对包装方式没有约定或者约定不明确，依据《民法典》第五百一十条的规定仍不能确定的，应当按照通用的方式包装；没有通用方式的，应当采取足以保护标的物且有利于节约资源、保护生态环境的包装方式。《民法典》第八百二十七条规定，托运人应当按照约定的方式包装货物。对包装方式没有约定或者约定不明确的，适用《民法典》第六百一十九条的规定。

5. 流通加工法律制度

我国没有单独的流通加工的法律，关于流通加工的立法主要表现在承揽合同上。《民法典》中关于承揽合同的具体规定，可适用于流通加工。

> **课内小案例**
>
> 我国宁波甲公司（出口方）与英国乙公司按 CIF 条件成交了 800 台跑步机，由甲公司拟定合同一式两份，其中的包装条款规定是"PACKING IN WOODEN CASE"（木箱装）。随后甲公司将合同寄到了乙公司，乙公司在原包装条款"PACKING IN WOODEN CASE"后面增加了"C.K.D."字样并寄回，但甲公司并未注意。在这之后，乙公司按照合同规定开证，甲公司将跑步机出运后凭信用证规定制单结汇完毕。货物到达目的港，乙公司提货后发现货物系整台跑步机木箱装，与单据所载不符。由于整台进口需要缴纳的进口关税较高，因此乙公司拒收货物，并且要求甲公司退还货款。
>
> （C.K.D. 为"Complete Knock Down"的缩写，意思是将一件成品完全拆散。）
>
> **请思考：**本案例的启示是什么？

（三）信息法律制度

信息技术的发展促进了物流的信息化趋势。目前，我国针对信息技术的立法还处于探索阶段，法律方面有《中华人民共和国电子商务法》《中华人民共和国电子签名法》；法规规章方面主要有《中华人民共和国计算机信息网络国际联网管理暂行规定》《计算机信息网络国际联网安全保护管理办法》《中华人民共和国计算机信息系统安全保护条例》《网络交易监督管理办法》等，主要对网络安全进行了规定，缺乏对物流信息的法律规定。

当然，还有涉及物流活动中主体方面的法律规范。物流法律关系主体包括企业、各种组织和自然人以及国家机关，对这些主体进行规范的法律规则构成物流法律规范的重要部分。例如，《中华人民共和国公司法》《铁路运输企业准入许可办法》等。

五、物流法律的特点

（1）综合性和多样性。由于物流活动涉及运输、仓储、包装、配送、搬运、流通加工和信息管理等各个环节，在每个环节上都存在须用法律对其活动进行规范和约束的问题，而且每个环节的法律规范在表现形式上又分为法律、法规、规章和国际条约、国际惯例以及各种技术规范和技术法规等不同的层次，所以物流法律呈现综合性和多样性特点。

（2）广泛性和复杂性。物流活动本身的特点以及物流活动的市场管理者众多，所以在物流活动中，既有可能适用横向的民事法律规范，如运输合同、仓储合同、保管合同等合同法律规范；也有可能适用纵向的行政法律规范，如物流企业市场准入、物流市场监督管理等法律规范；在某些情况下还可能适用一些技术标准和技术规范。

（3）国际性。现代物流是经济全球化、一体化发展的产物。国际物流的出现和发展，使物流超越了一国和区域的界限，走向国际化。与物流国际化相适应，物流法律也呈现出国际化的趋势，这种趋势也会带来物流技术标准和工作标准在法律适用上的国际化。

（4）技术性。由于物流活动由运输、包装、仓储和装卸等技术性较强的多个物流环节组成，整个物流活动过程都需要运用现代信息技术和电子商务，所以物流活动自始至终都体现出较高的技术含量。而物流法律作为调整物流活动、规范物流市场的法律规范，必然涉及从事物流活动的专业术语、技术标准、设备标准以及设备操作规程等，从而具有技术性的特点。

六、物流法律关系

法律关系是法律在调整人们的行为过程中所形成的一种特殊的社会关系，即法律上的权利与义务关系。物流法律关系是指物流法律规范在调整物流活动过程中所形成的具体的权利义务关系。

（一）物流法律关系的构成要素

物流法律关系是由物流法律关系的主体、内容和客体这三个要素构成的，缺少其中任何一个要素，都不能构成物流法律关系。

1. 物流法律关系的主体

物流法律关系的主体是指参加物流法律关系，依法享有权利和承担义务的当事人。在物流法律关系中，享有权利的一方当事人称为权利人，承担义务的一方当事人称为义务人。

（1）国家机关。国家机关包括国家权力机关、国家行政机关和国家司法机关。作为物流法律关系主体的国家机关主要是指国家行政机关。在物流活动中，经常会发生国家行政机关对物流企业设立、对物流活动进行监督管理而形成的各种法律关系，这属于物流行政法律关系，主要表现为国家行政机关与企事业单位、其他组织之间监督与被监督、管理与被管理的关系。

（2）企业法人。我国《民法典》第五十七条规定："法人是具有民事权利能力和民事行为能力，依法独立享有民事权利和承担民事义务的组织。"法人包括企业法人、事业法人和机关法人，其中企业法人是物流法律关系的主要参与者。

参与物流法律关系的企业有以下几类：

① 物流服务需求企业，包括工业企业和批发零售企业。它们在物流法律关系中一般作为主合同中的服务购买方存在。

② 第三方物流公司。它们在物流法律关系中同时参与物流主合同与物流分合同的订立与履行。

③ 物流作业的实际履行企业。它们主要是物流分合同的参与者。这类企业包括运输企业、港口经营企业、仓储企业、加工企业、咨询企业、信息服务企业等。

（3）其他组织。其他组织是指依法成立、有一定的组织机构和财产，但不具备法人资格、不能独立承担民事责任的组织。其他组织只有符合相应的法律规定，取得经营资质后，才能从事物流业务。

（4）自然人。自然人即基于出生而取得民事主体资格的人。自然人具有民事主体资格，可以作为物流法律关系的主体。现代物流涉及的领域较为广泛，自然人在一些情况下可通过接受物流服务，而成为物流法律关系的主体。

2. 物流法律关系的内容

物流法律关系的内容是指物流法律关系的主体在物流活动中享有的权利和承担的义务。权利是指主体为实现某种利益而依法为某种行为或不为某种行为的可能性；义务是指义务人为满足权利人的利益而为一定行为或不为一定行为的必要性。

3. 物流法律关系的客体

物流法律关系的客体是指物流法律关系的主体享有的权利和承担的义务所共同指向的对象，物流法律关系中一般包括物和行为。在物流法律规范中，由于不同形式的物流活动产生不同的权利义务关系，在多数情况下，物流法律关系表现为一种债的法律关系，即权利主体请求义务主体为或不为一定行为，其客体主要是指物流活动所指向的人、物和给付的行为。

> **课内小案例**
>
> 2022年12月,太原某工厂向石家庄某化工公司采购了20吨甲醇,并将其交给A物流公司运输至太原该工厂的仓储中心。
>
> 由于突降大雪,道路被封,A物流公司迟延3天送达。在商品入库时,仓储中心依据采购协议进行检验,发现货物没有按照合同规定时间交付,也未达到合同规定的质量标准,提出退货和赔偿要求。同时,该批货物由于违反国家规定的强制环保标准,被当地执法部门依法查封。
>
> 问题:该案例体现了哪些法律关系?

(二)物流法律关系的设立、变更和终止

1. 物流法律关系的设立

物流法律关系的设立,是指因某种物流法律事实的存在,而在物流活动主体之间形成的权利和义务关系。物流法律关系的发生取决于某种物流法律事实的存在,如企业之间订立物流服务合同等。

物流法律事实是指引起物流法律关系发生、变更和消灭的情况。物流法律事实分为事件和行为两大类。事件是指发生的某种客观情况,该情况一般不以人的意志为转移,并能够引起法律关系形成、变更或消灭;行为则是指物流法律关系主体实施的,与其意志相关的,能够引起法律关系形成、变更或消灭的作为和不作为。

2. 物流法律关系的变更

物流法律关系的变更,是指因某种物流法律事实的出现而使物流主体之间已经发生的物流法律关系的某些要素发生改变。

物流法律关系的变更原因,是法律所规定的或者合同中约定的某些物流法律事实的出现,如发生了法律规定的不可抗力,当事人协议约定改变履行合同的时间、方式或地点等。物流法律关系变更的结果,是使业已存在的物流法律关系的主体、客体和内容发生了某种变化,如经过托运人的同意,承运人将承运业务交由其他运输公司运输,因而变更了运输合同的主体。

3. 物流法律关系的终止

物流法律关系的终止,是指因某种物流法律事实的出现而导致业已存在的物流法律关系归于消灭。

物流法律关系终止的原因,是出现了某些导致业已存在的物流法律关系归于消灭的物流法律事实,如保管合同关系中委托人取消了委托或者受托人辞去了委托。物流法律关系终止的法律后果,是指原本存在的某种物流法律关系不复存在。

复习思考题

一、选择题

1. 法的渊源是指（　　）。
   A. 法的历史　　　　　　　　　B. 法的立法过程
   C. 法的形式　　　　　　　　　D. 法的内容
2. 构成法律体系的基本要素是（　　）。
   A. 法律部门　　　　　　　　　B. 法律条款
   C. 法律形式　　　　　　　　　D. 法律规范
3. 不属于物流法律特点的是（　　）。
   A. 系统性　　　　　　　　　　B. 国际性
   C. 技术性　　　　　　　　　　D. 综合性和多样性
4. 不属于物流法律关系三要素的是（　　）。
   A. 主体　　　　　　　　　　　B. 对象
   C. 客体　　　　　　　　　　　D. 内容
5. 物流法律关系中的参加者包括（　　）。
   A. 订立物流合同的本人　　　　B. 参与物流合同履行的实际履行人
   C. 行业主管部门　　　　　　　D. 履行辅助人

二、简答题

1. 法的特征有哪些？
2. 法律部门和法律体系的区别是什么？
3. 什么是物流法律关系？其构成要素有哪些？

三、案例分析题

2022年4月15日，昌达物流公司分别向陆远和鑫鑫两家托盘生产企业发函："我公司因业务需要，欲订购200件××尺寸塑料托盘，望贵公司能及时回电洽商。"陆远和鑫鑫托盘生产企业分别于4月16日、4月17日回电："本公司有充足货源，愿与贵公司订立合同。"并将价目表一并传真给了该物流企业，且均表示可送货上门。4月19日，陆远公司将200件托盘送往昌达物流公司。昌达物流公司在收到两家托盘生产企业的回电后，通过比较价格和质量，认为鑫鑫公司的托盘性价比更高，于4月18日复电鑫鑫公司："接受贵公司提供的托盘，请速在三天内前来送货。"于是鑫鑫公司于20日组织送货。

请问： 在本案例中，昌达物流公司与陆远公司是否形成了法律关系？与鑫鑫公司呢？为什么？

模块二
物流企业主体法律制度

学习目标

📖 知识目标
○ 掌握个人独资企业、合伙企业、有限责任公司、股份有限公司等不同企业主体法律属性和各自特点。

ᗡ 能力目标
○ 能判断物流企业主体行为的合法与合理性；能根据物流企业主体法律知识分析解决综合案例，并提升创新创业能力。

🗂 素质目标
○ 增强企业主体责任意识，重视物流企业主体的社会责任；培养市场主体的规范意识、依法经营意识，提升企业管理合规化素养。

单元一　个人独资企业法

引导案例

2022年8月，刚刚步入社会的大学毕业生史小白在工商行政管理机关注册成立了一家以物流信息服务为主要业务的个人独资企业，取名为"顺程信息咨询有限公司"，注册资本为人民币一元。经营初期，公司业务顺利，效益喜人。后来黄华与刘柳协议参加该个人独资企业的投资经营，并注入资金10万元人民币，之后企业先后共聘用工作人员20余名。经营过程中，史小白坚持认为自己开办的是私人企业，并不需要为员工办理社会保险，因此没有给员工缴纳社会保险费，也没有与员工签订劳动合同。后来因管理混乱、经营不善，导致企业负债20万元。史小白决定解散企业，清算之后，剩余资产不足以支付员工工资和清偿债务，故企业员工和其他债权人将史小白告上法庭。

 1. 史小白申请注册个人独资企业应该具备的条件都有哪些？
2. 在经营过程中，"顺程信息咨询有限公司"性质一直都是个人独资企业吗？为什么？
3. 史小白能否自行解散公司？为什么？
4. 结合本案例，围绕大学生就业创业问题，我们能得到哪些启示？

一、个人独资企业法及个人独资企业概述

个人独资企业法

（一）个人独资企业法的概念及基本原则

1. 个人独资企业法的概念

狭义的个人独资企业法指1999年8月30日第九届全国人民代表大会常务委员会第十一次会议通过的《中华人民共和国个人独资企业法》（以下简称《个人独资企业法》）。该法1999年8月30日中华人民共和国主席令第二十号公布，自2000年1月1日起施行。该部法律是为了规范个人独资企业的行为，保护个人独资企业投资人和债权人的合法权益，维护社会经济秩序，促进社会主义市场经济的发展，根据宪法而制定的法律法规。

广义的个人独资企业法指国家关于个人申请成立独资企业的各种法律规范的总称。

2. 个人独资企业法的基本原则

《个人独资企业法》的基本原则是依法保护个人独资企业的财产和其他合法权益，为此对个人独资企业的行为提出了相应的规范和要求，具体包括：

（1）个人独资企业从事经营活动必须遵守法律、行政法规，遵守诚实信用原则，不得损害社会公共利益。

（2）个人独资企业应当依法履行纳税义务。

（3）个人独资企业应当依法招用职工。

（4）个人独资企业职工的合法权益受法律保护。

 职业素养小讲堂

> 自觉纳税是公民社会责任感和国家主人翁地位的具体体现，每个公民应该自觉诚实纳税，履行公民的基本义务。在现实生活中，一些单位和个人存在偷漏税、欠税、骗税、抗税等违反税法的现象。这些行为，既危害社会经济健康发展、国家和人民的根本利益，也直接影响个人的健康成长。因而，我们必须坚决同任何违反税法的行为做斗争，以维护国家的根本利益。
>
> 我们要以主人翁的态度和高度责任感，积极关注国家对税收的征管和使用，以维护公民自身的合法权益。

（二）个人独资企业的概念和特点

1. 个人独资企业的概念

《个人独资企业法》第二条规定，本法所称个人独资企业，是指依照本法在中国境内设立，由一个自然人投资，财产为投资人个人所有，投资人以其个人财产对企业债务承担无限责任的经营实体。

2. 个人独资企业的特点

个人独资企业是自然人企业，是一种古老、简单的企业组织形式。在权利和义务上，企业和个人是一体的，企业的责任即是投资人个人的责任，企业的财产即个人的财产。个人独资企业主要存在于零售业、手工业、农业、林业、渔业、服务业和家庭作坊等。其主要具有如下特点：

（1）个人独资企业是由一个自然人投资的企业。

（2）个人独资企业的建立与解散程序简单。

（3）个人独资企业的投资人对企业的债务承担无限责任。

（4）个人独资企业的内部机构设置简单，经营管理方式灵活。

（5）个人独资企业是非法人企业。个人独资企业虽然不具有法人资格，但依然是独立的民事主体，可以自己的名义独立从事民事活动。

二、个人独资企业的设立

（一）个人独资企业的设立条件

（1）投资人为一个自然人。由于《个人独资企业法》第四十七条规定，外商独资企业不适用本法。

所以个人独资企业的投资人只能是具有中国国籍的自然人。

（2）有合法的企业名称。个人独资企业不具有法人资格，按照规定，不能使用"有限""有限责任"以及"公司"字样，往往以店、厂、部、中心、工作室等形式出现。

（3）有投资人申报的出资。个人独资企业在申请企业设立登记时投资人为个人的，投资人以其个人财产对企业债务承担无限责任；投资人明确以其家庭共有财产作为个人出资的，应当依法以家庭共有财产对企业债务承担无限责任。

（4）有固定的生产经营场所和必要的生产经营条件。生产经营场所包括企业的住所和与生产经营相适应的处所。住所是企业的主要办事机构所在地，是企业的法定地址。

（5）有必要的从业人员。个人独资企业应当有与其生产经营规模相适应的从业人员。应依法招用职工，职工的合法权益受法律保护。个人独资企业职工依法建立工会，工会依法开展活动。

（二）个人独资企业的设立程序

1. 申请

设立个人独资企业，应当由投资人或者其委托的代理人向个人独资企业所在地的登记机关提出设立申请，并提交申请书、投资人身份证明、生产经营场所使用证明等文件。

个人独资企业设立分支机构，应当由投资人或者其委托的代理人向分支机构所在地的登记机关提出设立申请。

2. 登记

登记机关应当在收到设立申请文件之日起 15 日内，对符合《个人独资企业法》规定条件的，予以登记，发给营业执照；对不符合《个人独资企业法》规定条件的，不予登记，并应当给予书面答复，说明理由。

个人独资企业的营业执照的签发日期，为个人独资企业成立日期。在领取个人独资企业营业执照前，投资人不得以个人独资企业名义从事经营活动。

个人独资企业设立分支机构，应当由投资人或者其委托的代理人向分支机构所在地的登记机关申请登记，领取营业执照。分支机构经核准登记后，应将登记情况报该分支机构隶属的个人独资企业的登记机关备案。分支机构的民事责任由设立该分支机构的个人独资企业承担。

个人独资企业存续期间登记事项发生变更的，应当在做出变更决定之日起的 15 日内依法向登记机关申请办理变更登记。

> **课内小案例**
>
> 小王计划申请注册一家个人独资企业，经过一番筹备，他决定成立一家快餐店，计划取名：好再来餐饮有限责任公司，听说个人独资企业注册资本没有限制，决定注册资本 400 元，外加一些碗筷、桌椅板凳。因为没找到理想店面，决定租赁即将拆迁的一处临时门面房作为经营场所，雇用了三名工人进行快餐制作，并不设置账簿和会计。
>
> **问题：** 小王能顺利注册个人独资企业吗？请说明理由。

三、个人独资企业的权利和义务

（一）个人独资企业的权利

（1）个人独资企业投资人对本企业的财产依法享有所有权，其有关权利可以依法进行转让或继承。

（2）个人独资企业可以依法申请贷款、取得土地使用权，并享有法律、行政法规规定的其他权利。

（3）个人独资企业有权拒绝任何单位和个人以任何方式违法强制要求其提供财力、物力、人力的行为。

（二）个人独资企业的义务

享有权利的同时，也必须承担相应的义务，主要包括：

（1）个人独资企业从事经营活动必须遵守法律、行政法规，遵守诚实信用原则，不得损害社会公共利益。

（2）个人独资企业应当依法履行纳税义务。

（3）个人独资企业投资人在申请企业设立登记时明确以其家庭共有财产作为个人出资的，应当依法以家庭共有财产对企业债务承担无限责任。

（4）个人独资企业应当依法设置会计账簿，进行会计核算。

（5）个人独资企业招用职工的，应当依法与职工签订劳动合同，保障职工的劳动安全，按时、足额发放职工工资。

（6）个人独资企业应当按照国家规定参加社会保险，为职工缴纳社会保险费。

四、个人独资企业的事务管理

个人独资企业投资人可以自行管理企业事务，也可以委托或者聘用其他具有民事行为能力的人负责企业的事务管理。投资人委托或者聘用他人管理个人独资企业事务的，应当与受托人或者被聘用的人签订书面合同，明确委托的具体内容和授予的权利范围。投资人对受托人或者被聘用的人员职权的限制，不得对抗善意第三人。

个人独资企业在事务管理中，必须遵守的强制性规定还包括：

（1）个人独资企业投资人在申请企业设立登记时明确以其家庭共有财产作为个人出资的，应当依法以家庭共有财产对企业债务承担无限责任。

（2）个人独资企业应当依法设置会计账簿，进行会计核算。

（3）个人独资企业招用职工的，应当依法与职工签订劳动合同，保障职工的劳动安全，按时、足额发放职工工资。

（4）个人独资企业应当按照国家规定参加社会保险，为职工缴纳社会保险费。

个人独资企业存续期间登记事项发生变更的，应当在作出变更决定之日起的 15 日内依法向登记机关申请办理变更登记。变更需要登记的事项包括企业名称、企业住所、经营范围及方式、投资人姓名及居所、出资额和出资方式等。

登记机关应当在收到提交的变更申请全部文件之日起15日内，作出核准变更登记或不予变更登记的决定。予以核准的，换发营业执照或发给变更登记通知书；不予核准的，发给企业变更登记驳回通知书。

五、个人独资企业的解散和清算

（一）个人独资企业的解散

企业的解散是指已成立的企业基于一定的法律事由而使企业消失的法律行为。《个人独资企业法》第二十六条规定，个人独资企业有下列情形之一时，应当解散：投资人决定解散；投资人死亡或者被宣告死亡，无继承人或者继承人决定放弃继承；被依法吊销营业执照；法律、行政法规规定的其他情形。

（二）个人独资企业的清算

企业的清算是指企业按章程规定解散以及由于破产或其他原因宣布终止经营后，对企业的财产、债权、债务进行全面清查，并进行收取债权、清偿债务和分配剩余财产的经济活动。个人独资企业解散时，应该进行清算。

1. 通知和公告规定

个人独资企业解散，由投资人自行清算或者由债权人申请人民法院指定清算人进行清算。投资人自行清算的，应当在清算前15日内书面通知债权人，无法通知的，应当予以公告。债权人应当在接到通知之日起30日内，未接到通知的应当在公告之日起60日内，向投资人申报其债权。

2. 无限赔偿责任规定

个人独资企业解散后，原投资人对个人独资企业存续期间的债务仍应承担偿还责任，但债权人在5年内未向债务人提出偿债请求的，该责任消灭。

3. 顺序清偿规定

个人独资企业解散后，财产应该按照下列顺序进行清偿：所欠职工工资和社会保险费用，所欠税款，其他债务。

个人独资企业财产不足以清偿债务的，投资人应当以其个人的其他财产予以清偿。

> **资料补给站**
>
> 无限责任是指当企业的全部财产不足以清偿到期债务时，投资人应以个人的全部财产用于清偿，实际上就是将企业的责任与投资人的责任连为一体。与其相对的是有限责任，是指责任人以其部分财产承担责任。
>
> 连带责任是指两个以上须承担同一民事责任的人，权利人可以对任何一方提出承担民事责任的请求。在向权利人承担责任后，各责任人根据各自的具体情况再分担责任。

无限连带责任是指责任人除承担分到自己名下的企业债务份额外，还需对企业其他投资人名下的债务份额承担连带性义务，即责任人有义务代其他投资人偿还其名下的债务份额。

4. 禁止性行为规定

清算期间，个人独资企业不得开展与清算目的无关的经营活动。在按前述的财产清偿顺序清偿债务前，投资人不得转移、隐匿财产。

5. 注销登记规定

个人独资企业清算结束后，投资人或者人民法院指定的清算人应当编制清算报告，并于15日内到登记机关办理注销登记。

单元二 合伙企业法

引导案例

甲、乙、丙、丁四人投资设立一家普通合伙企业，并签订了书面合伙协议。合伙协议约定：甲以货币出资10万元，乙以实物折价出资8万元，丁以货币出资4万元，丙以劳务作价出资6万元。

协议约定由甲执行合伙企业事务，对外代表企业，其他三人不执行合伙企业事务。在企业经营过程中，甲擅自以合伙企业的名义与不知情的A公司签订了代销合同，乙、丙、丁认为该合同不符合企业利益，向A公司表示不予承认该合同。后来，合伙人丁撤资退伙，戊被接纳入伙，并修改了合伙协议。债权人A公司对丁退伙前发生的债务要求甲、乙、丙、丁、戊承担连带清偿责任。

后来，乙个人与C公司签订一份买卖合同，后无法清偿C公司的到期债务，C公司要求代位行使乙在合伙企业中的权利用于清偿债务。

1. 甲以合伙企业名义与A公司所签的代销合同是否有效？请说明理由。
2. A公司主张由甲、乙、丙、丁、戊承担连带清偿责任的请求是否能够得到支持？请说明理由。
3. C公司的要求是否符合法律规定？请说明理由。

一、合伙企业概述

（一）合伙企业的概念

合伙企业是指自然人、法人和其他组织依照《中华人民共和国合伙企业法》（以下简称《合伙企业法》）在中国境内设立的普通合伙企业和有限合伙企业。

普通合伙企业是指由普通合伙人组成，合伙人对合伙企业债务承担无限连带责任的一种合伙企业。《合伙企业法》对普通合伙人承担责任的形式有特别规定的从其规定。《合伙企业法》第五十五条规定，以专业知识和专门技能为客户提供有偿服务的专业服务机构，可以设立为特殊的普通合伙企业。

有限合伙企业是指由普通合伙人和有限合伙人组成，普通合伙人对合伙企业债务承担无限连带责任，有限合伙人以其认缴的出资额为限对合伙企业债务承担责任的一种合伙企业。

（二）合伙企业的成立及变更

1．申请

申请设立合伙企业，应当向企业登记机关提交登记申请书、合伙协议书、合伙人身份证明等文件。合伙协议依法由全体合伙人协商一致、以书面形式订立。

合伙企业的经营范围中有属于法律、行政法规规定在登记前须经批准的项目的，该项经营业务应当依法经过批准，并在登记时提交批准文件。

合伙企业设立分支机构，应当向分支机构所在地的企业登记机关申请登记，领取营业执照。

2．登记

申请人提交的登记申请材料齐全、符合法定形式，企业登记机关能够当场登记的，应予当场登记，发给营业执照。除上述规定情形外，企业登记机关应当自受理申请之日起20日内，作出是否登记的决定。予以登记的，发给营业执照；不予登记的，应当给予书面答复，并说明理由。合伙企业的营业执照签发日期，为合伙企业成立日期。合伙企业领取营业执照前，合伙人不得以合伙企业名义从事合伙业务。

3．变更

合伙企业登记事项发生变更的，执行合伙事务的合伙人应当自作出变更决定或者发生变更事由之日起15日内，向企业登记机关申请办理变更登记。

二、普通合伙企业

（一）普通合伙设立的设立

1．设立条件

为了保证合伙企业的依法经营，维护合伙人各方和债权人的合法权益，设立合伙企业应当具备下列条件：

（1）有两个以上合伙人。合伙人为自然人的，应当具有完全民事行为能力。

（2）有书面合伙协议。

（3）有合伙人认缴或者实际缴付的出资。

（4）有合伙企业的名称和生产经营场所。其中，合伙企业名称中应当标明"普通合伙"字样。

（5）法律、行政法规规定的其他条件。

2. 出资规定

在普通合伙企业中，合伙人应当按照合伙协议约定的出资方式、数额和缴付期限，履行出资义务。

合伙人可以用货币、实物、知识产权、土地使用权或者其他财产权利出资，也可以用劳务出资。合伙人以实物、知识产权、土地使用权或者其他财产权利出资，需要评估作价的，可以由全体合伙人协商确定，也可以由全体合伙人委托法定评估机构评估；合伙人以劳务出资的，其评估办法由全体合伙人协商确定，并在合伙协议中载明。以非货币财产出资的，依照法律、行政法规的规定，需要办理财产权转移手续的，应当依法办理。

3. 合伙协议

《合伙企业法》第十八条规定，合伙协议应当载明下列事项：合伙企业的名称和主要经营场所的地点；合伙目的和合伙经营范围；合伙人的姓名或者名称、住所；合伙人的出资方式、数额和缴付期限；利润分配、亏损分担方式；合伙事务的执行；入伙与退伙；争议解决办法；合伙企业的解散与清算；违约责任。

合伙协议须经全体合伙人签名、盖章后生效，修改或者补充合伙协议，应当经全体合伙人一致同意，但合伙协议另有约定的除外。合伙协议未约定或者约定不明确的事项，由合伙人协商决定；协商不成的，依照《合伙企业法》和其他有关法律、行政法规的规定处理。

（二）普通合伙企业的财产

合伙人的出资、以合伙企业名义取得的收益和依法取得的其他财产，均为合伙企业的财产。

合伙人在处分其在合伙企业中的财产份额时必须符合以下规定：

（1）合伙人之间转让在合伙企业中的全部或者部分财产份额时，应当通知其他合伙人。

（2）合伙人向合伙人以外的人转让其在合伙企业中的全部或者部分财产份额时，须经其他合伙人一致同意，除合伙协议另有约定外。

（3）合伙人向合伙人以外的人转让其在合伙企业中的财产份额的，在同等条件下，其他合伙人有优先购买权，但合伙协议另有约定的除外。合伙人以外的人依法受让合伙人在合伙企业中的财产份额的，经修改合伙协议即成为合伙企业的合伙人，依照《合伙企业法》和修改后的合伙协议享有权利、履行义务。

（4）合伙人以其在合伙企业中的财产份额出质的，须经其他合伙人一致同意。未经其他合伙人一致同意，其行为无效，由此给善意第三人造成损失的，由行为人依法承担赔偿责任。

（5）合伙人在合伙企业清算前，不得请求分割合伙企业的财产，但《合伙企业法》另有规定的除外。

（6）合伙人在合伙企业清算前私自转移或者处分合伙企业财产的，合伙企业不得以此对抗善意第三人。

> **资料补给站**
>
> 优先购买权是指根据法律的规定或者签订的合同中的约定，在出卖人出卖标的物于第三人时，特定人享有的以同等条件比第三人优先购买的一种权利。
>
> 中国古代法上也有关于优先购买权的规定，如"应典卖、倚当物业，先问房亲，房亲不要，次问四邻"。
>
> 该制度主要为了维护程序价值、效力价值和公平价值。
>
> 优先购买权设定的基础和前提是先买权人已先于买卖关系而存在于某种法律关系或法律事实中。为了尽可能维护已经建立起来的法律关系，维护经济生活秩序，立法者确立优先购买权。在出卖人出卖标的物前，先买权人已于事实上占有、使用出卖的标的物，并在生产、生活上对其形成了一定的依赖；优先购买权制度有利于最大限度地充分发挥物质财富的经济效益，以做到物尽其用；在物权转让中，较之于第三人，先买权人更易受到出卖人任意处分出卖物所带来的侵害，影响其生产生活和社会经济秩序的稳定。为了维护先买权人的合法权益，对出卖人与第三人的交易自由进行适当的限制是必要而适当的。

（三）合伙企业的事务执行

1. 事务执行方式

合伙企业可以由全体合伙人共同执行合伙事务；按照合伙协议的约定或者经全体合伙人决定，也可以委托一个或者数个合伙人对外代表合伙企业，执行合伙事务；委托一个或者数个合伙人执行合伙事务的，其他合伙人不再执行合伙事务。

2. 权利与义务

合伙人对执行合伙事务享有同等的权利。由一个或者数个合伙人执行合伙事务的，执行事务合伙人应当定期向其他合伙人报告事务执行情况以及合伙企业的经营和财务状况，其执行合伙事务所产生的收益归合伙企业，所产生的费用和亏损由合伙企业承担。

不执行合伙事务的合伙人有权监督执行事务合伙人执行合伙事务的情况。合伙人为了了解合伙企业的经营状况和财务状况，有权查阅合伙企业会计账簿等财务资料。

合伙人分别执行合伙事务的，执行事务合伙人可以对其他合伙人执行的事务提出异议。提出异议时，应当暂停该项事务的执行。

3. 事务表决

合伙事务在执行过程中如果发生争议，应按照合伙协议约定的表决办法办理；合伙协议未约定或约定不明确的，实行合伙人一人一票并经全体合伙人过半数通过的表决办法。

除合伙协议另有约定外，合伙企业的下列事项应当经全体合伙人一致同意：改变合伙企业的名称；改变合伙企业的经营范围、主要经营场所的地点；处分合伙企业的不动产；转让或者处分合伙企业的知识产权和其他财产权利；以合伙企业名义为他人提供担保；聘任合伙人以外的人担任合伙企业的经营管理人员。

4. 损益分配

合伙企业的利润分配、亏损分担，按照合伙协议的约定办理；合伙协议未约定或者约定不明确的，由合伙人协商决定；协商不成的，由合伙人按照实缴出资比例分配、分担；无法确定出资比例的，由合伙人平均分配、分担。合伙协议不得约定将全部利润分配给部分合伙人或者由部分合伙人承担全部亏损。

（四）合伙企业与第三人的关系

合伙企业对合伙人执行合伙事务以及对外代表合伙企业权利的限制，不得对抗善意第三人。合伙企业对其债务，应先以其全部财产进行清偿。合伙企业不能清偿到期债务的，合伙人承担无限连带责任。

合伙人由于承担无限连带责任，清偿数额超过其应承担的亏损分担比例的，有权向其他合伙人追偿。合伙人发生与合伙企业无关的债务，相关债权人不得以其债权抵销其对合伙企业的债务；也不得代位行使合伙人在合伙企业中的权利。

合伙人的自有财产不足清偿其与合伙企业无关的债务的，该合伙人可以以其从合伙企业中分取的收益用于清偿；债权人也可以依法请求人民法院强制执行该合伙人在合伙企业中的财产份额用于清偿。人民法院强制执行合伙人的财产份额时，应当通知全体合伙人，其他合伙人有优先购买权；其他合伙人未购买，又不同意将该财产份额转让给他人的，依照《合伙企业法》有关规定为该合伙人办理退伙结算，或者办理削减该合伙人相应财产份额的结算。

> **课内小案例**
>
> 代位权，也称代位求偿权，是指因债务人怠于行使其到期债权，对债权人造成损害的，债权人可以向人民法院请求以自己的名义代位行使债务人的债权。
>
> 2021年3月12日，A运输公司因经营需要向B物流公司借款2 000万元，并签订借款合同一份，约定还款时间为2022年8月27日。合同签订后，B物流公司依约向A运输公司支付了上述借款，但是2022年底，A运输公司对该笔款项已经无力偿还。
>
> 据了解，常州的C米业公司欠A运输公司运费1 600万元，借款期限为5个月（自2022年1月17日至2022年6月16日）。A运输公司的债权到期后，一直怠于主张该债务，继而无法偿还B物流公司的款项。
>
> 问题：1. A运输公司的行为属于什么性质？
> 　　　2. B物流公司可以如何实现其债权？依据是什么？
> 　　　3. 本案例给我们的启示是什么？

（五）合伙企业的入伙和退伙

1. 入伙

入伙指合伙人以外的第三人加入合伙企业，从而取得合伙人资格的法律行为。新合伙人入伙，除合伙协议另有约定外，应当经全体合伙人一致同意，并依法订立书面入伙协议。订立入伙协议时，原合伙人应当向新合伙人如实告知原合伙企业的经营状况和财务状况。新合伙人与原合伙人享有同等权利，承担同等责任，入伙协议另有约定的，从其约定。新合伙人对入伙前合伙企业的债务承担无限连带责任。

2. 退伙

退伙，是指在合伙企业存续期间，合伙人因一定的法律事实而退出合伙企业，从而消灭合伙人资格的法律行为。退伙一般分为自愿退伙、法定退伙两大类。

（1）自愿退伙，也称声明退伙，是指基于合伙人单方的退伙意愿而终止与其他合伙人之间的合伙协议，退出合伙企业的单方法律行为，其中又包括协议退伙和通知退伙。

合伙协议约定合伙期限的，在合伙企业存续期间，有下列情形之一的，合伙人可以退伙：合伙协议约定的退伙事由出现；经全体合伙人一致同意；发生合伙人难以继续参加合伙的事由；其他合伙人严重违反合伙协议约定的义务。

合伙协议未约定合伙期限的，合伙人在不给合伙企业事务执行造成不利影响的情况下，可以退伙，但应当提前30日通知其他合伙人。

合伙人违反协议退伙和通知退伙规定退伙的，应当赔偿由此给合伙企业造成的损失。

（2）法定退伙，也称强制退伙，是指非基于合伙人的意思表示，而基于法律规定或者法定事由发生的当然退伙，又包括当然退伙和除名。

合伙人有下列情形之一的，当然退伙：作为合伙人的自然人死亡或者被依法宣告死亡；个人丧失偿债能力；作为合伙人的法人或者其他组织依法被吊销营业执照、责令关闭、撤销，或者被宣告破产；法律规定或者合伙协议约定合伙人必须具有相关资格而丧失该资格；合伙人在合伙企业中的全部财产份额被人民法院强制执行。退伙事由实际发生之日为退伙生效日。

合伙人有下列情形之一的，经其他合伙人一致同意，可以决议将其除名：未履行出资义务；因故意或者重大过失给合伙企业造成损失；执行合伙事务时有不正当行为；发生合伙协议约定的事由。

对合伙人的除名决议应当书面通知被除名人。被除名人接到除名通知之日，除名生效，被除名人退伙。被除名人对除名决议有异议的，可以自接到除名通知之日起30日内，向人民法院起诉。

（3）退伙结算。合伙人退伙，其他合伙人应当与该退伙人按照退伙时的合伙企业财产状况进行结算，退还退伙人的财产份额。退伙人对给合伙企业造成的损失负有赔偿责任的，相应扣减其应当赔偿的数额。退伙时有未了结的合伙企业事务的，待该事务了结后进行结算。退伙人在合伙企业中财产份额的退还办法，由合伙协议约定或者由全体合伙人决定，可以退还货币，也可以退还实物。退伙人对基于其退伙前的原因发生的合伙企业债务，承担无限连带责任。合伙人退伙时，合伙企业财产少于合伙企业债务的，退伙人应当按照规定分担亏损。

（六）特殊的普通合伙企业

特殊的普通合伙企业是指以专业知识和专门技能为客户提供有偿服务的专业服务机

构，如律师事务所、会计师事务所等。特殊的普通合伙企业名称中应当标明"特殊普通合伙"字样。

特殊的普通合伙企业中，一个合伙人或者数个合伙人在执业活动中因故意或者重大过失造成合伙企业债务的，应当承担无限责任或者无限连带责任，其他合伙人以其在合伙企业中的财产份额为限承担责任；合伙人在执业活动中非因故意或者重大过失造成的合伙企业债务以及合伙企业的其他债务，由全体合伙人承担无限连带责任。合伙人执业活动中因故意或者重大过失造成的合伙企业债务，以合伙企业财产对外承担责任后，该合伙人应当按照合伙协议的约定对给合伙企业造成的损失承担赔偿责任。

> **课内小案例**
>
> 注册会计师甲、乙、丙三人共同出资设立一家特殊普通合伙制的会计师事务所。甲、乙在一次审计业务中，因故意出具不实审计报告被人民法院判决由会计师事务所赔偿当事人 80 万元。在面对 80 万元的赔偿责任时，甲、乙、丙对赔偿责任形式和自己承担的赔偿数额产生了不同看法。
>
> 问题：本案例中甲、乙、丙分别应该承担什么形式的赔偿责任？三人各在什么范围内承担赔偿数额？请说明理由。

三、有限合伙企业

有限合伙企业是指由普通合伙人和有限合伙人组成，普通合伙人对合伙企业债务承担无限连带责任，有限合伙人以其认缴的出资额为限对合伙企业债务承担责任的一种合伙企业。

（一）有限合伙企业的设立

1. 设立条件

有限合伙企业由两个以上 50 个以下合伙人设立；但是，法律另有规定的除外。有限合伙企业至少应当有一个普通合伙人。有限合伙企业名称中应当标明"有限合伙"字样。

2. 出资规定

有限合伙人可以用货币、实物、知识产权、土地使用权或者其他财产权利作价出资，但不得以劳务出资。有限合伙企业登记事项中应当载明有限合伙人的姓名或者名称及认缴的出资数额。

3. 合伙协议

有限合伙企业的合伙协议除符合《合伙企业法》第十八条的规定外，还应当载明下列事项：

（1）普通合伙人和有限合伙人的姓名或者名称、住所。

（2）执行事务合伙人应具备的条件和选择程序。

（3）执行事务合伙人权限与违约处理办法。

（4）执行事务合伙人的除名条件和更换程序。

（5）有限合伙人入伙、退伙的条件、程序以及相关责任。
（6）有限合伙人和普通合伙人相互转变程序。

（二）有限合伙企业的事务执行

1. 执行方式

有限合伙企业由普通合伙人执行合伙事务。有限合伙人不执行合伙事务，不得对外代表有限合伙企业。执行事务合伙人可以要求在合伙协议中确定执行事务的报酬及报酬提取方式。

2. 权利与义务

有限合伙企业的权利与义务主要包括：

（1）有限合伙人可以同本有限合伙企业进行交易；但是，合伙协议另有约定的除外。

（2）有限合伙人可以自营或者同他人合作经营与本有限合伙企业相竞争的业务；但是，合伙协议另有约定的除外。

（3）有限合伙人可以将其在有限合伙企业中的财产份额出质；但是，合伙协议另有约定的除外。

（4）有限合伙人可以按照合伙协议的约定向合伙人以外的人转让其在有限合伙企业中的财产份额，但应当提前30日通知其他合伙人。

（5）有限合伙企业不得将全部利润分配给部分合伙人；但是，合伙协议另有约定的除外。

（三）有限合伙企业中合伙人身份及责任

有限合伙企业中普通合伙人与有限合伙人的身份可以转换，除合伙协议另有约定外，普通合伙人转变为有限合伙人，或者有限合伙人转变为普通合伙人，应当经全体合伙人一致同意。

有限合伙人转变为普通合伙人的，对其作为有限合伙人期间有限合伙企业发生的债务承担无限连带责任。

普通合伙人转变为有限合伙人的，对其作为普通合伙人期间合伙企业发生的债务承担无限连带责任。

四、合伙企业的解散和清算

（一）合伙企业的解散

合伙企业有下列情形之一的，应当解散：合伙期限届满，合伙人决定不再经营；合伙协议约定的解散事由出现；全体合伙人决定解散；合伙人已不具备法定人数满30天；合伙协议约定的合伙目的已经实现或者无法实现；依法被吊销营业执照、责令关闭或者被撤销；法律、行政法规规定的其他原因。

（二）合伙企业的清算

合伙企业解散，应当由清算人进行清算。清算人由全体合伙人担任；经全体合伙人过半数同意，可以自合伙企业解散事由出现后15日内指定一个或者数个合伙人，或者委托第三人，担任清算人。自合伙企业解散事由出现之日起15日内未确定清算人的，合伙人或者其他利害关系人可以申请人民法院指定清算人。

清算人自被确定之日起10日内将合伙企业解散事项通知债权人，并于60日内在报纸上公告。债权人应当自接到通知书之日起30日内，未接到通知书的自公告之日起45日内，向清算人申报债权。债权人申报债权，应当说明债权的有关事项，并提供证明材料。清算人应当对债权进行登记。

合伙企业财产在支付清算费用和职工工资、社会保险费用、法定补偿金以及缴纳所欠税款、清偿债务后的剩余财产，按照合伙协议的约定办理；合伙协议未约定或者约定不明确的，由合伙人协商决定；协商不成的，由合伙人按照实缴出资比例分配、分担；无法确定出资比例的，由合伙人平均分配、分担。

清算结束，清算人应当编制清算报告，经全体合伙人签名、盖章后，在15日内向企业登记机关报送清算报告，申请办理合伙企业注销登记。

清算期间，合伙企业存续，但不得开展与清算无关的经营活动。

职业素养小讲堂

电影《中国合伙人》讲述了三位青年白手起家的创业故事，他们的创业精神、合伙人精神深深触动着观众。

创新是创业精神的灵魂。创新就是将新的理念和设想通过新的产品、新的流程、新的市场需求，以及新的服务方式有效地融入市场中，进而创造出新的价值或财富的过程。缺乏创新，就不会有新企业的诞生和小企业的成长壮大。

合作是创业精神的精髓。社会发展到今天，行业分工越来越细，没有谁能一个人完成创业所需要完成的所有事情。真正的创业者都是善于合作的，而且还能将这种合作精神扩展到企业的每个员工。面临困境时，团队成员能"心往一处想，劲往一处使"。

单元三 公 司 法

引导案例

A公司为国有企业，经国家授权投资的机构转变为国有独资公司，公司内无股东会，由董事会行使股东会的部分职权。董事会成员有四人，全部是国家投资的机构任命的干部，无职工代表，董事长甲兼任另一有限责任公司的负责人。A公司后来设立一子公司B公司，并对其投资500万元，B公司原有资产1 500万元，加上A公司投资，现全部资产为2 000万元。由于投资决策失误，B公司在一次商业投资业务中血本无归，并负债2 500万元，债权人申请B公司破产，并要求A公司偿还B公司的全部债务。

1. 本案例中的国有独资公司董事会成员的设置是否合法？请说明理由。
2. 债权人对B公司的破产申请是否应该得到支持？A公司是否应该对B公司的债务负责？请说明理由。

公司是依照法定条件和程序设立的，拥有独立的法人财产，并以其全部财产对公司的债务承担责任的以营利为目的企业法人。

从概念中可以理解公司的特征包括：公司必须依照法定的条件和程序设立；有独立的法人财产，享有法人财产权；以营利为目的；公司拥有独立的法人资格，以其全部财产对公司的债务承担责任。

以股权表现形式为标准，可将公司分为有限责任公司和股份有限公司。

一、有限责任公司

（一）有限责任公司的概念和特征

有限责任公司是指根据《中华人民共和国公司法》（以下简称《公司法》）规定登记注册，由50个以下的股东出资设立，每个股东以其所认缴的出资额对公司承担有限责任，公司以其全部资产对其债务承担责任的经济组织。有限责任公司包括国有独资公司以及其他有限责任公司。有限责任公司具有以下特征：

（1）股东人数有上限。有限责任公司由1个以上50个以下股东共同出资设立。

（2）股东以出资额为限承担有限责任。

（3）设立手续和公司机构相对简易。

（4）具有封闭性。不能公开募集股份，不能发行股票。公司的资产负债表一般不予公开。

（二）有限责任公司的设立条件

（1）股东符合法定人数。《公司法》规定，有限责任公司的股东，最多不能超过50人，最少为1人。除国有独资公司外，有限责任公司的股东可以是自然人，也可以是法人。

（2）有符合公司章程规定的全体股东认缴的出资额。股东可以用货币出资，也可以用实物、知识产权、土地使用权等可以用货币估价并可以依法转让的非货币财产作价出资。

（3）股东共同制定公司章程。

（4）有公司名称，建立符合有限责任公司要求的组织机构。依法设立的有限责任公司，必须在公司名称中标明有限责任公司或者有限公司字样。

（5）有公司住所。任何公司都必须有其固定的住所，不允许设立无住所的公司。公司以其主要办事机构所在地为住所，并且只能有一个。

> **课内小案例**
>
> A市经营水果生意的个体户杨某，为扩大经营规模，联合关系不错的个体户70余人，拟成立一家以批发水果为主业的有限责任公司，欲取名为"中华鲜果批发总公司"，注册资金人民币40万元。因为关系较好，相互信赖，各股东注册资本均口头承诺认缴，未实际交付。杨某在申请成立公司时，却未被批准。
>
> 问题：杨某的申请未被批准的原因是什么？请结合所学进行分析。

(三)有限责任公司的组织机构

1. 股东会

股东会是公司的权力机构,有限责任公司股东会由全体股东组成。股东会不是常设机构。只有一个股东的有限责任公司不设股东会。

2. 董事会

董事会是有限责任公司的业务执行机关,负责日常经营的决策和具体业务的执行。董事会是常设机构。

董事会的成员为3人以上,设董事长1人,可以设副董事长。董事长、副董事长的产生办法由公司章程规定。规模较小的有限责任公司可以不设董事会,只设1名执行董事。董事任期由公司章程规定,但每届任期不得超过3年。董事任期届满,连选可以连任。

3. 经理

有限责任公司可以设经理,经理是负责公司日常经营管理工作的高级管理人员,由董事会决定聘任或者解聘。经理对董事会负责。

4. 监事会

有限责任公司设监事会,监事会是有限责任公司的监督机关,专司监督职能。监事会对股东会负责,并向其报告工作。监事会是常设机构。

监事会成员不得少于3人。监事会设主席1人,由全体监事过半数选举产生。股东人数较少或者规模较小的有限责任公司,可以设1名监事,不设监事会。监事的任期每届为3年。监事任期届满,连选可以连任,但董事、高级管理人员不得兼任监事。

二、股份有限公司

(一)股份有限公司的概念和特征

股份有限公司是指其全部资本分为等额股份,股东以其认购的股份为限对公司承担责任,公司以其全部资产对公司债务承担责任的经济组织。股份有限公司具有以下特征:
(1)公司资本股份化、证券化。
(2)股份发行和转让具有公开性、自由性。
(3)公司经营状况具有公开性。
(4)公司信用基础具有资合性。
(5)公司的设立条件比较严格、程序比较复杂。

> **资料补给站**
>
> 公司的信用基础可以分为人合性和资合性。以股东的信用作为公司信用基础的是人合公司,合伙企业(无限责任公司)是最典型的人合公司;而以公司的资产数额为信用基础的则是资合公司,有限责任公司和股份有限公司是典型的资合公司。

人合公司的特点：股东以其个人全部财产对公司承担责任；股东之间承担连带责任；股东之间的信用是公司存续的基础。

资合公司的特点：资合公司的债务不能连带股东出资以外的财产；股东相互之间不承担连带责任；股东出资是公司存续的基础，股份是连接公司与股东的纽带，公司的规章制度对公司的存续、运作至关重要。

有限责任公司信用基础具有资合性也具有人合性。股份有限公司信用基础具有资合性。

（二）股份有限公司的设立

1. 股份有限公司的设立条件

设立股份有限公司，应当具备下列条件：

（1）应当有1人以上200人以下为发起人，其中应当有半数以上的发起人在中华人民共和国境内有住所。

（2）注册资本为在公司登记机关登记的已发行股份的股本总额。在发起人认购的股份缴足前，不得向他人募集股份。

（3）应当由发起人共同制订公司章程。章程中应载明公司名称和住所、经营范围、设立方式、注册资本、已发行的股份数和设立时发行的股份数等事项。

（4）以发起设立方式设立股份有限公司的，发起人应当认足公司章程规定的公司设立时应发行的股份。以募集设立方式设立的，发起人认购的股份不得少于公司章程规定的公司设立时应发行股份总数的35%。

（5）发起人应当在公司成立前按照其认购的股份全额缴纳股款。

（6）发起人向社会公开募集股份时，应当公告招股说明书，并制作认股书。股款缴足后，应经依法设立的验资机构验资并出具证明。

（7）募集设立股份有限公司的发起人应当自公司设立时应发行股份的股款缴足之日起30日内召开公司成立大会。

（8）董事会应当授权代表，在公司成立大会结束后30日内向公司登记机关申请设立登记。

（9）法律、行政法规以及国务院决定对股份有限公司注册资本最低限额另有规定的，从其规定。

2. 股份有限公司的设立程序

股份有限公司的设立，可以采取发起设立或者募集设立的方式。

（1）发起设立。发起设立是指由发起人认购公司应发行的全部股份而设立公司。

（2）募集设立。募集设立是指由发起人认购公司应发行股份的一部分，其余股份向社会公开募集或者向特定对象募集而设立公司。募集设立时，股份有限公司的股本总额分别由发起人认缴和向社会公开募集，因此其程序较发起设立更为复杂和严格。

3. 股份有限公司发起人的设立责任

（1）资本充实责任。股份有限公司成立后，发起人应按照公司章程的规定按期缴足出资，未按照公司章程的规定缴足出资的，应当补缴，其他发起人承担连带责任；股份有限公司成立后，发现作为设立公司出资的非货币财产的实际价额显著低于公司章程所定价额的，应当由交付该出资的发起人补足其差额，其他发起人承担连带责任。

（2）发起人对公司的损害承担赔偿责任。在公司设立过程中，由于发起人的过失致使公司利益受到损害的，应当对公司承担赔偿责任。

（3）出资违约责任。发起人不依照规定缴纳出资的，应当按照发起人协议承担违约责任。

（4）公司不能成立时发起人的责任。公司不能成立时，对设立行为所产生的债务和费用负连带责任；对认股人已缴纳的股款，负返还股款并加算银行同期存款利息的连带责任。

> **课内小案例**
>
> 甲、乙、丙、丁四人准备设立一家商贸股份有限公司，并签署了一份设立股份公司的协议，其内容为：公司股东四人；发起设立；注册资金为人民币400万元；全体发起人共认购公司40%的股份，计160万元，其余的股份拟向发起人的亲戚朋友发行。公司发起人的首次出资额为人民币60万元。公司决定只设监事而不设监事会。
>
> 问题：该投资协议存在哪些问题？请说明理由。

（三）股份有限公司的组织机构

1. 股东大会

股东大会是公司的权力机构，依照《公司法》行使职权。股份有限公司股东大会由全体股东组成。

2. 董事会

股份有限公司设董事会，董事会是公司业务执行机构、日常经营决策机构，对外代表公司，其成员为3人以上。董事会成员中可以有公司职工代表。董事会中的职工代表由公司职工通过职工代表大会、职工大会或者其他形式民主选举产生。董事会设董事长1人，可以设副董事长。

3. 经理

股份有限公司设经理，由董事会决定聘任或者解聘。《公司法》关于有限责任公司经理职权的规定，适用于股份有限公司经理。公司董事会可以决定由董事会成员兼任经理。

4. 监事会

股份有限公司设监事会，监事会是公司的监督机构，是对董事和经理的经营管理行为和公司财务进行监督的常设机构。

5. 审计委员会

股份有限公司可以按照公司章程的规定不设监事会或者监事，而在董事会中设置由董事组成的审计委员会，行使监事会的职权。

审计委员会成员为3名以上，过半数成员不得在公司担任除董事以外的其他职务，且不得与公司存在任何可能影响其独立客观判断的关系。公司董事会成员中的职工代表可以成为审计委员会成员。

审计委员会做出决议，应当经审计委员会成员的过半数通过。

审计委员会决议的表决，应当一人一票。

（四）股票的发行与股份转让

1. 股份的概念与特征

股份是股份有限公司资本的构成成分，是公司资本的基本组成单位，也是划分股东权利与义务的基本构成单位。股份具有金额性、平等性、可转让性和不可分性。

2. 股份的表现形式

公司的股份通过股票的形式表现其价值。股票是股份有限公司签发的证明股东所持股份的凭证。它是一种有价证券、要式证券、证权证券、资本证券、综合权利证券。

3. 股票的分类

（1）普通股和特别股。根据股份有限公司的股东权性质的不同，可将股票分为普通股和特别股。

普通股是指股东拥有的权利与义务相等，待遇无差别的股票。

特别股是指股份所代表的权利与义务不同于普通股而有特别内容的股票。特别股可分为优先股和劣后股。以普通股为基准，凡在分配收益及分配剩余资产等方面比普通股股东享有优先权的股票，即为优先股；而在分配收益及分配剩余资产等方面逊后于普通股的股票，即为劣后股。我国没有对发行特别股做出规定。

（2）记名股和不记名股。以股票票面是否记载股东的姓名为标准，可将股票划分为记名股和不记名股。

（3）面额股和无面额股。以股票面是否记载金额为标准，可将股票划分为面额股和无面额股。

（4）国家股、法人股、社会公众股、外资股。按照投资主体的不同，可将股票划分为国家股、法人股、社会公众股、外资股。

（5）A股、B股、H股、N股和S股。以股票的上市地点和所面对的投资者为标准，可将股票划分为A股、B股、H股、N股和S股。

> **课内小案例**
>
> 2019年1月，王某等18人成立了一家房地产经营公司，选举李某等5人为董事会成员。由于达不到预期的经营效益，李某等5位董事会成员在未经另外13名股东同意的情况下，于2022年12月，抽出一半资金决定转向投入经营餐饮服务。事后，有8名占43%股份的股东表示反对。
>
> 问题：未经股东同意，董事会有权决定转变经营投资吗？

4. 股票的发行

（1）股票发行的概念。股票设立发行是指设立公司的过程中为筹集资本而发行股票的行为。新股发行是指公司成立后在注册资本的基础上再发行股票的行为。

（2）股票发行的条件。针对不同类型的股票发行，有不同的规定，如首次公开发行（IPO）、上市公司配股、增发等。

股票的首次公开发行：我国《证券法》第十二条规定，公司首次公开发行新股，应当符合下列条件：具备健全且运行良好的组织机构；具有持续经营能力；最近3年财务会计报告被出具无保留意见审计报告；发行人及其控股股东、实际控制人最近3年不存在贪污、贿赂、侵占财产、挪用财产或者破坏社会主义市场经济秩序的刑事犯罪；经国务院批准的国务院证券监督管理机构规定的其他条件。

上市公司向不特定对象发行股票。2023年2月17日中国证券监督管理委员会审议通过的《上市公司证券发行注册管理办法》第九条规定，上市公司向不特定对象发行股票，应当具备健全且运行良好的组织机构；现任董事、监事和高级管理人员符合法律、行政法规规定的任职要求；具有完整的业务体系和直接面向市场独立经营的能力，不存在对持续经营有重大不利影响的情形；会计基础工作规范，内部控制制度健全且有效执行，财务报表的编制和披露符合企业会计准则和相关信息披露规则的规定，在所有重大方面公允反映了上市公司的财务状况、经营成果和现金流量，最近3年财务会计报告被出具无保留意见审计报告；除金融类企业外，最近一期末不存在金额较大的财务性投资；交易所主板上市公司配股、增发的，应当最近3个会计年度盈利；增发还应当满足最近3个会计年度加权平均净资产收益率平均不低于百分之六；净利润以扣除非经常性损益前后孰低者为计算依据。

5. 股份的转让

（1）股份转让的概念。股份转让是指股份有限公司的股份所有人依法自愿将自己的股份让渡给其他人，而受让人依法取得该股份所有权的法律行为。

（2）股份转让的方式。记名股票由股东以背书方式或者法律、行政法规规定的其他方式转让；转让后由公司将受让人的姓名或者名称及住所记载于股东名册。无记名股票的转让，由股东将该股票交付给受让人后即发生转让的效力。

三、国家出资公司

1. 国家出资公司的概念和特征

国家出资公司是指国家出资的国有独资公司、国有资本控股公司，包括国家出资的有限责任公司、股份有限公司。

国家出资公司具有以下特征：

（1）党的领导。党组织按照中国共产党章程的规定发挥领导作用，研究讨论公司重大经营管理事项，支持公司的组织机构依法行使职权。

（2）出资人的法定性。国家出资公司由国务院或者地方人民政府分别代表国家依法履行出资人职责，享有出资人权益。国务院或者地方人民政府可以授权国有资产监督管理机构或者其他部门、机构代表本级人民政府对国家出资公司履行出资人职责。

（3）国有独资公司章程由履行出资人职责的机构制定。

（4）国有独资公司不设股东会，由履行出资人职责的机构行使股东会职权。

2. 国有独资公司的组织机构

（1）董事会。国有独资公司设董事会，董事会成员由履行出资人职责的机构委派，但是，董事会成员中应当有过半数为外部董事，并有公司职工代表。董事会设董事长一人，可以设副董事长。董事长、副董事长由履行出资人职责的机构从董事会成员中指定。

（2）经理。国有独资公司设经理，由董事会聘任或者解聘。经履行出资人职责的机构同意，董事会成员可以兼任经理。

（3）审计委员会。国有独资公司在董事会中设置由董事组成的审计委员会行使《公司法》规定的监事会职权的，不设监事会或者监事。

注意，国有独资公司的董事、高级管理人员，未经履行出资人职责的机构同意，不得在其他有限责任公司、股份有限公司或者其他经济组织兼职。

四、公司董事、监事、高级管理人员的资格和义务

（一）高级管理人员的概念

高级管理人员是指公司经理、副经理、财务负责人、上市公司董事会秘书和公司章程规定的其他人员。

（二）董事、监事、高级管理人员的任职资格

我国《公司法》没有具体明确董事、监事、高级管理人员应该具备的任职资格，但规定有下列情形之一的，不得担任公司的董事、监事、高级管理人员：

（1）无民事行为能力或者限制民事行为能力。

（2）因贪污、贿赂、侵占财产、挪用财产或者破坏社会主义市场经济秩序，被判处刑罚，或者因犯罪被剥夺政治权利，执行期满未逾5年，被宣告缓刑的，自缓刑考验期满之日起未逾2年。

（3）担任破产清算的公司、企业的董事或者厂长、经理，对该公司、企业的破产负有个人责任的，自该公司、企业破产清算完结之日起未逾3年。

（4）担任因违法被吊销营业执照、责令关闭的公司、企业的法定代表人，并负有个人责任的，自该公司、企业被吊销营业执照、责令关闭之日起未逾3年。

（5）个人因所负数额较大债务到期未清偿被人民法院列为失信被执行人。

（三）董事、监事、高级管理人员的义务

1. 董事、监事、高级管理人员的共同义务

（1）董事、监事、高级管理人员应当遵守法律、行政法规和公司章程，对公司负有忠实义务和勤勉义务。

（2）董事、监事、高级管理人员不得利用职权收受贿赂或者其他非法收入，不得侵占公司的财产。

（3）股东会或者股东大会要求董事、监事、高级管理人员列席会议的，董事、监事、高级管理人员应当列席并接受股东的质询。

2. 董事与高级管理人员的禁止性行为

董事、高级管理人员不得有下列行为：

（1）侵占公司财产、挪用公司资金。

（2）将公司资金以其个人名义或者以其他个人名义开立账户存储。

（3）利用职权贿赂或者收受其他非法收入。

（4）接受他人与公司交易的佣金归为己有。

（5）擅自披露公司秘密。

（6）违反公司章程的规定或者未经股东会、股东大会同意，与本公司订立合同或者进行交易。

（7）未向董事会或者股东会报告，未按照公司章程的规定经董事会或者股东会决议通过，利用职务便利为自己或者他人谋取属于公司可以利用的商业机会。

（8）违反对公司忠实义务的其他行为。

职业素养小讲堂

管理人员的素养

1．诚实不欺

忠诚地履行自己承担的义务是每一个现代公民应有的职业品质。诚实不欺是管理工作者必须具备的基本素养，也是最基本的职业道德规范。

2．守正创新

管理者要恪守正道，胸怀正气，行事正当，公平公正对待组织中的每名员工，才能赢得他们的尊敬，形成有效的执行力。管理者还要有勇于开拓的精神和善于创造的能力，不断推陈出新，领导团队发展进取。

3．责任意识

要有勇于负责的精神。管理意味着责任，而且职位越高，权力越大，管理工作者肩负的责任就越重。只有勇于承担责任，下属或员工才会以饱满的热情和信心去开拓工作。

4．尊重员工

优秀的管理工作者要尊重员工的价值观，关爱每一位员工，不要随意批评员工。在管理的过程中，要发自内心地对员工的工作进行及时的肯定和赞美，真心尊重员工，员工才可能乐于接受管理。

5．严于律己

重视身体力行、以德服人、率先垂范是中国的传统文化思想。严于律己、宽以待人，管理工作者的威信才高、号召力才强，组织的执行力、凝聚力才会得到提升。

四、公司的解散和清算

（一）公司的解散

1. 公司解散的概念

公司解散是指公司因发生章程规定或法律规定的解散事由而停止业务活动，并进行清算的状态和过程。

2. 公司解散的原因

（1）公司章程规定的营业期限届满或者公司章程规定的其他解散事由出现。
（2）股东会决议解散。
（3）因公司合并或者分立需要解散。
（4）依法被吊销营业执照、责令关闭或者被撤销。
（5）人民法院依照《公司法》第二百三十一条的规定予以解散。

《公司法》第二百三十一条规定，公司经营管理发生严重困难，继续存续会使股东利益受到重大损失，通过其他途径不能解决的，持有公司10%以上表决权的股东，可以请求人民法院解散公司。

3. 公司解散的法律效力

公司因上述第（1）、（2）、（4）、（5）项规定而解散的，应当清算。董事为公司清算义务人，应当在解散事由出现之日起15日内组成清算组进行清算。逾期不成立清算组进行清算或者成立清算组后不清算的，利害关系人可以申请人民法院指定有关人员组成清算组进行清算。人民法院应当受理该申请，并及时组织清算组进行清算。

公司因上述第（4）项规定而解散的，做出吊销营业执照、责令关闭或者撤销决定的部门或者公司登记机关，可以申请人民法院指定有关人员组成清算组进行清算。

（二）公司的清算

1. 公司清算的概念

公司清算是指公司解散时，为终结公司现存的财产和其他法律关系，依照法定程序，对公司的财产和债权债务关系进行清理、处分和分配，以了结其债权债务关系，从而剥夺公司法人资格的法律行为。

除因公司合并或分立而解散外，其他原因引起的解散及公司破产，均须经过清算程序。

2. 清算组

（1）清算组的概念。清算组是企业解散或破产时执行清算事务并代表企业行使职权的权力机构，它负责企业清算期间的一切事宜。

（2）清算组的组成。清算组由董事组成，但是公司章程另有规定或者股东会决议另选他人的除外。

（3）清算组的职权。清算组在清算期间行使下列职权：清理公司财产，分别编制资产负债表和财产清单；通知、公告债权人；处理与清算有关的公司未了结的业务；清缴所欠税款以及清算过程中产生的税款；清理债权、债务；分配公司清偿债务后的剩余财产；代表公司参与民事诉讼活动。

（4）清算组的义务与责任。清算组成员履行清算职责，负有忠实义务和勤勉义务。具体在清算过程中履行下列义务：应当自成立之日起10日内通知债权人，并于60日内在报纸上或者国家企业信用信息公示系统公告；清算组在清理公司财产、编制资产负债表和财产清单后，应当制订清算方案，并报股东会或者人民法院确认；清算组在清理公司财产、编制资产负债表和财产清单后，发现公司财产不足清偿债务的，应当依法向人民法院申请破产清算；公司清算结束后，清算组应当制作清算报告，报股东会或者人民法院确认，并报送公司登记机关，申请注销公司登记。

不得利用职权收受贿赂或者其他非法收入，不得侵占公司财产。因故意或者重大过失给公司或者债权人造成损失的，应当承担赔偿责任。

3. 清算的程序

（1）成立清算组。

（2）通知、公告债权人申报债权。

（3）清理公司财产、编制资产负债表和财产清单，制定清算方案，并报股东会、股东大会或人民法院确认。

（4）依法定顺序支付清算费用、职工的工资、社会保险费用和法定补偿金，缴纳所欠税款，清偿公司债务，剩余财产向股东分派，有限责任公司按股东出资比例分配，股份有限公司按股东所持股份比例分配。

（5）制作清算报告，报股东会、股东大会或者人民法院确认，并报送公司登记机关，申请注销公司登记，公告公司终止。

（6）有关主管机关确认。

（7）注销登记和公告。

复习思考题

一、选择题

1. 有限责任公司股东人数范围（　　）。
　　A．1～50人　　　B．2～200人　　C．1～20人　　D．无要求
2. 下列选项中，属于普通合伙企业的合伙协议应当载明事项的是（　　）。
　　A．合伙目的和合伙经营范围　　　B．利润分配、亏损分担方式
　　C．债务承担责任形式　　　　　　D．合伙企业的解散与清算

3. 企业高级管理人员包括（　　）。
   A. 公司经理　　　B. 董事　　　C. 监事　　　D. 财务负责人
4. 国有独资公司监事会中职工代表的比例不得低于（　　）。
   A. 1/2　　　B. 1/3　　　C. 1/4　　　D. 1/5
5. 按照是否以人民币认购和交易股份为标准，可将股份划分为（　　）。
   A. A股　　　B. B股　　　C. H股　　　D. N股
   E. S股

二、简答题

1. 个人独资企业有哪些特点？
2. 个人独资企业的设立条件有哪些？
3. 有限责任公司与股份有限公司有何异同？
4. 清算组在清算期间行使哪些职权？

三、案例分析题

A商贸公司的业务以商品零售为主，注册资本为50万元。A商贸公司由两个私人股东设立，一人为执行董事兼监事，另一人为财务负责人，并聘请在市税务局工作的孙某作为公司总经理。孙某手中有一批粮油正欲卖出，在未告知其他人的情况下，便私自决定和A商贸公司签订了采购合同，以A商贸公司名义买下了自己手中的粮油，致使A商贸公司没有足够的资金完成投资计划，大量的购货合同难以履行。A商贸公司执行董事向人民法院起诉，要求孙某赔偿经济损失。孙某认为：他是公司的总经理，有权同任何人签订合同，确定经营方式，A商贸公司起诉他是没有任何道理的。

请问：1. 本案例中，A商贸公司的法人机构是否合法？
　　　2. 孙某能否担任公司的总经理？
　　　3. 孙某和A商贸公司签订的合同是否有效？
　　　4. 孙某是否应向A商贸公司赔偿损失？

模块三
合同法律制度

学习目标

📖 知识目标

○ 掌握合同的分类和特征；了解合同订立的流程；分析、辨别合同的不同效力；掌握违约责任的构成要件。

能力目标

○ 能够辨别合同的类型；通过查阅资料，结合案例实际，能设计相应的合同内容，拟定合同条款；具有能对合同履行中出现的特殊情况进行初步处理的能力；能查阅和运用法律法规分析相关案例。

素质目标

○ 提升合同法素养，培养契约精神，增强公平、合作、竞争意识；增强利用合同法律知识维护正当经济利益的意识和能力。

单元一　合同法概述

> **引导案例**
>
> 甲为灯具生产商，乙为灯具销售商，2022年11月20日，乙向甲表示要购买一批灯具，并与甲签订了购买合同，甲在签订合同时表示，因为供应链紧张，甲要一个月以后才能正式生产，所以它与乙签订的合同明确规定在一个月后生效；而乙也向甲提出必须在12月30日前交货。到了12月30日，乙未收到甲的灯具，便去电话询问，并要求甲最迟在2023年1月3日必须交货，否则即解除合同。甲答复到时保证送货。但2023年1月5日甲才将乙需要的灯具送到乙。乙拒收，甲认为乙违约，向法院起诉，要求乙收货并支付货款。
>
> **思考**　甲的请求有无法律依据？请说明理由。

一、合同的概念和特征

合同是民事主体的自然人、法人、其他组织之间设立、变更、终止民事权利与民事义务关系的协议。

合同具有如下特征：

（1）合同是两个以上平等主体的当事人意思表示一致的协议，意思一致是合同成立的前提。

（2）合同以产生、变更或终止民事权利和民事义务关系为目的。

（3）合同是一种民事法律行为。依法成立的合同对当事人具有约束力，得到法律的承认和保护。

二、合同的分类

按照不同的分类标准，合同可以分成不同类型。

1. 诺成性合同与实践性合同

根据合同的成立是否需要交付标的物，可将合同分为诺成性合同和实践性合同。

（1）诺成性合同。诺成性合同是指当事人双方意思表示一致就可以成立的合同。大多数的合同都属于诺成性合同，如买卖合同、租赁合同、借款合同等。

（2）实践性合同。实践性合同是指除当事人双方意思表示一致以外，尚须交付标的物才能成立的合同。如保管合同、借用合同等，需要转移保管或借用的物品的占有权，合同才能成立。在实践中，少部分合同为实践性合同。

2. 要式合同与不要式合同

根据法律对合同的形式是否有特定要求，可将合同分为要式合同与不要式合同。

（1）要式合同。要式合同是指根据法律规定必须采取特定形式的合同。例如，不动产买卖合同必须由不动产登记机关核准登记后，合同方能成立。

（2）不要式合同。不要式合同是指当事人订立的合同依法并不需要采取特定的形式，当事人可以采取口头形式，也可以采取书面形式。除法律有特别规定以外，合同均为不要式合同。根据合同自由原则，当事人有权选择合同形式，但对于法律有特别的形式要件规定的，当事人必须遵循法律规定。

3. 双务合同和单务合同

根据合同当事人是否互相承担义务、享有权利，可将合同分为双务合同和单务合同。

（1）双务合同。双务合同是指当事人双方互相承担义务、享有权利的合同，即一方的权利对应对方的义务，彼此形成对价关系。例如，在买卖合同中，卖方有获得价款的权利，而买方对应有支付价款的义务；反之，买方有取得货物的权利，而卖方对应有交付货物并转移货物所有权的义务。

（2）单务合同。单务合同是指合同双方当事人中仅有一方负担义务，而另一方只享有权利的合同。例如，在赠与合同中，只有赠与人负有按约定赠送给受赠人特定物的义务。在实践中，大多数的合同都是双务合同，单务合同比较少见。

4. 有偿合同与无偿合同

根据合同当事人之间的权利与义务是否存在对价关系，可以将合同分为有偿合同与无偿合同。

（1）有偿合同。有偿合同是指当事人一方享有合同约定的权利，须向对方当事人支付相应对价的合同。在实践中，绝大多数反映交易关系的合同都是有偿的，如买卖合同、租赁合同、承揽合同、运输合同、仓储合同等。

（2）无偿合同。无偿合同是指当事人一方享有合同约定的权利，无须向对方当事人支付相应对价的合同，如赠与合同、借用合同等。在实践中，无偿合同数量比较少。

5. 主合同与从合同

根据合同相互间的主从关系，可以将合同分为主合同与从合同。

（1）主合同。主合同是指不以其他合同的存在为前提而能够独立存在的合同。

（2）从合同。从合同是指不能独立存在，而要以其他合同的存在为前提的合同。例如，甲与乙订立借款合同，丙为担保乙偿还借款而与甲签订保证合同，则甲乙之间的借款合同为主合同，甲丙之间的保证合同为从合同。

6. 有名合同与无名合同

根据法律是否明文规定了一定合同的名称，可以将合同分为有名合同与无名合同。

（1）有名合同。有名合同又称典型合同，是指由法律赋予其特定名称及具体规则的合同。例如，我国《民法典》中所规定的19类典型合同，都属于有名合同。

（2）无名合同。无名合同又称非典型合同，是指法律上尚未确定特定的名称与规则的合同。根据合同自由原则，合同当事人可以自由决定合同的内容，因此即使当事人订立的合同不属于有名合同的范围，只要不违背法律的禁止性规定和社会公共利益，也仍然是有效的。

> **课内小案例**
>
> 2006年4月,王女士在某银行的储蓄专柜办理了数目是3 000元的保值储蓄,约定的年利率是8.24%,时限是15年(每5年,银行代办转存,而储户保证15年内不提前支取)。15年后,王女士如约而至,扣除利息税之后,银行需要支付她6 620.45元,可是,银行不同意了,只愿意给4 500多元。最后,僵持不下的双方闹到了法院。
>
> **问题**:请结合《民法典》第三编合同的有关规定,分析法院应支持王女士还是应支持银行?为什么?

三、合同法的概念与基本原则

(一)合同法的概念

合同法是调整平等主体之间的自然人、法人、其他组织之间设立、变更、终止民事权利、民事义务关系的法律规范的总称。

1999年10月1日起施行的《中华人民共和国合同法》,是约束调整合同活动的具体法律规范,保护了合同当事人的合法权益,维护了社会经济秩序,促进了社会主义现代化建设。

2020年5月28日,第十三届全国人民代表大会第三次会议表决通过了《中华人民共和国民法典》(以下简称《民法典》),《中华人民共和国合同法》的内容纳入《民法典》,成为《民法典》第三编。《民法典》自2021年1月1日起施行,《中华人民共和国合同法》同时废止。

(二)合同法的基本原则

1. 平等原则

平等原则首先是指当事人的民事法律地位平等,一方不得将自己的意志强加给另一方。这也是民法首要的核心原则,反映了民事法律关系的本质特征,是区别于行政法、刑法的重要特征,也是合同法其他原则赖以存在的基础。

2. 自愿原则

自愿原则作为一项重要的基本原则,是指当事人在法律允许的范围内通过协商,自愿决定和调整相互的权利与义务关系,是民事法律关系区别于行政法律关系和刑事法律关系而特有的原则,同时也是社会主义市场经济体制的基本原则。

3. 公平原则

公平原则包含了等价有偿的意思,即在民事活动中,除法律另有规定或当事人另有约定外,当事人取得他人财产利益应向他方给付相应的对价。

4. 诚实信用原则

诚实信用原则也是指合同当事人在订立、履行、变更和解除合同或合同关系终止等各个阶段,无论行使权利,还是履行义务,都应讲诚实、守信用,相互协作配合,不得损害他人利益和社会公共利益。

5. 公序良俗原则

公序良俗原则是指民事法律行为的内容及目的不得违反公共秩序和善良风俗。公序良俗原则是我国民法一项重要的基本原则。在社会主义市场经济条件下，有维护国家利益及一般道德观念的功能。

职业素养小讲堂

平等、公正、法治、自由是社会主义核心价值观的部分内容。没有自由平等与公正法治，就没有健康、发育完善的市场经济。建设富强、民主、文明、和谐的社会主义强国，离不开以自由平等和公正法治为核心价值观的社会主义市场经济与中国特色社会主义的公民社会。在市场经济条件下建设民主、和谐的社会主义强国，社会与市场的公正与法治是必需的内在条件。没有法治，就没有社会主义的民主，没有公平正义，也就难以实现社会主义和谐的理想价值追求。

单元二　合同的订立

引导案例

甲公司通过网络发布广告，称其有50台某型号的电动叉车，每台价格5万元，有意者可来公司商谈具体事宜，广告有效期30天。乙公司看到该广告后于第8天带着合同去甲公司购车，但甲公司的车此时已全部售完，无货可供。乙公司认为甲公司发出要约后又违反了要约，给自己造成信赖利益的损失，要求法院根据缔约过失责任的原则，判决甲公司承担相应的法律责任。

思考 1. 甲公司的行为是否属于要约？请说明理由。

2. 甲公司是否应承担法律责任？请说明理由。

一、合同的内容和形式

（一）合同的内容

合同的内容是合同当事人权利、义务的约定。合同的内容应该包括以下内容：

（1）当事人的名称（姓名）和住所。当事人是合同关系的主体，合同必须写明当事人的名称（姓名）和住所。

（2）标的。买卖合同的标的就是出卖人出售的特定之物。合同中应清楚地写明标的物的名称、规格等内容，并应尽可能写得详细。同时，标的物不得为法律法规禁止转让的物品，否则，该买卖合同无效。

（3）质量和数量。合同当事人可在合同中约定标的物的质量和数量，对于质量和数量，应做明确规定，使用准确的计量单位。

（4）履行期限、地点和方式。合同对履行期限、地点、方式应有十分明确的规定，以便于双方当事人履行。

（5）价款。价款是买受人取得标的物所应支付的代价。

（6）违约责任。合同当事人可在法律允许的范围内约定违约责任。

（7）争议解决的方式。合同当事人可在合同中约定解决争议的方法，如协商、调解、仲裁、诉讼等。具体采用何种方式解决争议，当事人可视情况确定。

（二）合同的形式

合同的形式是当事人合意的外在表现形式，是合同内容的载体。当事人订立合同，可以采用书面形式、口头形式或者其他形式。

（1）书面形式。《民法典》第四百六十九条规定，书面形式是合同书、信件、电报、电传、传真等可以有形地表现所载内容的形式。以电子数据交换、电子邮件等方式能够有形地表现所载内容，并可以随时调取查用的数据电文，视为书面形式。

（2）口头形式。口头形式是合同当事人不用书面文字形式表达合同内容，而是用语言为意思表示订立合同。法律未规定必须采用特定形式的合同，当事人均可采用口头形式。

（3）其他形式。其他形式包括公证形式、鉴证形式、批准形式及推定形式等。

> **职业素养小讲堂**
>
> 合同又叫契约。市场经济制度是典型的契约制度，以市场经济制度为基础的社会是典型的契约型社会。在社会主义市场经济体制的运行过程中，社会契约机制起着重要的杠杆作用。
>
> 合同中体现契约精神。契约精神在民主法治的形成过程中有着极为重要的作用，一方面，市民的契约精神促进了商品交易的发展，为法治创造了经济基础，同时也为市民社会提供了良好的秩序；另一方面，契约精神上升至公法领域，在控制公权力、实现人权方面具有重要意义。契约精神对我国社会主义法治国家的构建和社会主义市场经济的良性运转都有着积极作用。

二、合同订立的程序

当事人订立合同，采取要约、承诺方式。这表明，合同的订立包括要约和承诺两个阶段。

（一）要约

1. 要约的概念与生效

要约是希望和他人订立合同的意思表示。要约又称发盘、出盘、发价，是订立合同的必经阶段。要约作为一种意思表示，除了必须具备意思表示的一般要件外，还需具有订立合同的意图，要约是向特定人做出具体、确定的意思表示。

要约到达受要约人时生效。对于数据电文要约的到达，《民法典》第一百三十七条规定，以非对话方式作出的意思表示，到达相对人时生效。以非对话方式作出的采用数据电文形式的意思表示，相对人指定特定系统接收数据电文的，该数据电文进入该特定系统时生效；未指定特定系统的，相对人知道或者应当知道该数据电文进入其系统时生效。当事人对采用数据电文形式的意思表示的生效时间另有约定的，按照其约定。

要约邀请。要约邀请也称要约引诱，是指希望他人向自己发出要约的意思表示，其目的在于诱使他人向自己发出要约。

> **资料补给站**
>
> **法律规定属于要约邀请或要约的情形**
>
> 《民法典》第四百七十三条规定，拍卖公告、招标公告、招股说明书、债券募集办法、基金招募说明书、商业广告和宣传、寄送的价目表等为要约邀请。商业广告和宣传的内容符合要约条件的，构成要约。

2. 要约的撤回和撤销

要约的撤回是指要约人在发出要约后，于要约到达受要约人之前取消其要约的行为。

要约的撤销是指在要约发生法律效力后，要约人取消要约从而使要约归于消灭的行为。要约的撤销不同于要约的撤回，前者发生于生效后，后者发生于生效前。

有下列情形之一的，要约不得撤销：①要约人以确定承诺期限或者其他形式明示要约不可撤销；②受要约人有理由认为要约是不可撤销的，并已经为履行合同做了合理准备工作。

3. 要约的失效

要约的失效即要约丧失法律约束力。要约失效的事由有以下几种：①要约被拒绝；②要约被依法撤销；③承诺期限届满，受要约人未作出承诺；④受要约人对要约的内容作出实质性变更。

（二）承诺

1. 承诺的概念与生效

承诺是受要约人同意要约的意思表示。承诺必须在合理期限内由受要约人向要约人发出。承诺应当在要约确定的期限内到达要约人；没有确定承诺期限的，应当在合理期限内到达要约人。承诺到达要约人时生效，对于诺成性合同，此时合同即成立。

承诺的内容必须与要约的内容相一致，受要约人对要约的内容作出实质性变更的，为新要约。有关合同标的、数量、质量、价款或者报酬、履行期限、履行地点和方式、违约责任和解决争议方法等的变更，是对要约内容的实质性变更。

2. 承诺的撤回和迟延

承诺的撤回是指受要约人在其做出的承诺生效之前将其撤回的行为。承诺一经撤回，则不发生承诺的效力，也就阻止了合同的成立。

承诺的迟延又称迟到的承诺，是指受要约人未在承诺期限内发出的承诺。对效力问题，

《民法典》规定：①受要约人超过承诺期限发出承诺，或者在承诺期限内发出承诺，按照通常情形不能及时到达要约人的，为新要约；但是，要约人及时通知受要约人该承诺有效的除外；②受要约人在承诺期限内发出承诺，按照通常情形能够及时到达要约人，但是因其他原因致使承诺到达要约人时超过承诺期限的，除要约人及时通知受要约人因承诺超过期限不接受该承诺外，该承诺有效。

三、合同成立

合同成立是指合同当事人订立合同的行为完成，要约与承诺的过程已经结束，或者双方已经签字盖章。

（一）合同的成立时间

合同的成立时间具体可以分为以下几种情况：

（1）承诺生效时合同成立。当事人采用合同书形式订立合同的，自当事人均签名、盖章或者按指印时合同成立。在签名、盖章或者按指印之前，当事人一方已经履行主要义务，对方接受时，该合同成立。法律、行政法规规定或者当事人约定合同应当采用书面形式订立，当事人未采用书面形式但是一方已经履行主要义务，对方接受时，该合同成立。

（2）当事人采用信件、数据电文等形式订立合同要求签订确认书的，签订确认书时合同成立。

（3）当事人一方通过互联网等信息网络发布的商品或者服务信息符合要约条件的，对方选择该商品或者服务并提交订单成功时合同成立，但是当事人另有约定的除外。

（二）合同的成立地点

合同的成立地点具体可以分为以下几种情况：

（1）承诺生效的地点为合同成立的地点。采用数据电文形式订立合同的，收件人的主营业地为合同成立的地点；没有主营业地的，其住所地为合同成立的地点。当事人另有约定的，按照其约定。

（2）当事人采用合同书形式订立合同的，最后签名、盖章或者按指印的地点为合同成立的地点，但是当事人另有约定的除外。

> **课内小案例**
>
> 甲企业向乙企业以传真的形式发出订货单，订货单说明了订货的种类、数量、质量、供货时间、交货方式等，并要求乙在7日内报价。乙按照甲的条件按期报价，并要求甲在7日内回复；甲按期复电同意其报价，并提出签订书面合同的要求。乙表示同意，但为了按期交货，乙在还未签订书面合同的情况下发货，甲收货后未提出异议。
>
> 后因市场发生变化，该货物价格下降。甲尚未支付货款，遂向乙提出，希望以当下市场的价格结算。乙不同意。后甲又以双方未签订书面合同为由，主张买卖关系不成立，要求乙尽快取回货物。乙也不同意甲的说法，要求甲按当初的约定支付货款，并诉至法院。
>
> 问题：1. 分析甲传真订货、乙报价和甲复电同意这些行为的法律性质。
> 　　　2. 甲乙之间的合同成立吗？请说明理由。

单元三　合同的效力

引导案例

A企业与B企业达成口头协议，由B企业在4个月之内供应A企业30吨木材。两个月后，B企业认为原定木材价格过低，遂以之前签订的合同为口头协议无效为由，要求双方重新签订书面合同。A企业表示反对，并声称B企业如不按照最初协议履行，A将向法院起诉。

思考　此案例中，双方当事人签订的合同有无法律效力？请说明理由。

合同生效是指合同产生法律效力。合同生效后，当事人必须按照合同履行义务，否则要承担违约责任。

合同生效以合同成立为前提，即有合同，合同才能生效。没有合同，合同生效、失效、有效、无效便无从谈起。但合同成立并不意味着合同生效，有时合同生效还需要履行批准、登记等手续，或者等待条件的成就或期限的届至。

一、合同生效的时间

合同的生效时间具体可以分为以下几种情况：

（1）依法成立的合同，自成立时生效，但是法律另有规定或者当事人另有约定的除外。

（2）法律、行政法规定应当办理批准、登记等手续的，依照其规定办理批准、登记等手续后生效。例如，《民法典》规定，不动产抵押的，应当办理抵押登记，抵押权自登记时设立。

（3）约定条件成就时生效、失效。当事人为了自己的利益，不正当地阻止条件成就，视为条件已成就；不正当地促成条件成就，视为条件不成就。

（4）期限届至时生效、届满时失效。当事人对合同的效力可以约定附期限，附生效期限的合同，自期限届至时生效；附终止期限的合同，自期限届满时失效。

二、合同效力的分类

1. 有效合同

有效合同是指依照法律的规定成立，并在当事人之间产生法律约束力的合同。民事法律行为主要应具有以下条件：

（1）行为人具有相应的民事行为能力。具体指行为人应具有相应的订立合同的能力，是指合同主体据以独立订立合同并独立承担合同义务的主体资格。

（2）意思表示真实。所谓意思表示，是行为人将其产生、变更和终止民事权利和民事义务的意思表示于外部的行为。

（3）不违反法律或社会公共利益。合法是民事法律行为的本质属性，也是民事法律行为有效的当然要件。

2. 无效合同

无效合同是指合同虽然已经成立，但由于其不符合法律或行政法规规定的特定条件或要求，并违反了法律、法规的强制性规定而被确认为无效的合同。合同无效分为全部无效和部分无效。

（1）合同无效的原因包括：一方以欺诈、胁迫的手段订立合同，损害国家利益；恶意串通，损害国家、集体或第三人利益；以合法形式掩盖非法目的；损害社会公共利益；违反法律、法规的强制性规定。

（2）合同中免责条款的无效的情况包括：造成对方人身伤害的；因故意或重大过失造成对方财产损失的。

3. 效力待定的合同

效力待定的合同是指合同虽然已经成立，但因其不完全符合法律生效要件的规定，因此其发生效力与否尚未确定，一般须经有权人表示承认或追认后才能生效。这主要包括以下三种情况：

（1）限制民事行为能力人订立的合同。限制民事行为能力人订立的合同，经法定代理人追认后，该合同有效，但纯获利益的合同，或者与其年龄、智力、精神健康状况相适应而订立的合同，不必经法定代理人追认。相对人可以催告法定代理人在30日内予以追认。法定代理人未作表示的视为拒绝追认。合同被追认之前，善意相对人有撤销的权利。撤销应当以通知的方式作出。

（2）无权代理人签订的合同。无权代理有狭义和广义之分。狭义的无权代理指行为人没有代理权、超越代理权，或者代理权终止后以被代理人名义订立的合同，未经被代理人追认，对被代理人不发生效力，由行为人承担责任。其效力属于待定状态。相对人可以催告被代理人在30日内追认。被代理人未作表示的视为拒绝追认。合同被追认之前，善意相对人有撤销的权利。撤销应当以通知的方式作出。

广义的无权代理概念中，还包括下列两种特别的代理，其代理人虽属无权代理，但其代理行为不能对抗善意第三人，从而产生有权代理的法律效果：①表见代理合同。表见代理人实际上没有代理权，但是相对人有理由相信其有代理权，法律为保护善意相对人的利益，规定代理行为有效，被代理人要承担责任。②法定代表人、负责人越权订立的合同。法人的法定代表人或者非法人组织的负责人超越权限订立的合同，除相对人知道或者应当知道其超越权限外，该代表行为有效，订立的合同对法人或者非法人组织发生效力。

（3）无处分权的人处分他人财产的合同。无处分权的人处分他人财产，经权利人追认或无处分权的人订立合同后取得处分权的，该合同有效。一般情况下，无处分权人处分他人财产的合同无效；但在下列两种情况下合同有效：①经权利人追认的合同有效，因为经过追认后，行为人的无权处分行为变成了有权处分行为，当然就产生效力；②行为人订立合同后取得处分权的合同有效，这种事后取得的处分权具有溯及既往的效力，使得行为人在无处分权时的处分行为变成了有效。

> **课内小案例**
>
> A 药品生产公司派业务员李某携带公司签章和空白合同，赴甲地收购白芷、金银花等中药材。李某到达甲地后，发现那里的草果品质上乘，价格便宜，便决定再购买 2 吨草果，于是与草果生产加工商 B 公司签订了购买草果的合同。之后，B 公司将草果运到 A 公司，A 公司却不承认合同，称购买草果是李某的个人行为，不是公司的决定，拒绝收货和支付货款。
>
> 问题：1. 请分析一下李某自行决定购买草果行为的法律性质。
> 　　　2. 李某签订的合同性质如何？请说明理由。

4. 可撤销的合同

可撤销的合同是指当事人在订立合同的过程中，由于意思表示不真实，或者是出于重大误解从而作出错误的意思表示，依照法律的规定可予以撤销的合同。

（1）有权申请变更或撤销的合同。下列合同，当事人一方有权请求人民法院或仲裁机构变更或撤销：①因重大误解订立的合同；②在订立合同时显失公平的；③一方以欺诈、胁迫的手段或乘人之危，使对方在违背真实意思的情况下订立的合同，受损害方有权请求人民法院或仲裁机构变更或撤销。

（2）撤销权的消灭。有下列情形之一的，撤销权消灭：①具有撤销权的当事人自知道或应当知道撤销事由之日起 1 年内、重大误解的当事人自知道或应当知道撤销事由之日起 90 日内没有行使撤销权的；②当事人自民事法律行为发生之日起 5 年内没有行使撤销权的；③具有撤销权的当事人知道撤销事由后明确表示或以自己的行为放弃撤销权的。

三、合同被确认无效和被撤销的法律后果

合同被确认无效或被撤销将导致合同自始无效，这也就是效力溯及既往的原则。合同无效、被撤销或终止的，不影响合同中独立存在的有关解决争议方法的条款的效力。合同无效或被撤销后，因该合同取得的财产，应当予以返还；不能返还或没有必要返还的，应当折价补偿。有过错的一方应当赔偿对方因此所受到的损失，双方都有过错的，应当各自承担相应的责任。当事人恶意串通，损害国家、集体或第三人利益的，因此取得的财产收归国家所有，或者返还集体、第三人。

> **职业素养小讲堂**
>
> 合同的订立和生效的前提是尊重当事人真实的意思表示，但并不意味着只要是真实的意思表示，就可以使合同生效。
>
> 一份有效的合同还必须符合社会的公序良俗。公序，指公共秩序，是指国家社会的

存在及其发展所必需的一般秩序；良俗，指善良风俗，是指国家社会的存在及其发展所必需的一般道德。民事主体的行为应当遵守公共秩序，符合善良风俗，不得违反国家的公共秩序和社会的一般道德。

公序良俗要求合同当事方在行使权利和履行义务的过程中，能够按照社会公共秩序办事，并能够尊崇善良风俗，否则可以据此判定合同行为是无效的。

单元四 合同的履行

引导案例

A 公司与 B 公司签订了一份大豆购买合同，合同约定 B 公司向 A 公司提供大豆，总价款 150 万元，A 公司需预付价款 45 万元。在 A 公司即将支付预付款时，有确切证据证明 B 公司因经营不善，将无法按期交付大豆。于是，A 公司拒绝支付预付款，除非 B 公司能提供担保。B 公司拒绝提供担保，认为 A 公司违反了合同约定。为此，双方发生纠纷并诉至法院。

1. A 公司拒绝支付预付款是否合法？请说明理由。
2. A 公司行使的是什么权利？若行使该权利必须具备什么条件？

一、合同履行的概念和原则

合同履行是指合同的当事人按照合同的约定，全面完成各自应承担的合同义务，使合同关系得以全部终止的整个行为过程。

合同履行的原则主要包括：

（1）全面履行原则。全面履行是指合同当事人应当按照合同的约定全面履行自己的义务，不能以单方面的意思改变合同义务或解除合同。全面履行原则对合同当事人的要求相当严格，因此，合同当事人各方都应当严肃、认真、完整地履行合同义务，否则即应承担相应的责任。

（2）诚实信用原则。诚实信用原则是指在合同履行过程中，合同当事人讲究信用，恪守信用，以善意的方式履行其合同义务，不得滥用权利及规避法律或合同规定的义务。

（3）协作履行原则。协作履行原则要求合同当事人在合同履行过程中相互协作，积极配合，完成合同的履行。

（4）效益履行原则。效益履行原则是指履行合同时应当讲求经济效益，尽量以最小的成本，获得最大效益，以及合同当事人为了谋求更大的效益或为了避免不必要的损失，变更或解除合同。

职业素养小讲堂

合同的履行过程应该是合同各当事方友好协作的过程。在目标实现的过程中，各当事方的部门与部门之间、个人与个人之间应协调与配合。

很多工作领域都需要多方协作，协作是多方面的、广泛的。一个部门或一个岗位若想实现目标，需要得到外界的支援和配合，需要得到资源、技术、信息等方面的协作。

企业、组织和个人都不是孤立的，他们之间可能有竞争，但更需要彼此的配合和支持。整个社会是一个命运共同体，单位和个人在发展的过程中，都应该积极为对方提供力所能及的帮助。

二、合同履行中的义务

在合同履行中，当事人负有的义务主要包括：

（1）通知义务。通知义务是指合同当事人负有将与合同有关的事项通知给对方当事人的义务，包括有关履行标的物到达对方的时间、地点、交货方式的通知，合同提存的有关事项的通知，后履行抗辩权行使时要求对方提供充分担保的通知，情势变更的通知，不可抗力的通知等。

（2）协助义务。协助义务是指合同当事人在履行合同过程中应当相互给予对方必要的和能够的协助与帮助的义务。

（3）保密义务。保密义务是指合同当事人负有为对方的秘密进行保守不为外人知道的义务。如果因为未能为对方保守秘密，使外人知道对方的秘密，给对方造成损害的，应当对此承担责任。

三、合同履行中约定不明情况的处置

（1）合同生效后，合同的主要内容包括质量、价款或报酬、履行地点等没有约定或者约定不明确的，当事人可以通过协商确定合同的内容。不能达成补充协议的，按照合同有关条款或交易习惯确定。

（2）如果合同当事人双方不能达成一致意见，又不能按照合同的有关条款或交易习惯确定，可以适用以下规定。

1）质量要求不明确的，按照国家标准、行业标准履行；没有国家标准、行业标准的，按照通常标准或符合合同目的的特定标准履行。

资料补给站

所谓的通常标准，是指在同类的交易中，产品应当达到的质量标准；符合合同目的的特定标准，是指根据合同的目的、产品的性能、产品的用途等因素确定质量标准。

2）价款或报酬不明确的，按照订立合同时履行地市场价格履行；依法执行政府定价或政府指导价的，按照规定执行。此处所指的市场价格是指市场中的同类交易的平均价格。对于一些特殊的物品，由国家确定价格的，应当按照国家的定价来确定合同的价款或报酬。

3）履行地点不明确的，给付货币的，在接受货币方所在地履行；交付不动产的，在不动产所在地履行；其他标的，在履行义务一方所在地履行。

4）履行期限不明确的，债务人可以随时履行，债权人也可以随时要求履行，但应当给对方必要的准备时间。

5）履行方式不明确的，按照有利于实现合同目的的方式履行。

6）履行费用的负担不明确的，由履行义务一方负担。

资料补给站

执行政府定价或政府指导价的法律规定

在发展社会主义市场经济过程中，政府对经济活动的宏观调控和价格管理十分必要。我国《民法典》第五百一十三条规定：执行政府定价或政府指导价的，在合同约定的交付期限内政府价格调整时，按照交付时的价格计价。逾期交付标的物的，遇价格上涨时，按照原价格执行；价格下降时，按照新价格执行。逾期提取标的物或逾期付款的，遇价格上涨时，按照新价格执行；价格下降时，按照原来的价格执行。

四、合同的抗辩权

合同的抗辩权是指权利人行使其请求权时，义务人享有的拒绝其请求的权利。具体包括同时履行抗辩权、先履行抗辩权、不安抗辩权等。

（一）同时履行抗辩权

同时履行抗辩权指合同当事人双方的债务履行没有先后顺序，当事人一方在对方未为对待给付之前，有权拒绝对方请求自己履行合同的要求的权利。其适用条件包括：

（1）同一双务合同，双方当事人互负对待给付义务。

（2）双方当事人负有的对待给付义务没有约定履行顺序。

（3）对方未履行债务或未完全履行债务。

（4）双方当事人的债务已届清偿期。

（二）先履行抗辩权

先履行抗辩权是指按照合同约定或法律规定负有先履行债务的一方当事人，届期未履行债务或履行债务严重不符合约定条件时，另一方当事人为保护自己的债权，而拒绝对方履行请求的权利。其适用条件包括：

（1）同一双务合同互负债务，互负的债务之间具有相关性。

（2）债务的履行有先后顺序，当事人可以约定履行顺序，也可以由合同的性质或交易习惯决定。

（3）先履行一方不履行或不完全履行债务。

（三）不安抗辩权

不安抗辩权是指按照合同约定或法律规定应先履行债务的一方当事人，在合同订立之后，履行债务之前或履行过程中，有充分的证据证明后履行一方将不会履行债务或不能履行债务时，先履行债务方可以暂时中止履行，通知对方当事人在合理的期限内提供适当担保，如果对方当事人在合理的期限内提供担保，中止方应当恢复履行；如果对方当事人未能在合理期限内提供适当的担保，中止履行一方可以解除合同。其适用条件包括：

（1）同一双务合同互负债务并具有先后履行顺序。

（2）后履行一方有不履行债务或可能丧失履行债务能力的情形。

（3）先履行一方有确切的证据。

单元五 合同的变更、转让与终止

引导案例

2022年底，某钢材厂需要回笼资金，业务员甲因为没有要回货款，资金无法回笼。厂长乙让厂会计先给甲出具收到货款的收据，完成资金回笼账目，同时要求甲向会计出具了1.5万元的欠条。后来乙将应该由甲偿还的1.5万元替甲还给了会计，并要求甲归。甲以种种理由推拖不还，乙无奈诉至法院，请求甲归还自己1.5万元，并支付利息。

思考 乙的主张能否得到法院的支持？请说明理由。

一、合同的变更

（一）合同变更的概念

合同变更是指当事人对已经发生法律效力，但尚未履行或者尚未完全履行的合同，进行修改或补充所达成的协议。合同的变更有广义和狭义之分，广义上，合同的变更包括合同主体的变更、合同客体的变更和合同内容的变更。我们这里仅指狭义上的合同变更，即合同客体、合同内容的变更。《民法典》第五百四十三条规定，当事人协商一致，可以变更合同。

（二）合同变更的效力

变更后的合同取代了原合同，双方当事人应当按照变更后的合同履行，具体体现为：

（1）合同变更后，变更的部分生效，原有的部分失去效力，当事人应当按照变更后的合同履行。

（2）合同的变更只对合同未履行部分有效，不对合同中已经履行部分产生效力，除了当事人约定以外，已经履行部分不因合同的变更而失去法律依据。

（3）合同的变更不影响当事人请求损害赔偿的权利。

《民法典》第五百四十四条规定，当事人对合同变更的内容约定不明确的，推定为未变更。

二、合同的转让

合同的转让是指当事人一方将其合同权利或义务的全部或者部分转让给第三人。合同的转让，也就是合同主体的变更。

合同权利的转让，称为债权让与；合同义务的转让，称为债务承担；将一方当事人的债权、债务一并转移给第三人，称为债权、债务的概括转移。

（一）债权让与

债权的让与即合同权利的转让，是指合同的债权人通过协议将其债权全部或部分转移给第三人的行为。

1. 债权让与的特点

（1）债权转让是在不改变合同权利内容的基础上，由原合同的债权人将合同权利转移给第三人。

（2）债权让与的内容只能是合同权利，不应包括合同义务。

（3）债权让与可以是权利的全部让与，也可以是部分让与。

（4）让与的合同债权必须是依法可以转让的债权，否则不得进行转让，合同债权让与的协议无效。

2. 债权让与的条件

（1）有效性条件。①让与人与受让人达成债权让与协议；②原债权有效存在；③让与的债权具有可转让性；④履行必需的程序，即法律、行政法规规定应当办理批准、登记等手续的，应依照其规定。

（2）禁止性条件。①根据债权性质不得转让的合同债权；②不作为的合同债权，以及与第三人利益有关的合同债权；③按照当事人的约定不得转让的债权；④依照法律规定不得转让的债权。这是指法律明文规定不得让与或必须经合同债务人同意才能让与的债权。

3. 债权让与的效力

（1）外部效力。《民法典》第五百四十六条规定，债权人转让债权，未通知债务人的，该转让对债务人不发生效力。债权让与通知债务人后即对债务人产生效力，债务人应当承担让与人转让给受让人的债务，如果债务人不履行其债务，应当承担违约责任。

债权转让的通知不得撤销，但是经受让人同意的除外。债务人接到债权转让通知后，债务人对让与人的抗辩，可以向受让人主张。

（2）内部效力。《民法典》第五百四十七条规定，债权人转让债权的，受让人取得与债权有关的从权利，但是该从权利专属于债权人自身的除外。受让人取得从权利不因该从权利未办理转移登记手续或者未转移占有而受到影响。

> **课内小案例**
>
> 甲公司拖欠乙公司货款共计15万元，2022年10月，双方核对货款后确认形成一份对账单。2022年12月，乙公司与赵某协商，签订一份债权转让协议，约定乙公司将其在甲公司处享有的债权15万元全部转让给赵某。之后乙公司以短信形式向甲公司发送了债权转让通知。债权转让通知到达甲公司后，甲公司称其不认可该债权转让，一直未向赵某偿还该笔欠款。
>
> 问题：甲公司不认可债权转让的主张成立吗？请说明理由。

(二)债务承担

债务承担即合同义务的转让,是指经债权人同意,债务人将债务转让给第三人的行为。债务的承担可分为全部承担和部分承担。全部承担是由新的债务人取代原债务人,即合同的主体发生变化,而合同内容保持不变;债务的部分承担则是指债务人将其合同义务的一部分转交给第三人,由第三人对债权人承担部分债务,该第三人成为合同的债务人之一,就其接受转让的债务部分承担履行责任,原债务人并没有退出合同关系。

1. 债务承担的条件

(1)承担人与债务人订立债务承担合同。
(2)存在有效债务。
(3)拟转移的债务具有可转让性,即性质上不能进行转让,或者法律、行政法规禁止转让的债务,不得进行转让。
(4)合同债务的转让必须取得债权人的同意。

2. 债务承担的效力

(1)承担人全部或部分代替原债务人,承担相应债务,原债务人全部或部分免除债务。
(2)承担人可以主张原债务人对债权人的抗辩。
(3)承担人同时负担从债务。

(三)债权、债务的概括转移

1. 债权、债务概括转移的概念

债权、债务的概括转移是指由原合同的当事人一方将其债权、债务一并转移给第三人,由第三人概括地继受这些权利和义务。

2. 债权、债务概括转移的条件

(1)转让人与承受人达成合同概括转移协议。
(2)原合同必须有效。
(3)原合同为双务合同。
(4)必须经原合同对方当事人同意。

三、合同的终止

(一)合同终止的概念

合同终止是指因发生法律规定或当事人约定的情况,使合同当事人之间的权利义务关系消灭,使合同的法律效力终止,当事人不再受合同关系的约束。

(二)合同终止的原因

引起合同终止的原因主要包括合同的解除、抵销、提存、债务免除和债权债务混同。

1. 合同的解除

合同解除是指合同当事人一方或者双方依照法律规定或者当事人的约定,依法解除合

同效力的行为，可以分为法定解除和约定解除两种情况。

（1）法定解除。法定解除是指合同有效成立以后，由于出现了法定事由，当事人依照法律规定行使解除权的解除行为。《民法典》第五百六十三条规定，有下列情形之一的，当事人可以解除合同：①因不可抗力致使不能实现合同目的；②在履行期限届满前，当事人一方明确表示或者以自己的行为表明不履行主要债务；③当事人一方迟延履行主要债务，经催告后在合理期限内仍未履行；④当事人一方迟延履行债务或者有其他违约行为致使不能实现合同目的；⑤法律规定的其他情形。

以持续履行的债务为内容的不定期合同，当事人可以随时解除合同，但是应当在合理期限之前通知对方。

（2）约定解除。约定解除是指当事人在合同订立时约定解约条款，或在合同履行过程中另行订立合同约定解约条款，为一方或双方保留解除权的解除行为。

《民法典》第五百六十六条规定，合同解除后，尚未履行的，终止履行；已经履行的，根据履行情况和合同性质，当事人可以请求恢复原状或者采取其他补救措施，并有权请求赔偿损失。合同因违约解除的，解除权人可以请求违约方承担违约责任，但是当事人另有约定的除外。主合同解除后，担保人对债务人应当承担的民事责任仍应当承担担保责任，但是担保合同另有约定的除外。

> **课内小案例**
>
> 甲家具厂 2022 年 6 月 1 日接受某家具品牌商 1 000 件的家具订货合同，约定交货日期为 9 月 10 日，并约定一方违约应向对方支付总货款 25% 的违约金。为完成任务，6 月 20 日，甲家具厂与乙木材厂签订了一份木材供货合同，合同约定在 7 月 20 日，木材厂向甲家具厂交 10 吨木材，并约定一方不履行时，向对方支付总货款 10% 的违约金。6 月 30 日，乙木材厂向甲家具厂表示，原定交货日期交货有困难，请求 7 月 30 日交货。甲家具厂表示不能推迟交货，否则解除合同。7 月 20 日，乙木材厂未按时交货，甲家具厂只能四处联系木材供应。得知另一木材厂存有木材，前去购回 10 吨，但总价比与乙方签订的合同价款高 2 万元。之后，甲家具厂通知乙木材厂解除合同，拒收乙方木材，并要求对方赔偿损失 2 万元及支付违约金。乙木材厂不同意，要求甲家具厂承担拒收木材的违约责任。
>
> **问题**：甲乙双方谁的主张有法律依据？请说明理由。

2. 抵销

抵销是指合同双方当事人互为债权人和债务人时，按照法律规定或当事人的约定，各自以自己的债权充抵对方的债权，而使双方的债权、债务在对等额内相互消灭。抵销分为法定抵销和约定抵销。

（1）法定抵销的条件。当事人互负债务；该债务的标的物种类、品质相同；不属于不能抵销的债权。当事人主张抵销的，应当通知对方。抵销不得附条件或者附期限。

（2）约定抵销的条件。当事人互负债务；经双方当事人协商一致；不属于不能抵销的债权。

不能抵销的债权主要指根据债务性质、按照当事人约定或者依照法律规定不得抵销的债权。

3. 提存

提存是指债务人履行其到期债务时，因债权人的原因无正当理由而拒绝受领，或者因债权人下落不明等原因债务人无法向债权人履行债务时，可依法将其履行债务的标的物送交有关部门，以代替履行的行为。

（1）提存的条件。有下列情形之一，难以履行债务的，债务人可以将标的物提存：①债权人无正当理由拒绝受领；②债权人下落不明；③债权人死亡未确定继承人、遗产管理人，或者丧失民事行为能力未确定监护人；④法律规定的其他情形。

（2）提存机关。提存机关是国家设立的接受提存物而进行保管，并应债务人请求将提存物发还债权人的机关，主要包括公证机关和人民法院。

（3）提存的方法。提存人应在交付提存标的物的同时，提交提存申请书。标的物不适于提存或者提存费用过高的，债务人依法可以拍卖或者变卖标的物，提存所得的价款。《民法典》第五百七十一条规定，债务人将标的物或者将标的物依法拍卖、变卖所得价款交付提存部门时，提存成立。

（4）提存的效力。提存成立的，视为债务人在其提存范围内已经交付标的物。标的物提存后，毁损、灭失的风险由债权人承担。提存期间，标的物的孳息归债权人所有。提存费用由债权人负担。

4. 债务免除

债务免除是指债权人免除债务人部分或者全部债务的，合同的权利义务部分或者全部终止。

（1）债务免除的条件。免除人应对免除的债权拥有处分权，并且不得损害第三人的利益；免除应当由债权人向债务人作出抛弃债权的意思表示；免除应当是无偿的。

（2）债务免除的效力。债权人免除部分债务的，部分债务消灭；债权人免除全部债务的，全部债务消灭，与债务相对应的债权人的债权也相应消灭；主债务消灭的，从债务也随之消灭。

5. 债权债务混同

混同是指债权和债务同归一人，致使合同关系消灭的事实。

（1）债权债务混同的条件。债权债务的混同，由债权或债务的承受而产生。其承受包括概括承受与特定承受两种。

1）概括承受是发生混同的主要原因，例如，债权人继承债务人的财产、债务人继承债权人的财产、企业合并、营业的概括承受等。在企业合并场合，合并前的两个企业之间有债权债务时，企业合并后，债权债务因同归一个企业而消灭。

2）特定承受，是指债务人自债权人受让债权，或者债权人承担债务人的债务时发生的混同。

（2）债权债务混同的效力。

1）合同终止。《民法典》第五百七十六条规定，债权和债务同归于一人的，债权债务终止，但是损害第三人利益的除外。

2）例外规定。债权、债务混同的例外规定主要包括两种情况，即涉及第三人利益时或法律特别规定时。

涉及第三人利益具体包括两种情形：第一，合同债权为第三人权利的标的时；第二，合同债权的实现和第三人有利害关系时。

职业素养小讲堂

守信，就是讲信用，要弘扬诚信文化，要信守承诺，忠实于自己承担的义务。守信是为人处世的第一准则。任何个人与企业，都要守住这一道德底线。

违背信用，拒绝履行义务，不仅会受到道德的谴责，也会受到法律的制裁。

守信是非常重要的。信用是做人之本、立业之基，一旦失去了信用，就失去了生存根基。不论过去、现在还是将来，守信都是人立足于社会所必需的基本品质。

单元六　合同的违约责任

引导案例

某食品加工厂向某面粉厂订购面粉3吨。在订购合同中约定，面粉厂应于2022年7月1日至7日工作时间送货，食品加工厂应配合按时收货，并于收货后的7日内付款，若有一方违约，应向对方支付违约金5 000元。7月7日上午，面粉厂将这批面粉运至食品加工厂仓库，但路上天降暴雨，将车上的面粉淋湿了一部分。仓库保管员见状拒绝收货，要求面粉厂重新送货，并承担因为不能按时交货而产生的违约责任。面粉厂则认为自己按期送货了，不应该承担违约责任。

思考　1. 面粉厂和食品加工厂谁的主张合理？请说明理由。

2. 本案例中，大雨造成的损失应该由谁来承担？请说明理由。

一、违约责任的概念

违约责任，是指当事人不履行合同义务或者履行合同义务不符合合同约定而依法应当承担的民事责任。

二、违约责任的构成要件

（1）积极构成要件。积极要件指有违约行为。违约行为是当事人一方不履行合同义务或者履行合同义务不符合约定的行为。

（2）消极构成要件。消极要件指不存在免责事由。免责事由是指当事人对其违约行为免于承担违约责任的事由。合同法上的免责事由可分为两大类，即法定免责事由和约定免责事由。法定免责事由是指由法律直接规定、不需要当事人约定即可援用的免责事由，主要指不可抗力；约定免责事由是指当事人约定的免责条款。

三、承担违约责任的方式

1. 继续履行

继续履行是指违约方根据对方当事人的请求继续履行合同规定的义务的违约责任形式。

（1）针对金钱债务。当事人一方未支付价款、报酬、租金、利息，或者不履行其他金钱债务的，对方可以请求其支付。

（2）针对非金钱债务。当事人一方不履行非金钱债务或者履行非金钱债务不符合约定的，对方可以请求履行。

（3）适用限制。适用限制主要包括：①法律上或者事实上不能履行；②债务的标的不适于强制履行或者履行费用过高；③债权人在合理期限内未请求履行。

2. 采取补救措施

《民法典》第五百八十二条规定，履行不符合约定的，应当按照当事人的约定承担违约责任。对违约责任没有约定或者约定不明确，依据《民法典》第五百一十条的规定仍不能确定的，受损害方根据标的的性质以及损失的大小，可以合理选择请求对方承担修理、重作、更换、退货、减少价款或者报酬等违约责任。

3. 赔偿损失

赔偿损失是指违约方以支付金钱的方式弥补受害方因违约行为所造成的财产或者利益减少的一种违约责任形式。赔偿损失的适用以给对方造成损失为前提。

（1）适用情形。当事人一方不履行合同义务或者履行合同义务不符合约定的，在履行义务或者采取补救措施后，对方还有其他损失的，应当赔偿损失。

（2）赔偿限额。当事人一方不履行合同义务或者履行合同义务不符合约定，造成对方损失的，损失赔偿额应当相当于因违约所造成的损失，包括合同履行后可以获得的利益；但是，不得超过违约一方订立合同时预见到或者应当预见到的因违约可能造成的损失。

4. 支付违约金

违约金是指按照当事人的约定或者法律直接规定，一方当事人违约的，应向另一方支付的金钱。支付违约金不以违约行为给对方造成损害为前提。违约金具有惩罚性和补偿性双重属性。

对于约定的违约金低于造成的损失的，人民法院或者仲裁机构可以根据当事人的请求予以增加；对于约定的违约金过分高于造成的损失的，人民法院或者仲裁机构可以根据当事人的请求予以适当减少。

当事人就迟延履行约定违约金的，违约方支付违约金后，还应当履行债务。

> **资料补给站**
>
> **定金和订金**
>
> 定金是一个规范的法律概念，适用"定金罚则"。订金并非一个规范的法律概念，不适用"定金罚则"。
>
> 定金是指当事人双方为了保证债务的履行，约定由当事人方先行支付给对方一定数额的货币作为担保。定金的数额由当事人约定，但不得超过主合同标的额的20%。定金合同要采用书面形式，并在合同中约定交付定金的期限，定金合同自实际交付定金时生效。债务人履行债务后，定金应当抵作价款或者收回。
>
> 定金罚则：给付定金的一方不履行约定债务的，无权要求返还定金；收受定金的一方不履行约定债务的，应当双倍返还定金。
>
> 订金实际上具有预付款的性质，是当事人的一种支付手段，并不具备担保性质。"订金"的效力取决于双方当事人的约定。双方当事人如果没有约定，"订金"的性质主要是预付款，如货物销售方违约，应无条件退款，货物购买方可以与货物销售方协商解决并要求退款。

四、违约责任的免除

1. 免责情形

当事人一方因不可抗力不能履行合同的，根据不可抗力的影响，部分或者全部免除责任，但是法律另有规定的除外。当事人迟延履行后发生不可抗力的，不免除其违约责任。

2. 免责程序

因不可抗力不能履行合同的，应当及时通知对方，以减轻可能给对方造成的损失，并应当在合理期限内提供证明。

> **职业素养小讲堂**
>
> 担负责任，是人之为人的起码要求。认识责任、知道其意义的人很多，但依然有人不愿意担负责任，这些人可能并没有真正懂得责任的意义和价值，没有真正领悟责任的道理；也可能是他们既知道意义，也懂得道理，仅仅是不愿意去承担责任！作为社会人，要承担许多社会责任，也就是要尽社会义务。我们每个人都应当承担起对自己、对家人、对社会的一份责任，不承担责任、不落实责任，再强调它的重要性也没有任何意义。
>
> 最美莫过担当人！作为社会人，要敢于担当，勇于担责。在职场上，对分内的工作要做到心中有责、敢于担当，要爱岗敬业、尽职尽责、忠于职守、兢兢业业，努力做出业绩。

复习思考题

一、选择题

1. 根据合同的成立是否需要交付标的物,可将合同分为(　　)。
   A. 诺成性合同与实践性合同　　B. 要式合同与不要式合同
   C. 双务合同与单务合同　　　　D. 有偿合同与无偿合同
2. 下列不属于合同法原则的是(　　)。
   A. 平等原则　　B. 自愿原则　　C. 真实原则　　D. 公序良俗原则
3. 下列属于要约的是(　　)。
   A. 电视广告　　B. 招标公告　　C. 投标书　　D. 询价函
4. 合同履行的原则有(　　)。
   A. 全面履行原则　　B. 诚实信用原则
   C. 协作履行原则　　D. 效益履行原则
5. 合同的抗辩权包括(　　)。
   A. 同时履行抗辩权　　B. 先履行抗辩权
   C. 不完全履行抗辩权　　D. 不安抗辩权
6. 下列不属于承担违约责任方式的是(　　)。
   A. 继续履行　　B. 赔礼道歉
   C. 支付违约金　　D. 采取补救措施

二、简答题

1. 要约与要约邀请的区别是什么?
2. 无效合同与可撤销合同的区别是什么?
3. 简述违约责任的构成要件及免责情形。

三、案例分析题

2022年8月13日,甲公司与乙公司签订合同,约定由乙公司于2023年1月10日向甲公司提供一批价款为100万元的叉车设备,2022年10月1日,甲公司因业务较多,需要乙公司提前提供设备。甲公司要求提前交货的请求被乙公司拒绝,为了不影响仓储业务,甲公司只好从其他厂家购买设备,随后将对乙公司的债权转让给了丙公司,但未通知乙公司。丙公司于2023年1月10日去乙公司提货时遭到拒绝。

请问:乙公司拒绝丙公司提货有无法律依据?请说明理由。

模块四
物资采购法律制度

学习目标

知识目标

○ 掌握买卖合同双方的权利与义务；了解招投标法的基本法律概念、流程和原则；熟悉联合国国际货物销售合同公约、国际贸易术语解释通则主要条款；掌握几种贸易术语概念。

能力目标

○ 能够进行买卖合同的订立，能查阅和运用物资采购法律法规分析相关案例，能够区分几种不同的主要贸易术语。

素质目标

○ 培养物流采购人员的市场敏感度，提高对市场行情和趋势的研判力，提升商贸谈判技巧；培养物流采购人员自律、严谨、负责的从业精神；提升物流采购人员的国际视野。

单元一　买卖合同

引导案例

2022 年 11 月 26 日，日本东京甲公司与我国上海乙公司签订了一份货物买卖合同。合同约定：卖方东京甲公司向买方上海乙公司提供汽车生产零部件一批，价格为 CIF 上海；最迟交货期至 2023 年 2 月 28 日；装运港为日本东京港，目的港为我国上海港；付款方式为自提单日起 120 天内承兑交单。合同生效后，甲公司按合同约定如期交付货物，乙公司收到并使用了该批货物，但一直拖欠货款。事后调查得知，乙公司系丙公司与日本丁公司创办的中日合资经营企业，2022 年 10 月 5 日经政府主管机关批准丁公司承包经营乙公司。上述买卖合同系由乙公司经理作为买方的代表在合同上签字。甲公司为收回货款，诉至上海市高级人民法院。

思考　本案国际货物买卖合同是否为有效合同？原告请求被告支付货款的理由是否应予支持？

一、买卖合同的概念和特征

买卖合同是指出卖人转移标的物的所有权于买受人，由买受人支付价款的合同。在买卖合同中，以决定转移标的物所有权的一方为出卖人，支付价款取得标的物所有权的一方为买受人。出卖的标的物应属于出卖人所有或者出卖人有权处分。买卖合同的特征如下：

（1）买卖合同是转移标的物所有权的合同。
（2）买卖合同是双务合同。
（3）买卖合同是诺成合同。
（4）买卖合同是不要式合同。

二、买卖合同的内容

买卖合同的内容应满足合同内容的一般性要求，具体到买卖合同主要包括：

（1）当事人的名称或姓名和住所。
（2）标的。
（3）质量和数量。
（4）履行期限、地点和方式。
（5）价款。
（6）违约责任。
（7）争议解决的方式。

三、买卖合同当事人的权利义务

多数合同中双方的权利和义务是对等的。买卖合同中,出卖人一方的义务往往对应着买受人一方的权利,买受人一方的主要义务则对应着出卖人一方的权利。

(一)出卖人的主要义务

1. 交付标的物

出卖人在交付标的物时,应当按合同规定的数量、质量、期限、方式和时间交付。交付标的物时应一并交付与标的物有关的文件,有从物的一并交付。交付标的物时应注意以下事项:

(1)交付的时间。出卖人应当按照约定的期限交付标的物。当事人没有约定或约定不明确的,债务人可随时履行,债权人也可随时要求履行,但应给对方必要的准备时间。

(2)交付的地点。出卖人应当按照约定的地点交付标的物。履行地点不明确时,给付货币的,在接受货物一方所在地履行;交付不动产的,在不动产所在地履行;其他标的,在履行义务一方所在地履行。此外,标的物需要运输的,出卖人应当将标的物交付给第一承运人;标的物不需要运输的,订立合同时知道标的物在某一地点的,出卖人应当在该地点交付标的物;不知道标的物在某一地点的,应当在出卖人订立合同时的营业地交付。

2. 转移标的物的所有权

除法律另有规定或者当事人另有约定外,标的物的所有权自标的物交付时起转移。标的物在订立合同之前已为买受人占有的,合同生效的时间为交付时间。

3. 标的物的瑕疵担保责任

(1)权利瑕疵担保责任。权利瑕疵担保是指出卖人应保证将交付的标的物的所有权完全转移给买受人,第三人不能对该物主张任何权利。

权利瑕疵担保责任的构成要件有:①权利瑕疵需在买卖合同订立时已经存在。②买受人不知有权利的瑕疵,买受人订立合同时知道或者应当知道第三人对买卖的标的物享有权利的,出卖人不承担《民法典》第六百一十二条规定的义务。③标的物交付时,权利瑕疵尚未消除。如果权利瑕疵在买卖成立时存在,但事后业已除去,则意味着出卖人取得完整的权利,可以对抗任何第三人,出卖人将标的物转移于买受人,第三人对标的物也就不再享有任何权利,出卖人自然不必再负权利瑕疵担保责任。

(2)品质瑕疵担保责任。品质瑕疵担保是指出卖人就其所交付的标的物承担质量保证责任。出卖人应当按照约定的质量要求交付标的物。出卖人提供有关标的物质量说明的,交付的标的物应当符合该说明的质量要求。质量要求不明确的,按照国家标准、行业标准履行;没有国家标准、行业标准的,按照通常标准或者符合合同目的的特定标准履行。

出卖人的以上义务,对应着买受人如约获得标的物及所有权的权利。

> **资料补给站**
>
> **标的物的瑕疵担保责任与违约责任的关系**
>
> 关于标的物的瑕疵担保责任与违约责任的关系,有三种不同的观点:第一种观点认为,在《民法典》合同编中,物之瑕疵担保责任已经不具有任何特殊性,因而只有一种责任,那就是违约责任。第二种观点认为,前者是违约责任的一种特殊形式,因为其自身具有的特殊性,不能用单一的违约责任来统合它,因此,它"相对独立于"一般违约责任,本书将之称为"相对独立说"。崔建远教授在其论文《物的瑕疵担保责任的定性与定位》中系统地论述了这一观点。第三种观点基于一种推测,也就是说,只是可能出现这样的主张,即认为前者完全独立于违约责任,从而构成一种特殊的责任形式。

(二)买受人的主要义务

1. 支付价款

价款是买受人获取标的物所有权的代价,买受人应当依照合同的约定向出卖人支付价款,这是买受人的主要义务。买受人应当按照合同约定的时间、地点、数额支付价款。合同没有约定或者约定不明确的,应当依照法律规定或者参照交易习惯确定。

2. 受领标的物

对于出卖人交付的标的物及其有关权利和凭证,买受人有受领义务。

3. 对标的物的检查通知

买受人受领标的物后,应当在当事人约定或者法定期限内依照通常程序尽快检查标的物。如果发现应当由出卖人承担责任的事由时,应当妥善保管并且迅速通知出卖人。

买受人的以上义务,对应着出卖人如约获得价款等权利。

四、买卖合同中关于支付价款的规定

支付买卖合同约定的价款,是买受人最基本、也是最主要的义务。买卖合同中支付价款的规定如下:

1. 支付价款数量的规定

(1)买受人应当按照约定的数额支付价款。对价款没有约定或者约定不明确的,可以协议补充,不能达成协议补充的,按照合同的有关条款或者交易习惯确定。

(2)当事人就价款或者报酬约定不明确,依据(1)仍不能确定的,按照合同订立时履行地市场价格履行;依法执行政府定价或者政府指导价的,按照规定履行。

2. 支付价款地点的规定

(1)买受人应当按照约定的地点支付价款。对支付地点没有明确约定或者约定不明确的,可以协议补充,不能达成协议补充的,按照合同的有关条款或者交易习惯确定。

(2)买受人应当在出卖人营业地点支付。

(3)有约定支付价款以交付标的物或者交付提取标的物单证为条件的,在交付标的物或者交付提取标的物单证的所在地支付。

3. 支付价款时间的规定

（1）买受人应当按照约定的时间支付价款。对支付价款时间没有约定或约定不明确的，可以协议补充，不能达成协议补充的，按照合同的有关条款或者交易习惯确定。

（2）买受人应当在收到标的物或者提取标的物单证的同时支付。

五、标的物毁损、灭失的风险承担

标的物的风险责任承担是指买卖过程中发生标的物意外毁损、灭失的风险由哪一方当事人承担。按照《民法典》第六百零四条规定："标的物毁损、灭失的风险，在标的物交付之前由出卖人承担，交付之后由买受人承担，但法律另有规定或者当事人另有约定的除外。"对于不同的交付方式，按照以下原则分配风险：

（1）买受人自提标的物的，出卖人将标的物置于约定或法定地点起，风险由买受人承担。

（2）出售运输中的标的物的，自合同成立时起，风险转移给买受人。

（3）对需要运输的标的物，没有约定交付地或者约定不明确的，自出卖人将标的物交付给第一承运人起，风险由买受人承担。

（4）买受人受领迟延，自迟延时起，承担标的物意外灭失的风险。

> **职业素养小讲堂**
>
> 合同分歧或违约引起的诉讼或仲裁成本甚高，甚至可能吞噬交易本身为当事人双方带来的利益。在诉讼中，合同中每一个字、每一个词、每一句话，都对诉讼的输或赢至关重要。合同文本起草得规范，可以防范绝大部分的法律风险，从而避免争议的发生。因此法务人员在起草合同时应遵守小心谨慎和深思熟虑的原则，避免公司陷入诉讼负累。

单元二　招标投标法

引导案例

2021年3—4月，卓雅工程有限公司的田某等5人，在由石市政府招标办组织的该市煤机厂厂房改造项目、棉纺厂厂房改造项目招投标过程中，采取不正当手段，垄断工程招投标市场，获取非法利益。其中，在石市煤机厂厂房改造项目公开招标时，田某等人将其他参与该改造项目投标的其余公司约出，表示这个工程由自己来安排，让其他公司不要参与投标，并给这些公司每家一定数额的损失费。之后，田某指定几家工程公司参与陪标。2021年4月30日，被指定的几家公司的代表与田某参与了投标，最后其中一家工程公司中标。之后，田某交给该公司1万元管理费，将该工程转给其他公司，并从中获利12万元。田某在其他项目中也存在类似操作，并从中获取巨额不法收入。

 思考　你认为法院会以何种罪名对此案做出判决？请说明理由。

一、招标投标法概述

1. 招标投标的概念

招标是由招标人（采购方或工程业主）发出招标通告，说明需要采购的商品或发包工程项目的具体内容，邀请投标人（卖方或工程承包商）在规定的时间和地点投标，并与所提条件对招标人最为有利的投标人订约的一种行为。

投标是投标人（卖方或工程承包商）应招标人的邀请，根据招标人规定的条件，在规定的时间和地点向招标人递盘以争取成交的行为。

2. 强制招标范围

我国实行强制招标和自愿招标相结合的制度。强制招标范围由法律做出明确规定，该范围之外的项目可以由当事人自行决定是否采取招标方式进行。

《中华人民共和国招标投标法》（以下简称《招标投标法》）第三条规定，在中华人民共和国境内进行下列工程建设项目，包括项目的勘察、设计、施工、监理以及与工程建设有关的重要设备、材料等的采购，必须进行招标：

（1）大型基础设施、公用事业等关系社会公共利益、公众安全的项目。

（2）全部或者部分使用国有资金投资或者国家融资的项目。

（3）使用国际组织或者外国政府贷款、援助资金的项目。

前款所列项目的具体范围和规模标准，由国务院发展计划部门会同国务院有关部门制定，报国务院批准。法律或者国务院对必须进行招标的其他项目的范围有规定的，依照其规定。

《招标投标法》第四条规定，任何单位和个人不得将依法必须进行招标的项目化整为零或者以其他任何方式规避招标。

 职业素养小讲堂

强制招标的意义

强制招标，是指法律规定某些类型的采购项目，凡是达到一定数额的，必须通过招标进行，否则采购单位要承担法律责任。从各国的情况看，由于政府及公共部门的资金主要来源于税收，提高资金的使用效率是纳税人对政府和公共部门提出的必然要求。因此，这些国家在政府采购领域、公共投资领域普遍推行招标投标制，要求政府投资项目、私人投资的基础设施项目必须实行竞争性招标，否则得不到财政资金的支持或审批部门的批准。世界银行、亚洲开发银行等国际金融组织的贷款资金，主要依靠在国际资本市场上筹措和各发达成员国捐款。因此，凡是使用其贷款资金进行的项目都必须招标，以保证资金的有效使用和项目的公开进行，是这些国际组织对成员国提出的一项基本要求。

二、招标投标活动当事人

（一）招标人

1. 招标人的概念

招标人是指依照《招标投标法》的规定提出招标项目、进行招标的法人或者其他组织。招标人不得为自然人。

2. 招标人的条件

招标人作为招标投标活动的当事人，应当具备下列进行招标的必要条件：

（1）招标人应当有进行招标项目的相应资金或者资金来源已经落实，并应当在招标文件中如实载明。

（2）招标人提出的招标项目按照国家有关规定需要履行项目审批手续的，应当先履行审批手续，取得批准。

（二）招标代理机构

1. 招标代理机构的概念和资格认定

招标代理机构是指依法设立、从事招标代理业务并提供相关服务的社会中介组织。从事工程建设项目招标代理业务的招标代理机构，其资格由国务院或者省一级人民政府的建设行政主管部门认定；从事其他招标代理业务的招标代理机构，其资格认定的主管部门由国务院规定。

2. 招标人的自由选择权

招标人有权决定自行办理招标事宜或者委托招标代理机构代为办理；委托办理的，招标人有权自行选择招标代理机构。

（三）投标人

1. 投标人的概念

投标人是指响应招标、参加投标竞争的法人或者其他组织。对于自然人，法律做出不同于招标人的特殊规定，即依法招标的科研项目允许个人参加投标的，投标的个人适用《招标投标法》有关投标人的规定。

2. 投标人的资格

《招标投标法》规定：投标人应当具备承担招标项目的能力，国家有关规定对投标人资格条件或者招标文件对投标人资格条件有规定的，投标人应当具备规定的资格条件。

三、招标和投标的程序

（一）招标方式

招标方式分为公开招标和邀请招标两种。

1. 公开招标

这是指招标人以招标公告的方式邀请不特定的法人或者其他组织投标。其特点是能保证其竞争的充分性，具体体现在：

（1）招标人以招标公告的方式邀请投标。

（2）邀请投标的对象为不特定的法人或者其他组织。

2. 邀请招标

这是指招标人以投标邀请书的方式邀请特定的法人或者其他组织投标。其特征为：

（1）招标人向3个以上具备承担招标项目能力、资信良好的特定法人或者其他组织发出投标邀请。

（2）邀请投标的对象是特定的法人或者其他组织。

公开招标与邀请招标相比较，前者更有利于充分竞争的开展，因而《招标投标法》第十一条规定，国务院发展计划部门确定的国家重点项目和省、自治区、直辖市人民政府确定的地方重点项目不适宜公开招标的，经国务院发展计划部门或省、自治区、直辖市人民政府批准，可以进行邀请招标。

（二）招标程序

1. 招标公告与投标邀请书

公开招标的，应当通过国家指定的报刊、信息网络或者其他媒介发布招标公告。邀请招标的，应向3个以上具备承担招标项目能力、资信良好的特定的法人或者其他组织发出投标邀请书。

2. 编制招标文件

招标人应当根据招标项目的特点、需要，编制招标文件。法律规定招标文件必须包括下列内容：招标项目的技术要求、投标人资格审查的标准、投标报价要求和评标标准等所有实质性要求和条件以及拟签订合同的主要条款。招标文件不得要求或者标明特定的生产供应者，不得含有倾向或排斥潜在投标人的内容。招标人不得向他人透露已获得招标文件的潜在投标人的名称、数量以及可能影响公平竞争的有关招标投标的其他情况，招标人设有标底的，标底必须保密。

（三）投标程序

1. 编制投标文件

投标文件是投标人向招标人发出的要约，反映投标人希望和招标人订立招标投标合同的愿望和具体条件。投标人应当按照招标文件的要求编制投标文件。

2. 联合体投标

联合体投标是指两个以上的法人或者其他组织，共同组成一个非法人的联合体，以该联合体的名义，作为一个投标人，参加投标竞争，就中标项目，联合体各方对招标人承担连带责任。招标人不得强制投标人联合共同投标。联合体的各方均应当具备承担招标项目的相应能力；国家有关规定或者招标文件对投标人资格条件有规定的，联合体各方应当具备相应的资格条件。由同一专业的单位组成的联合体，按照资质等级较低的单位确定资质等级。

> **课内小案例**
>
> 某市准备建一座博物馆，建筑面积 4 000 平方米，计划投资 300 万元，建设期为 1 年，采用公开招标的方式确定承包商。建设单位依照有关招标投标程序进行公开招标确定。由于该工程设计复杂，施工难度大，要求参加投标的单位不低于二级资质。此次投标的五家单位中，A、B、D 单位为二级资质，C 单位为三级资质，E 单位为一级资质，而 C 单位的法定代表人是建设单位某主要领导的亲戚。C 单位准备组成联合体投标，经 C 单位法定代表人的私下活动，建设单位同意让 C 与 A 联合承包工程，并向 A 暗示，如果不接受这个投标方案，则 A 不可能中此标。A 单位为了中标，同意组成联合体承包该工程。最终 A 成功中标，签订了招标合同，A 与 C 也签订了联合承包工程的协议。
>
> 问题：1. 简述公开招标的基本程序。
> 　　　2. 在上述招标过程中，该项目建设单位的行为是否合法？请说明理由。
> 　　　3. A 和 C 组成投标联合体是否有效？请说明理由。

四、开标、评标和中标

1. 开标

开标是指由招标人主持，所有投标人参加，招标人将所有的投标文件揭晓。开标应当在标书文件确定的提交投标文件截止时间的同一时间公开进行，开标地点应当是招标文件预先确定的地点。在此之前，投标文件由招标人签收保存，不得开启。

2. 评标

评标是指由招标人依法组建的评标委员会负责对投标文件，按照规定的标准和方法进行评审，选出最佳投标人。评标是招标投标活动中最重要的环节。

3. 中标

中标人确定后，招标人应当向中标人发出中标通知书，并同时将中标结果通知所有未中标的投标人。中标通知书对招标人和中标人具有法律效力。中标通知书发出后，招标人改变中标结果的，或者中标人放弃中标项目的，应当依法承担法律责任。自中标通知书发出之日起 30 日内，招标人和中标人订立招标合同。招标合同必须采用书面形式。

单元三　联合国国际货物销售合同公约（CISG）

📖 引导案例

甲公司出口钢材一批，交货后进口商乙寄来一件钢锭，声称该钢锭系甲公司出口合同项下所交钢材经其转销给丙钢锭厂制成的样品，称该钢锭的技术参数不达标，以此表明甲公司提供的钢材质量有问题，不符合合同要求，不能使用。乙公司要求甲公司将全部生产出来的钢锭和剩余钢材收回，并重新按合同规定的品质和数量交货。

思考 甲公司应该如何处理？请说明理由。

一、《公约》的适用范围

《联合国国际货物销售合同公约》（以下简称《公约》）自 1988 年 1 月 1 日起对我国生效。《公约》的适用范围为国际货物销售合同，这是《公约》对其适用范围的概括性规定。《公约》的适用范围包括：

1. 公约适用的主体范围

公约适用于营业地在不同国家的当事人之间所订立的货物销售合同，但必须具备下列两个条件之一：①双方当事人营业地所在国都是缔约国；②虽然当事人营业地所在国不是缔约国，但根据国际私法规则导致适用某一缔约国法律。

2. 公约适用的客体范围

公约适用的客体范围是"货物买卖"，但并非所有的国际货物销售都属于公约的调整范围，公约排除了以下 7 种销售：①以直接私人消费为目的的货物的销售；②经由拍卖的销售；③根据法律执行令状或其他令状的销售；④公债、股票、投资证券、流通票据和货币的销售；⑤船舶、船只、气垫船或飞机的销售；⑥电力的销售；⑦卖方绝大部分义务是提供劳务和服务的销售。

二、《公约》的主要内容

买卖双方的义务是买卖合同的核心内容。《公约》第三部分的第二章、第三章、第五章，对买方和卖方的义务做了详细的规定。一般来说，只有当买卖合同对某些事项没有做出规定，而该合同又适用该公约时，才援引《公约》的有关规定来确定买卖双方当事人的权利和义务。

（一）卖方的义务

根据《公约》的规定，卖方的主要义务有以下几项：

1. 交付货物

交付货物时应注意以下事项：

（1）关于交货的地点。根据《公约》第三十一条的规定，卖方应按下述三种不同情况履行其交货义务：①如果合同没有规定具体的交货地点，而该合同又涉及货物的运输，则卖方的交货义务就是把货物交给第一承运人。②合同中没有涉及卖方应负责运输事宜，如果该合同的货物是特定货物，或者是从特定存货中提取的货物，或者是尚待加工生产或制造的未经特定化的货物，而双方当事人在订立买卖合同时已经知道这些货物存放在某个地方，或者已经知道它们将在某个地方生产或制造，则卖方应在该地点把货物交给买方处理。③除上述情况外，在其他的情况下，卖方应在其订立买卖合同时的营业地点把货物交给买方处理。

（2）关于交货的时间。《公约》第三十三条对如何确定卖方交货的时间做了如下规定：①如果合同中规定了交货日期，或根据合同可以确定交货的日期，则卖方应在该日期交货。②如果合同中规定了一段交货时间，或根据合同可以确定一段交货时间，则除情况表明买方有权选定一个具体日期外，卖方有权决定在这段时间内的任何一天交货。③在其他情况下，卖方应在订立合同后的一段合理时间内交货。

> **课内小案例**
>
> 2022年7月12日，我国A公司与英国B公司适用《公约》规则，签订了一份国际货物买卖合同。合同规定：由卖方B公司向买方A公司出售一批彩瓷，共3万件，货物单价为"USD 30 Per Dozen CIF London"，货物总值20.5万美元，付款条件为信用证支付方式。合同签订后不久，国际市场上彩瓷价格大涨，B公司始终没有交货。A公司多次通过传真和电话要求B公司交货，B公司则回称市场货源紧张，难以备货，并提出希望能将货物单价提高到"USD 38 Per Dozen CIF London"，否则无货可交。A公司不同意变更合同的价格条款。后因双方协商未果，A公司向中国国际经济贸易仲裁委员会申请仲裁，要求B公司承担不履行合同交货义务的责任，以及由于B公司的行为，给自己公司带来的后续损失的赔偿责任。
>
> **问题：** 请分别分析A公司和B公司的行为及法律后果。

2. 品质担保义务

《公约》对卖方的品质担保义务做了明确的规定。《公约》第三十五条规定，卖方交付的货物必须与合同所规定的数量、质量和规格相符，并须按照合同所规定的方式装箱或包装。除双方当事人另有约定以外，卖方所交的货物应当符合下述要求，否则即认为其货物与合同不符：

（1）货物应适用于统一规格货物通常使用的用途。

（2）货物应适用于订立合同时买方曾明示或默示地通知卖方的任何特定用途，除非有情况表明买方并不依赖卖方的技能和判断力，或者这种依赖对卖方来说是不合理的。

（3）货物的质量应与卖方向买方提供的货物样品或样式相同。

（4）货物应按照同类货物通用的方式装箱或包装，如无此种通用方式，则应按照足以保全和保护货物的方式装箱包装。

以上四项，是在双方当事人没有其他约定的情况下，由《公约》加之于卖方身上的义务。

3. 权利担保义务

权利担保是指卖方应保证对其所售出的货物享有合法的权利，也没有侵犯任何第三人的权利，并且任何第三人都不会就该项货物向买方主张任何权利。权利担保义务主要包括三个方面的内容：①卖方保证对其出售的货物享有合法的权利；②卖方保证其出售的货物尚不存在任何未曾向买方透露的担保物权，如抵押权、留置权等；③卖应保证其所出售的货物没有侵犯他人的权利，包括商标权、专利权等。

（二）买方的义务

1. 支付货款

买房支付货款的义务具体包括：

（1）履行必要的付款手续。如果合同没有明示或默示地规定货物的价格或规定确定价格的方法时，应按订立合同时的通常价格来确定货物的价格。

（2）支付货款的地点。如果买卖合同对付款地点没有做出具体的规定，买方应按《公约》第五十七条的规定，在下列地点向卖方支付货款：一是在卖方的营业地付款。如果卖方有一个以上的营业地点，则买方应在与该合同及合同的履行关系最为密切的那个营业地点向卖方支付货款。二是如果是凭移交货物或单据支付货款，则买方应在移交货物或单据的地点支付货款。

（3）支付货款的时间。《公约》第五十八条的规定包括以下三项内容：①如果买卖合同没有约定，则买方应当在卖方按合同和《公约》的要求把货物或把装运单据如提单移交给买方处置时，支付货款。②如果合同涉及货物的运输，卖方可以在发货时订明条件，规定必须在买方支付货款时，卖方才可把货物或控制货物处置权的单据交给买方。③买方在没有机会检验货物以前，没有义务支付货款，除非这种检验的机会与双方当事人议定的交货或支付程序相抵触。

2. 收取货物

买方的另一项基本义务是收取货物。根据《公约》第六十条的规定，买方收取货物的义务主要包括以下两项内容：①采取一切理应采取的行动，以便卖方能交付货物。特别是在采用 FOB 条件成交时，买方的配合更是必不可少的。②接受货物。买方有义务在卖方交货时接收货物。

三、《公约》不涉及的若干问题

《公约》第四条规定："本公约只适用于销售合同的订立和买方与卖方因此种合同而产

生的权利和义务。特别是，本公约除非另有明文规定，与以下事项无关：①合同的效力，或其任何条款的效力，或其任何惯例的效力；②合同对所售货物所有权可能产生的影响。"《公约》第五条规定："本公约不适用于卖方对于货物对任何人所造成的死亡或伤害的责任。"

由此可见：

（1）《公约》不调整国际货物买卖合同及其条款和惯例的有效性问题。

（2）《公约》不调整国际货物买卖合同所引起的有关货物所有权的两个问题：①关于货物所有权转移的时间问题。②第三人对买卖标的物可能提出的权利和要求问题。《公约》对此未做规定，仅规定卖方有义务将货物所有权转移给买方，并须向买方保证其所交付的货物应当是第三人不能提出任何权利和请求的货物，否则，卖方应对买方承担违约责任。

（3）《公约》不调整产品责任问题。《公约》对卖方所交货物不符合合同或《公约》的品质要求应承担的责任做了具体规定，但对产品缺陷使消费者、使用者或者其他第三人的人身遭受伤害或导致死亡时，卖方应承担的责任即产品责任问题未做规定。其主要原因是各国对此有不同看法和做法，立法差异颇大，很难统一。另外，国内立法对此问题的规定大多属于强制性规范，当事人不得在买卖合同中加以排除，这与《公约》的自由选择适用很难协调，故《公约》只能采取回避的办法。

四、我国当事人在选择适用《公约》时应注意的若干问题

1. 我国对《公约》的保留

《公约》第一条第一款规定："本公约适用于营业地在不同国家的当事人之间所订立的货物销售合同：（a）如果这些国家是缔约国；（b）如果国际私法规则导致适用某一缔约国的法律。"

《公约》第九十五条规定："任何国家在交存其批准书、接受书、核准书或加入书时，可声明它不受本公约第一条第一款（b）项的约束。"

《公约》第九十六条规定："本国法律规定销售合同必须以书面订立或书面证明的缔约国，可以随时按照第十二条的规定，声明本公约第十一条、第二十九条或第二部分准许销售合同或其更改或根据协议终止，或者任何发价、接受或其他意旨表示得以书面以外任何形式做出的任何规定不适用，如果任何一方当事人的营业地是在该缔约国内。"

根据《公约》第九十五条、第九十六条的规定，我国在核准《公约》时，提出了两项重要保留：

（1）关于适用范围的保留。我国认为《公约》的适用范围仅限于营业地处于不同的缔约国当事人之间所订立的货物买卖合同，而不适用于营业地均处于非缔约国的当事人之间或一方的营业地处于缔约国而另一方的营业地处于非缔约国的当事人之间所订立的货物买卖合同。根据《公约》第一条第一款（b）项规定，虽然当事人营业地所在国不是缔约国，但根据国际私法规则导致应适用某一缔约国法律，这有悖于当事人的意思自治，限制了我国国内

法的适用。同时，该项规定容易使《公约》的适用产生不确定性，故我国对此项规定提出保留。

（2）关于合同形式的保留。《公约》第十一条规定："销售合同无须以书面订立或书面证明，在形式方面也不受其他条件的限制。销售合同可以用包括人证在内的任何方法证明。"1986年，我国提出对《公约》第十一条加以保留，这项规定不对我国发生法律效力。凡一方当事人的营业地在我国境内的，其所订立的国际货物销售合同均需采用书面形式。2013年1月，我国又撤回了对《公约》第十一条的保留。

> **资料补给站**
>
> 《联合国国际货物销售合同公约》（the United Nations Convention on Contracts for the International Sale of Goods，CISG）是由联合国国际贸易法委员会主持制定的，于1980年在维也纳举行的外交会议上获得通过。该公约于1988年1月1日正式生效。
>
> 1986年12月11日，我国交存核准书，在提交核准书时，提出了两项保留意见：①不同意扩大《联合国国际货物销售合同公约》的适用范围，只同意《联合国国际货物销售合同公约》适用于缔约国的当事人之间签订的合同。②不同意用书面以外的其他形式订立、修改和终止合同。
>
> 2013年1月，我国政府正式通知联合国秘书长，撤回对《联合国国际货物销售合同公约》所作"不受公约第十一条及与第十一条内容有关的规定的约束"的声明，该撤回已正式生效。

2. 自动适用《公约》的情况

自动适用是指分处两个缔约国的当事人签订合同时，如不做相反的法律选择，《公约》将自动适用该合同。所以，我方当事人如不愿适用《公约》的全部条款，就应在合同中明确做出约定。应该注意的是，如果当事人在合同中只是选择某一国际惯例（如FOB、CIF等）作为准据法，则不足以排除《公约》的自动适用。因为这些惯例主要是确定买卖双方在交货方面的责任、费用与风险划分，而不解决合同的成立、违约及对违约的补救措施等问题。

 职业素养小讲堂

> 合同起草要讲究实用，追求严谨、准确。美国著名合同起草专家托马斯·哈格德曾提出Saying what you mean and meaning what you say，即言为心声，文达其义，可谓合同起草之精髓。合同起草得不好，可能会被别有用心的人钻空子，造成项目利润的流失。
>
> 合同起草切忌"抓大放小"，而应注意每一个细节。合同的严谨正是建立在一个个细节之上，所谓"细节决定成败"，对于合同起草尤其如此。随着人们法律意识的增强和公司业务量的增长，公司诉讼案件也有所增加。因此，作为公司合同专员，我们应严把合同关，坚持"斤斤计较"，字斟句酌，共同构筑公司坚固的合同防守体系。

单元四 国际贸易术语解释通则（INCOTERMS）

引导案例

我国 A 公司（买方）与马来西亚 B 公司（卖方）签订一份甘蔗买卖合同，标的为一级甘蔗 300 吨，按 FOB 条件成交，装船时货物经公证人检验，符合合同规定的品质条件，卖方在装船后已及时发出装船通知。但航行途中由于海浪过大，甘蔗被海水浸泡，品质受到影响。当货物到达目的港时，只能按二级甘蔗的价格出售，因而买方要求卖方赔偿差价损失。

思考 在上述情况下，卖方对该项损失是否应负责？为什么？

一、国际贸易术语的概念与作用

1. 国际贸易术语的概念

国际贸易术语（Trade Terms of International trade），又称贸易条件、价格术语。国际贸易术语的特点表现为一组字母和简短概念的组合，用于划分买卖合同双方当事人之间的责任、风险、费用，并反映价格构成、交货条件，因此，贸易术语又被称为"价格术语"。

2. 国际贸易术语的作用

国际贸易术语的作用主要表现在下列几个方面：
（1）有利于买卖双方洽商交易和订立合同。
（2）有利于买卖双方核算价格和成本。
（3）有利于解决履行当中的争议。

二、《国际贸易术语解释通则 2020》术语及变化

《国际贸易术语解释通则》自 1936 年首次制定后被广泛应用于国际贸易中，为适应不断变化的贸易形势，先后历经 1953 年、1967 年、1976 年、1980 年、1990 年、2000 年、2010 年、2020 年多次重大修改和修订。

2020 年 1 月 1 日，《国际贸易术语解释通则 2020》（INCOTERMS2020）正式实施，与《国际贸易术语解释通则 2010》（INCOTERMS 2010）并用。

根据运输模式来划分，此次的条款可以分为两种：适用于任何运输模式和只适用于水面运输。

1. 适用于任何运输模式

（1）E 组：EXW。
（2）F 组：FCA。
（3）C 组：CPT、CIP。
（4）D 组：DAP、DPU、DDP。

2. 只适用于水上运输

（1）F 组：FAS、FOB。
（2）C 组：CFR、CIF。

（一）六种主要贸易术语的异同点

1. FOB、CFR、CIF 的异同点

（1）相同点：

1）交货方式相同：FOB、CFR、CIF 合同均属于象征性交货，即单据买卖。

2）运输方式相同：水上运输，包括海运及内河水运。

3）交货地点相同：装运港船上交货。

4）风险界点相同：装运港船舷为界，卖方承担货物越过装运港船舷之前的风险，买方承担货物越过装运港船舷之后的风险。

5）卖方的权利和义务相同：提供货物及商业发票、将货物交至船上并及时通知买方、办理出口手续。

6）买方的权利和义务相同：付款、接单、提货；办理进口手续。

（2）不同点：

1）办理运输的责任不同：CFR 合同和 CIF 合同下由卖方办理运输，FOB 合同下由买方办理运输。

2）办理保险的责任不同：CIF 合同下由卖方办理保险，FOB 合同和 CFR 合同下由买方办理保险。

3）术语后跟的地点不同：FOB 后为指定装运港，CFR 和 CIF 后为指定目的港。

4）价格构成不同：CFR=FOB+F（运费）；CIF=CFR+I（保险费）。

2. FCA、CPT、CIP 的异同点

（1）相同点：

1）交货方式相同：FCA、CPT、CIP 合同均属于象征性交货，即单据买卖。

2）运输方式相同：任何方式（水上运输、航空运输、铁路运输、公路运输），包括多式联运。

3）交货地点相同：因运输方式不同时的情况而定。

4）风险界点相同：货交第一承运人为界，卖方承担货物交到承运人之前的风险，买方

承担货交承运人之后的风险。

5）卖方的权利和义务相同：提供货物及商业发票、将货物交至承运人、办理出口手续。

6）买方的权利和义务相同：付款、接单、提货；办理进口手续。

（2）不同点：

1）办理运输的责任的规定不同：CPT 合同和 CIP 合同下由卖方办理运输，FCA 合同下由买方办理。

2）办理保险的责任不同：CIP 合同下由卖方办理保险，FCA 合同和 CPT 合同下由买方办理保险。

3）术语后跟的地点不同：FCA 后为指定地点，CPT 和 CIP 后为指定目的地，因运输方式不同，视情况而定。

4）价格构成不同：CPT=FCA+F；CIP=CPT+I。

3. FOB 和 FCA、CFR 和 CPT、CIF 和 CIP 的异同点

（1）FOB 和 FCA 的异同点：

1）相同点。在交货方式、办理运输和保险的责任归属、货物在运输途中的风险划分、货价构成、按术语签订的合同类型方面都相同。

2）不同点。适用的运输方式不同：FOB 仅适合水上运输，因此交货地点只能在装运港；而 FCA 则适用于包括多式联运方式在内的任何运输方式，交货地点依运输方式的不同由双方加以约定。在风险及费用划分的具体界限方面也存在差距，FOB 是以越过装运港船舷为界，FCA 是以货交承运人为界。

（2）CFR 和 CPT 的异同点：

1）相同点。CFR 和 CPT 都是由买方负责安排运输、将货物运往指定目的地，货物在运输过程中的风险都由买方承担，货价构成因素中都包括运费；它们都属于装运地交货的术语，签订的合同都属于装运合同，卖方只需保证按时交货，并不保证按时到货。

2）不同点。适用的运输方式不同：CFR 仅适合水上运输，因此交货地点只能在装运港；而 CPT 则适用于包括多式联运方式在内的任何运输方式，交货地点依运输方式的不同由双方加以约定。在风险及费用划分的具体界限方面也存在差距，CFR 是以越过装运港船舷为界，CPT 是以货交承运人为界。

（3）CIF 和 CIP 的异同点：

1）相同点。价格构成中都包含了运费及保险费，故卖方都应承担安排运输、保险的责任并支付有关的费用；这两种术语成交都属于装运地交货，签订的是装运合同，风险转移和费用、责任分担问题一样，风险转移在先，费用转移在后。

2）不同点。适用范围不同：CIF 仅适合水上运输，因此交货地点只能在装运港；而 CIP 则适用于包括多式联运方式在内的任何运输方式；在交货和风险转移的具体界限上也存在一些差异。

> **资料补给站**
>
> 在国际贸易中，买卖双方所承担的义务，会影响到商品的价格。在长期的国际贸易实践中，人们逐渐把某些和价格密切相关的贸易条件与价格直接联系在一起，形成了若干种报价模式。每一种模式都规定了买卖双方在某些贸易条件中所承担的义务。
>
> 贸易术语表示的贸易条件主要分两个方面：①说明商品的价格构成，即明确是否包括成本以外的主要从属费用，即运费和保险；②确定交货条件，即说明买卖双方在交接货物方面彼此所承担的责任、费用和风险的划分。
>
> 贸易术语是国际贸易中表示价格的必不可少的内容。在报价中使用贸易术语，明确了双方在货物交接方面各自应承担的责任、费用和风险，说明了商品的价格构成。简化了交易磋商手续，缩短了成交时间。由于规定贸易术语的国际惯例对买卖双方应承担的义务做了完整确切的解释，避免了由于对合同条款的理解不一致，在履约中可能产生的某些争议。

（二）《INCOTERMS 2020》相较于《INCOTERMS 2010》的主要变化

1. 装船批注提单和 FCA 术语条款的修改

在应用 FCA 条款的情况下，海运途中的货物是已经售出的，而卖方或买方（更可能是信用证所在地的银行）可能需要带装船批注的提单。但是，根据《INCOTERMS 2010》的 FCA 规则，交货是在货物装船之前完成的，卖方不能从承运人处获得装船提单，因为根据其运输合同，承运人很可能只有在货物实际装船后才有签发船上提单的权利或者义务。

为了解决这个问题，《INCOTERMS 2020》的 FCA A6/B6 条款提供了一个附加选项。买卖双方可以约定，买方可指示其承运人在货物装船后向卖方签发装船提单，然后卖方有义务向买方提交该提单（通常是通过银行提交）。最后，应当强调的是，即使采用了这一机制，卖方对买方也不承担运输合同条款的义务。

2. 费用的列出位置变化

在《INCOTERMS 2020》的相关栏目排序中，费用划分条款列在各术语的 A9/B9 处，而《INCOTERMS 2010》列在 A6/B6。

除了重新排序之外，还有一个变化。在《INCOTERMS 2010》中，由不同条款分配的各种费用通常出现在每个术语规则的不同部分。《INCOTERMS 2020》则统一罗列了每个规则分配的所有费用，其目的是向用户提供一个一站式的费用清单，以便卖方或买方可以在一个条款中找到其根据 INCOTERMS 规则应承担的所有费用。

3. CIF、CIP 中与保险有关的条款变化

在《INCOTERMS 2010》中，CIF 和 CIP 的 A3 规定：卖方有义务自费购买货物保险，至少符合《协会货物保险条款》（Institute Cargo Clauses，ICC）（C）或者其他任何类似条款。

ICC（C）一般指的是货物运输条款，即只需负担货物运输险；ICC（A）规定的是"一切险"（All Risks）。

《INCOTERMS 2020》对 CIF 和 CIP 中的保险条款分别进行了规定，CIF 默认使用 ICC（C），即卖家只需要承担运输险，但是买卖双方可以规定较高的保额；而 CIP 使用 ICC（A），即卖家需要承担一切险，相应的保费也会更高。也就是说，在《INCOTERMS 2020》中，使用 CIP 术语，卖方承担的保险义务变大，而买方的利益会得到更多保障。

4. FCA、DAP、DPU 和 DDP 允许卖方或买方选择自己的运输工具

在《INCOTERMS 2010》中，我们都是假定在从卖方运往买方的过程中，货物是由第三方承运人负责的，而承运人受控于哪一方则取决于买卖双方使用哪一条外贸术语。

然而，在外贸实务中会有类似的情况存在，尽管货物将从卖方运至买方，但完全可以不雇用任何第三方承运人。因此，在采用 DAP、DPU、DDP 时，卖方完全可以选择自己的运输工具，不受条款限制；同样，在采用 FCA 条款时，买方也可以选用自己的交通工具，不受条款限制。两种情况下对方很有可能要承担不必要的运输费用，所以《INCOTERMS 2020》明确规定，采用 FCA、DAP、DPU 和 DDP 术语时不仅要订立运输合同，而且只允许安排必要的运输。

5. 将 DAT 改为 DPU

在《INCOTERMS 2010》中，DAT 与 DAP 的唯一区别在于：在 DAT 中，在货物运达之后，卖方需要将货物从运输工具卸至目的地；而在 DAP 中，只要载有货物的交通工具抵达目的地，卖方即完成交货。在《INCOTERMS 2010》中，"目的地"一词的定义大致包括"任何地方，无论是否覆盖……"，较为模糊。

因此，国际商会决定对 DAT 和 DAP 做出两处修改。第一，调整 DAP 与 DAT 的位置，将 DAP 调至 DAT 之前。第二，将 DAT 改为 DPU，这样做的目的是强调目的地可以是任何地点，而不仅仅是"终点站"，如果该地点不在终点站，卖方应确保其打算交付货物的地点是能够顺利卸货的地点。

6. 在运输义务和费用中列入与安全有关的要求

在《INCOTERMS 2010》中，与安全相关的要求放在 A2/B2 和 A10/B10 项中，且条目相当有限。由于《INCOTERMS 2010》是 21 世纪初安全问题受到普遍关注之后术语修订的第一个版本，在此后的航运实务中，又出现了很多与安全相关的需要关注的点，所以在《INCOTERMS 2020》中，与安全相关的义务的明确分配现已添加到每个规则的 A4 和 A7 项下。而这些要求所产生的费用也被更明确地标明，放在每条规则的 A9/B9 项下。

7. 用户说明

在《INCOTERMS 2010》中，指引（Guidance Notes）放在每一个术语解释通则的开头，而现在有了专门的"用户解释性注释"（Explanatory Notes for Users），这些注释解释了《INCOTERMS 2020》规则的基本原则，例如何时使用、何时转移风险以及如何在买卖双方之间分配成本。解释性说明的目的有两个：①帮助用户准确、有效地使用适合特定交易的适当的国际贸易术语解释通则；②当受《INCOTERMS 2020》管辖的合同存在争议时，

这些解释可以为协议制定者和咨询者提供必要的指导。

> **课内小案例**
>
> 我国 A 公司向法国 B 公司出口一批货物，合同中的贸易术语是 CIF MARSEILLES，A 公司在合同规定的时间和装运港装船，但货船离港后不久便触礁沉没。当 A 公司凭提单、保险单以及发票等有关单据通过银行向买方要求付款时，买方 B 公司以无法收到合同中规定的货物为由，拒绝接受单据和付款。
>
> 问题：1. 此案中货船在途中沉没造成的货物损失应该由谁承担？请说明理由。
> 　　　2. 责任方承担损失后，可以怎么进行救济？

三、《INCOTERMS 2020》的适用性

1.《INCOTERMS 2020》的约束性

虽然《INCOTERMS 2020》于 2020 年 1 月 1 日正式生效，但是《INCOTERMS 2020》实施之后并非《INCOTERMS 2010》就自动作废。因为国际贸易惯例本身不是法律，对国际贸易当事人不产生必然的强制性约束力。国际贸易惯例在适用的时间效力上并不存在"新法取代旧法"的说法，当事人在订立贸易合同时仍然可以选择适用《INCOTERMS 2010》甚至《INCOTERMS 2000》。

2.《INCOTERMS 2020》在国内和区域内贸易的适用

《国际贸易术语解释通则》主要适用于跨境（关境）贸易，此次修订试图往国内（区域内）贸易渗透。一方面，很多交易者将《国际贸易术语解释通则》普遍运用于纯粹的内贸合同。在美国，人们更愿意选择《国际贸易术语解释通则》而不是《统一商法典》的装运和交货条款运用于国内贸易。另一方面，考虑到对于一些大的区域贸易集团，如欧洲单一市场而言，国与国之间的边界手续已不那么重要了，《INCOTERMS 2020》首次正式明确这些术语不仅适用于国际销售合同，也适用于国内销售合同。

> **职业素养小讲堂**
>
> 加入 WTO 以来，我国企业在对国际贸易与 WTO 规则的了解与掌握方面进步不小，但发展情况并不平衡。民营企业在了解规则和运用规则方面需要进一步提高。我国企业对本土的一些规则了解得比较好，但对 WTO 的规则和其他国际贸易规则的了解相对薄弱；对货物贸易方面的一些规则了解和掌握情况较好，而对服务贸易的各项规则了解得不够透彻。
>
> 我们要加快建设贸易强国，由贸易大国向贸易强国转变，就要强化规则意识。规则意识是发展成为贸易强国的基石，如果在这方面出了问题，将会毁掉企业辛辛苦苦建立起来的业绩。所以我们在规则运用方面还需要加强。企业的管理人员要关注国际规则、熟悉国际规则，对有关规则应如数家珍。此外，政府、企业以及行业协会也要加强合作。

四、使用《INCOTERMS 2020》应注意的问题

1. 选择适当的贸易术语

贸易术语的选择是把双刃剑，选用贸易术语时，不仅要考虑合同标的、运输方式，还要考虑各方当事人是否有意将更多的责任赋予对方，如哪方安排运输、办理保险等责任。此外，经济利益、当事人自身其他方面的条件，如是否能租到合适的船等，也是重要的考量因素。

2. 《INCOTERMS 2020》并不包含一整套合同条款

《INCOTERMS 2020》仅仅是对贸易术语做了相关规定，如卖方或买方应承担何种费用、办理何种进出口手续等。其并未涉及有关货物价格和所有权问题，或者违反合同规定的后果等内容，这些问题通常是要通过合同中的相关明示条款或者有关法律来解决。同时，进出口当事人应清醒地意识到，有关法律较包括所选术语在内的合同中的任何规定都具有优先权。

3. 指定精确的交货地点或港口

只有各方当事人指定了地点或港口，贸易术语才是有效的，而且指定的地点或港口越精确，越有利于合同的履行。

复习思考题

一、选择题

1. 出卖人应当按照约定的地点交付标的物，当事人没有约定或约定不明确的，下列各项中正确的认定方式有（　　）。
   A. 标的物需要运输的，出卖人应当将标的物交付给第一承运人
   B. 标的物不需要运输的，买卖双方订立合同时已知标的物的所在地，为交付地点
   C. 标的物不需要运输的，且不知标的物所在地的，应在出卖人订立合同时的营业地交付
   D. 标的物不需要运输的，且不知标的物所在地的，应在出卖人履行合同时的营业地交付

2. 上海某工厂向广州某公司购买一批物品，合同对付款地点和交货期限没有明确规定，发生争议，根据《民法典》规定，下列表述正确的有（　　）。
   A. 上海某工厂付款给广州某公司，应在上海履行
   B. 上海某工厂付款给广州某公司，应在广州履行
   C. 广州某公司可以随时交货给上海某工厂，该厂不得有任何异议
   D. 广州某公司可以随时交货给上海某工厂，但应给该厂必要的准备时间

3. 招标人向（　　）个以上具备承担招标项目能力、资信良好的特定法人或者其他组织发出投标邀请。

  A. 3   B. 4   C. 5   D. 6

4. 下列关于联合体共同投标的说法，正确的是（　　）。

  A. 两个以上法人或其他组织可以组成一个联合体，以一个投标人的身份共同投标

  B. 联合体各方只要其中任意一方具备承担招标项目的能力即可

  C. 由同一专业的单位组成的联合体，投标时按照资质等级较高的单位确定资质等级

  D. 联合体中标后，应选择其中一方代表与招标人签订合同

5. 根据《联合国国际货物销售合同公约》的规定，如果销售合同涉及货物的运输，则卖方的交货地点为（　　）的营业地。

  A. 买方   B. 承运人

  C. 第一承运人   D. 卖方

6. 依《联合国国际货物销售合同公约》的规定，如果合同没有明示或默示规定货物的价格或规定确定价格的方法时，应（　　）。

  A. 按交货时的合理价格来确定货物的价格

  B. 按提货时的合理价格来确定货物的价格

  C. 按照进口国法律规定确定价格

  D. 按订立合同时的通常价格来确定货物的价格

二、简答题

1. 简述买卖合同中买卖双方的权利与义务。
2. 简述承诺生效的条件与时间。
3. 简述 FOB、CIF 两个术语的不同之处。
4. 根据《公约》的规定，卖方交付货物时应注意哪些事项？

三、案例分析题

  我国 A 牛肉制品公司（卖方）与法国 B 食品进出口公司（买方）按照 FOB SHANGHAI 条件签订了一份牛肉制品买卖合同。我国 A 公司在规定的装运期届满前一天将货物装上法国 B 公司指派的英国某船公司的海轮上，且装船前检验时，货物的品质良好，符合合同的规定。货到目的港福斯港后，法国 B 公司提货后经目的港商检机构检验发现部分货物变质。经调查确认，因货物包装密封不良，在运输途中进入空气导致肉品变质。于是，法国 B 公司委托律师向我国 A 公司提起索赔。

  请问： 哪方应承担货物损失的责任？请说明理由。

模块五
物流仓储与配送法律制度

学习目标

📖 知识目标

○ 掌握仓储合同、保管合同、租赁合同、配送合同的概念、内容、特征、签订程序。

✍ 能力目标

○ 能够起草仓储、配送相关合同；具备理论联系实际的能力，能根据法律制度相关知识，分析简单的仓储、配送案例；具备协调沟通能力。

📁 素质目标

○ 具备合同意识、服务意识、法律意识、团队合作精神；具备物流行业意识和认同感；具备掌握和应用仓储、配送法律制度的法律常识和法律素养。

单元一　仓储合同

引导案例

2022年6月3日，某市丰收贸易有限责任公司（下称丰收公司）与经营仓储业务的东风公司签订一份仓储保管合同。合同约定：由东风公司为丰收公司储存保管小麦80万公斤，保管期限自2022年7月10日至12月12日，储存费用为60 000元，如果一方违约，需要向另一方支付储存费用的20%的违约金。合同签订后，东风公司即开始为丰收公司的仓储合同做准备：清理好仓库，并拒绝其他单位和个人在自己仓库存货的要求。同年7月8日，东风公司收到丰收公司的书面通知：因收购的小麦尚不足10万公斤，数量较预期存储数量少，不需存放至东风公司仓库，双方于6月3日所签订的仓储合同终止履行。东风公司接到书面通知后，遂电告丰收公司：同意仓储合同终止履行，但丰收公司应当按合同约定支付违约金12 000元。丰收公司拒绝支付违约金，双方为此形成纠纷，东风公司于2022年10月22日向人民法院提起诉讼，请求判令丰收公司支付违约金12 000元。

思考 丰收公司是否应承担违约金？请说明理由。

一、仓储合同的概念和特征

仓储合同

仓储合同是保管人储存存货人交付的仓储物，存货人支付仓储费的合同。仓储合同又称仓储保管合同。

仓储合同源自一般的保管合同，具有保管合同的一般特性。同时，仓储合同又有别于一般的保管合同，它具有以下法律特征：

（1）仓储合同的保管方必须是仓储营业人。仓储合同的保管方必须是仓储企业或个体营业者。在仓储合同中，保管人必须是经工商行政管理机关核准，依法专门从事仓储保管业务的法人、其他组织或个人。从事仓储经营的企业应具备以下基本条件：①拥有工商行政管理机关颁发的营业执照；②具有自建或租用的仓库及相关设施；③具有与所经营的服务项目相适应的设施设备；④建立与其业务需求相符的规章制度和操作规程；⑤具有从事相应业务的专业技术人员。从事危险化学品仓储、保税仓储等相关业务需取得行政许可的，从其相关规定。

（2）仓储合同是双务有偿合同、不要式合同。

（3）仓储合同是诺成性合同。

（4）仓储合同中货物的交付与归还以仓单作为凭证。

（5）仓储合同所保管的物品是特定物。仓储合同所保管的物品，一般情况下是作为生产资料的动产，不包括不动产和一般零星生活用品。存储期限届满，仓单持有人应当凭仓单提取仓储物。由此可以看出，仓储合同的标的物都是特定的。

（6）仓储合同一般是格式合同。

二、仓储合同的订立与内容

1. 仓储合同的订立

目前，我国尚未对仓储合同的形式做出明确规定，双方当事人可以订立书面的仓储合同，也可以订立口头的或其他形式的仓储合同。在实践中，仓储合同一般都是采用书面形式。

无论当事人采用什么样的形式订立仓储合同，当事人填写的入库单、仓单、出库单等，均可以作为仓储合同的证明。如果当事人采用书面形式订立仓储合同，通常情况下，自保管人和存货人签字或盖章时合同才告成立。但如果存货人在此之前就将仓储物交付给保管人，而保管人又接受该仓储物入库存储的，仓储合同自仓储物入库时成立。

2. 仓储合同的内容

仓储合同应当包含以下主要条款，以明确保管人和存货人双方的权利和义务：

（1）保管人、存货人的姓名或名称及住所。

（2）仓储物的品名、品种、规格。

（3）仓储物的数量、质量、包装、件数和标记。在仓储合同中，应明确规定仓储物的计量单位、数量和仓储物质量，以保证顺利履行合同。

（4）仓储物验收的项目、标准、方法、期限和相关资料。

（5）仓储物的储存期间、保管要求和保管条件。

（6）仓储物进出库手续、时间、地点和运输方式。

（7）仓储物的损耗标准和损耗处理。

（8）计费项目、标准和结算方式。

（9）违约责任条款。即对当事人违反合同义务时应如何承担违约责任、承担违约责任的方式等进行的约定。违约责任的承担方式包括继续履行、支付违约金、赔偿损失等。

除此之外，双方当事人还可以就变更、解除的程序以及解决争议的方式等做出约定。在主要条款协商一致后，由双方法定代表人或授权的经办人签字、盖章后，合同即刻生效。

三、仓单

1. 仓单及其法律特征

仓单是存货人在交付仓储物时，由保管人签发给存货人表明一定数量的仓储物已经交付仓储保管的有价证券。仓单的内容，直接体现当事人的权利和义务，是仓储合同存在的证明，不是合同本身。仓单的法律特征如下：

（1）仓单是一种物权凭证。这意味着谁享有仓单谁就享有这批仓储物的所有权，仓单的转移即对仓储物所有权的转移。

（2）仓单为要式证券。仓单必须具有法律规定记载的内容，而且一定要有保管人的签字或盖章才具有法律效力。没有法定的完备形式，保管人出具的仓单是无效的。

（3）仓单是提货凭证。仓储保管人是见单给货，也就是说，在提取仓储物时，提货人必须向保管人出示仓单，并在提货后提货人将仓单交给保管人注销。没有仓单，保管人不会交付仓储物。存货人或者仓单持有人在仓单上背书并经保管人签字或者盖章的，可以转让提取仓储物的权利。

（4）仓单是仓储合同的证明。仓单本身不是仓储合同，仓单上的权利，不因仓单的签发而产生，而是以仓储合同关系的有效存在而产生。仓单作为仓储合同的书面证明，证明合同关系的存在。

资料补给站

要式证券是指应记载一定的事项，内容应全面真实的证券，这些事项往往通过法律形式加以规定，如仓单、股票就是要式证券。

2. 仓单的内容

仓单的内容主要包括：

（1）存货人的名称或者姓名和住所。存货人为法人或者其他社会组织的，应当填写其完整名称；存货人为自然人的，应写明其姓名。

（2）仓储物的品种、数量、质量、包装、件数和标记。这些内容经过保管人验收确认后再填写在仓单上。需要注意的是，保管人和存货人订立仓储合同时，对仓储物的上述情况的约定，不能作为填写仓单的依据。

（3）仓储物的损耗标准。仓储物的损耗标准有国家规定或行业规定的按规定执行，无规定的由双方当事人约定损耗标准。制定损耗标准后，保管人在归还仓储物时，对仓储物在损耗标准内的减量、损耗等变化不予以赔偿。当仓储合同约定的标准与仓单上所记载的标准不一致时，一般以仓单的记载为准。

（4）储存场所。储存场所表明仓储物所在的具体地点，也是发生仓储合同纠纷时的合同履行地司法管辖的判断依据。

（5）储存期间。储存期间即保管人在约定的时间内对仓储物承担保管责任，也是计算仓储费的依据。

（6）仓储费。仓储费即存货人向保管人支付的报酬。

（7）仓储物已经办理保险的，其保险金额、期间以及保险人的名称。一般存货人为了降低风险，通常对仓储物进行投保。在仓单上记载保险资料，有利于发生事故时及时处理，通知保险公司进行赔偿。

（8）填发人、填发地和填发日期。填发人就是仓储合同的保管人；填发地一般是仓储物的入库地，也是属地管辖的依据；填发日期是仓单开始发生效力的时间依据。

仓单持有人需要转让仓储物时，可以通过背书转让的方式进行仓储物转让。仓单转让生效要件为：背书过程完成，并经保管人签署。

> **职业素养小讲堂**
>
> 2015年，国务院印发《中国制造2025》计划，提出立足国情，立足现实，力争通过"三步走"实现"制造强国"的战略目标。在迈向"中国制造2025"的过程中，传统的仓储物流企业所提供的简单的货物储存、保管、中转等服务，已不能满足现代制造企业的需要。将数字经济和实体经济深度融合，引入智慧仓储和物流技术，可以帮助现代制造企业更加精准、高效地管理仓储，以及零件、半成品和成品的流通，有效降低物流成本，缩短生产周期，在激烈的竞争中保持领先地位。

四、仓储合同当事人的权利和义务

1. 仓储保管人的权利

在仓储合同关系中，保管人的主要权利有：

（1）按照约定收取仓储费，这是保管人的主要权利。

（2）在紧急情况下对仓储物的处置权利。一般情况下仓储保管人不能随意转移、处置仓储物，但当仓储物发生变质、损坏危及其他货物时，保管人可采取紧急处置措施。

（3）有权要求存货人按照合同约定交付仓储物。这也是保管人履行自己保管义务的首要前提，只有仓储物交付，保管人才能真正履行保管义务。

（4）有权要求客户就所交付的危险货物或易变质货物的性质进行说明并提供相关资料。

（5）对入库货物进行验收时，有权要求客户配合并提供验收资料。

（6）存货人没有按照约定支付仓储费的，保管人有权行使留置权。留置是指债权人按照合同约定占有债务人的动产，债务人不按照合同约定的期限履行债务的，债权人有权依照《民法典》的规定留置该财产，以该财产折价或者以拍卖、变卖该财产的价款优先受偿。

（7）有权提存客户逾期未提取的货物。根据《民法典》规定，提存是指债务人将无法清偿的标的物提交有关公证机关保存以消灭合同关系的行为。储存期届满，存货人或者仓单持有人不提取仓储物的，保管人可以催告其在合理期限内提取；逾期不提取的，保管人可以提存仓储物。

（8）客户逾期提取货物的，保管方有权加收仓储费。

2. 仓储保管人的义务

仓储保管人的义务主要包括以下内容：

（1）及时接收仓储物并验收入库的义务。《民法典》第九百零七条规定，保管人应当按照约定对入库仓储物进行验收。

（2）开具仓单的义务。

（3）妥善保管仓储物的义务。《民法典》第九百零六条规定，保管人储存易燃、易爆、有毒、有腐蚀性、有放射性等危险物品的，应当具备相应的保管条件。

（4）接受存货人检查仓储物的义务。《民法典》第九百一十一条规定，保管人根据存货人或者仓单持有人的要求，应当同意其检查仓储物或者提取样品。

（5）通知及紧急处置的义务。保管人对入库仓储物发现有变质或者其他损坏的，应当及时通知存货人或者仓单持有人。保管人对入库仓储物发现有变质或者其他损坏，危及其他仓储物的安全和正常保管的，应当催告存货人或者仓单持有人做出必要的处置。因情况紧急，保管人可以做出必要的处置，但事后应当将该情况及时通知存货人或者仓单持有人。

（6）返还仓储物的义务。如果保管期限未到，存货人要求返还仓储物的，保管人应及时办理交货手续。当事人对储存期间没有约定或者约定不明确的，存货人或者仓单持有人可以随时提取仓储物，保管人也可以随时要求存货人或者仓单持有人提取仓储物，但应当给予必要的准备时间。

（7）赔偿责任。储存期间，因保管人保管不善造成仓储物毁损、灭失的，保管人应当承担损害赔偿责任。保管人对仓储物的保管承担严格责任。在储存期间，保管人应按国家有关规定和合同的约定进行保管及必要的仓库储存、堆码、装卸与操作。

因仓储物的性质、包装不符合约定或者超过有效储存期造成仓储物变质、损坏的，保管人不承担损害赔偿责任。如果当事人约定货物入库前是由保管人包装的，则相应的责任由保管人承担。

3. 存货人的权利

存货人的基本权利与保管人的基本义务相对应，其权利有以下几项：

（1）存货人有权按照约定提取仓储物。

（2）有权背书转让仓单。

（3）有权要求保管人给付仓单。

（4）有权要求保管人对入库货物进行检查并提取样品。

（5）当事人对储存期间没有约定或者约定不明确的，存货人有权随时提取仓储物；保管人也可以随时要求存货人或者仓单持有人提取仓储物，但应当给予必要的准备时间。

（6）对保管人未尽妥善储存、保管货物的义务造成的损失，有权要求保管人赔偿。

4. 存货人的义务

存货人的主要义务有以下几项：

（1）按时交付仓储物的义务。存货人应在合同约定的时间向保管人交付仓储物并提供入库验收资料。存货人未按照约定交付仓储物的，要承担违约责任。

（2）告知义务。存货人交付货物有瑕疵或者按货物的性质需要采取特殊保管措施的，应当告知保管人。储存易燃、易爆、有毒、有腐蚀性、有放射性等危险物品或者易变质物品时，存货人应当说明该物品的性质，并提供有关资料给保管人。因存货人未告知仓储物的性质、状态造成的保管人验收错误、作业损害、保管损坏，由存货人承担责任。

（3）支付仓储费和其他必要费用的义务。仓储合同属于有偿合同，支付仓储费属于存货人或仓单持有人最核心的义务。"其他必要费用"是在仓储合同中产生的仓储费之外的必要费用，如运费、修缮费、保险费、转仓费、紧急情况下处置仓储物所产生的费用等。

依《民法典》第九百一十五条的规定，储存期限届满，存货人或者仓单持有人应当凭仓单、入库单等提取仓储物。存货人或者仓单持有人逾期提取的，应当加收仓储费；提前提取的，不减收仓储费。

（4）及时提取仓储物的义务。储存期限届满，存货人或者仓单持有人应当凭仓单、入库单等提取仓储物。因存货人的原因不能如期出库时，存货人应当承担违约责任。

> **课内小案例**
>
> 某水果店与仓储公司签订了一份仓储合同，合同约定仓储公司为水果店储存水果50吨，储存时间为1个月，仓储费为5 000元，自然耗损率为4%，水果由存货人分批提取。合同签订以后，水果店按照约定将水果交给仓库储存，入库过磅为50 100公斤。仓储公司在接受货物以后，向水果店签发了仓单。在按照双方的仓储合同填写仓单过程中，填写人将自然耗损率误写为10%，存货人也没有多看就将仓单取走。合同到期以后，存货人持仓单向仓储公司提货，出库过磅时发现水果仅有46 000公斤。扣除4%的自然耗损以后还短缺2 096公斤，于是，水果店要求仓储公司赔偿损失。仓储公司认为仓单上写明的自然耗损率为10%，剩余46 000公斤并没有超出自然耗损的范围，因此不存在赔偿问题。双方争执不下，水果店于是向法院提起诉讼，要求仓储公司赔偿。
>
> 问题：水果店的要求会得到法院的支持吗？为什么？

五、保税仓库的概念及类型

1. 保税仓库的概念

保税仓库是指经海关核准并受海关监管的专门存放保税货物及其他未办结海关手续货物的仓库。保税仓库的货物如果转为内销，进入国内市场，则必须事先提供进口许可证和有关证件，正式向海关办理进口手续，并交纳关税，货物方能出库。非经海关批准，货物不得入库和出库。

保税仓库的设立需要专门审批，保税仓储货物的保税期一般最长为两年。在此期间，可将其存放在保税仓库中，经营者则可以寻找适当的销售时机，一旦实现销售，再办理通关手续，如果两年之内未能销售完毕，可再运往其他国家，保税仓库所在国则不收取关税。

2. 保税仓库的类型

（1）保税仓库按使用对象不同可以分为自用型保税仓库和公用型保税仓库。

1）自用型保税仓库。企业经海关批准后自己建立的自营性质的保税仓库，以储存本企业经营的保税货物。

2）公用型保税仓库。公用型保税仓库由主营仓储业务的中国境内独立企业法人经营，专门向社会提供保税仓储服务。

（2）保税仓库按存储对象不同分为专用型保税仓库和普通型保税仓库。

1）专用型保税仓库。专用型保税仓库是专门用来存储具有特定用途或特殊种类商品的仓库，包括液体保税仓库、备料保税仓库、寄售维修保税仓库和其他专用型保税仓库。

液体保税仓库是指专门提供石油、成品油或者其他散装液体保税仓储服务的保税仓库。

备料保税仓库是指加工贸易企业存储为加工复出口产品所进口的原材料、设备及其零部件的保税仓库，所存保税货物仅限于供应本企业。

寄售维修保税仓库是指专门存储为维修外国产品所进口寄售零配件的保税仓库。

2）普通型保税仓库。普通型保税仓库主要存放没有特殊保管条件要求的一般货物。

六、保税仓库货物的管理

经海关批准暂时进口或暂时出口的货物，以及特准进口的保税货物，在收货人或发货人向海关缴纳相当于税款的保证金或者提供担保后，暂时免缴关税，海关根据货物的进口或出口情况，再决定征税或免税。因此进入保税仓库的货物需要进行申报。

（一）进仓货物管理

1. 允许进仓货物

下列货物，经海关批准可以存入保税仓库：

（1）加工贸易进口货物。

（2）转口货物。

（3）供应国际航行船舶和航空器的油料、物料和维修用零部件。

（4）供维修外国产品所进口寄售的零配件。

（5）外商暂存货物。

（6）未办结海关手续的一般贸易货物。

（7）经海关批准的其他未办结海关手续的货物。

保税仓库应当按照海关批准的存放货物范围和商品种类开展保税仓储业务。

2. 禁止进仓货物

保税仓库不得存放下列货物：

（1）国家禁止进境货物。

（2）未经批准的影响公共安全、公共卫生或健康、公共道德或秩序的国家限制进境货物。

（3）其他不得存入保税仓库的货物。

3. 货物进仓办理流程

保税仓储货物入库时，收发货人或其代理人持有关单证向海关办理货物报关入库手续，海关根据核定的保税仓库存放货物范围和商品种类对报关入库货物的品种、数量、金额进行审核，并对入库货物进行核注登记。

入库货物的进境口岸不在保税仓库主管海关的，经海关批准，按照海关转关的规定或者在口岸海关办理相关手续。

（二）出仓货物管理

1. 出仓货物范围

下列情形的保税仓储货物，经海关批准可以办理出库手续，海关按照相应的规定进行管理和验放：

（1）运往境外的。

（2）运往境内保税区、出口加工区或者调拨到其他保税仓库继续实施保税监管的。

（3）转为加工贸易进口的。

（4）转入国内市场销售的。

（5）海关规定的其他情形。

2. 免征关税和进口环节代征税的出库货物范围

下列保税仓储货物出库时依法免征关税和进口环节代征税：

（1）用于在保修期限内免费维修有关外国产品并符合无代价抵偿货物有关规定的零部件。

（2）用于国际航行船舶和航空器的油料、物料；该免税范围不包括国际航行船舶和航空器维修用零部件，但中华人民共和国参加的国际条约或者与外国政府签订的双边协定中，规定对外国的运输工具维修用零部件予以免税的除外。

（3）国家规定免税的其他货物。

3. 货物出仓办理流程

（1）出库运往境内。保税仓储货物出库运往境内其他地方的，收发货人或其代理人应当填写进口报关单，并随附出库单据等相关单证向海关申报，保税仓库向海关办理出库手续并凭海关签印放行的报关单发运货物。

出库保税仓储货物批量少、批次频繁的，经海关批准可以办理集中报关手续。

从异地提取保税仓储货物出库的，可以在保税仓库主管海关报关，也可以按照海关规定办理转关手续。

（2）出库复运境外。保税仓储货物出库复运往境外的，发货人或其代理人应当填写出口报关单，并随附出库单据等相关单证向海关申报，保税仓库向海关办理出库手续并凭海关签印放行的报关单发运货物。

出境货物出境口岸不在保税仓库主管海关的，经海关批准，可以在口岸海关办理相关手续，也可以按照海关规定办理转关手续。

（三）保税仓库货物的储存

1. 储存期限

保税仓库所存货物储存期限为一年。如因特殊情况可向海关申请延期，但延期最长不得超过一年。保税储存期满仍未转为进口也不复运出境的，由海关将货物变卖，所得价款在扣除运输、装卸、储存等费用和税款后，尚有余款的，自货物变卖之日起一年内，经收货人申请，予以发还；逾期无人申请的，上缴国库。

2. 储存行为

保税仓储货物可以进行包装、分级分类、加刷唛码、分拆、拼装等简单加工，但不得进行实质性加工。保税仓储货物，未经海关批准，不得擅自出售、转让、抵押、质押、留置、移作他用或者进行其他处置。

3. 储存责任

保税仓储货物在储存期间发生损毁或者灭失的，除不可抗力外，保税仓库应当依法向海关缴纳损毁、灭失货物的税款，并承担相应的法律责任。

4. 储存监管

海关对保税仓库实施计算机联网管理，并可以随时派员进入保税仓库检查货物的收、付、存情况及有关账册。海关认为必要时，可以会同保税仓库经营企业双方共同对保税仓库加锁或者直接派员驻库监管，保税仓库经营企业应当为海关提供办公场所和必要的办公条件。

> **职业素养小讲堂**
>
> 宁夏银川综合保税区借助保税物流逐步实现由"引进来"迈向"走出去"的完美蜕变，成为宁夏助力国产品牌远销"一带一路"沿线国家的真实写照。自国际卡车班列运行以来，银川综合保税区以打造"一带一路"国际卡车班列集散中心为目标，不断开辟国际陆路运输新通道，服务国内外贸企业出口。借助开通国内新能源汽车、大型机械设备等搭乘国际卡车班列出口业务，银川综合保税区目前已成为宁夏又一主要进出境通道。

单元二　保管合同

> **引导案例**
>
> 2022年5月，李宏与他人合伙购得胜利牌8 100型货车一辆，总价值为137 600元。李宏为了车辆安全和金华市成安物业管理公司达成口头协议，约定晚间时段把车辆停放在金华市成安物业管理公司管理的贸易城内，贸易城每月收取李宏停车费70元。于是李宏白天接货运业务跑车，晚上把车放在贸易城停车场，车钥匙一直由李宏持有。李宏每月在缴纳停车费时，成安物业给李宏开具停车费收据，收据上注明此票只作为场地占用费证明。2022年7月3日下午5点左右，李宏将车停放在贸易城，次日上午发现车辆丢失，遂向公安机关报案，公安机关至今仍未侦破案件。李宏多次与金华市成安物业公司沟通索赔未果，遂诉至人民法院，李宏主张成安公司应承担保管合同违约责任，要求被告全额赔偿经济损失137 600元。
>
> **思考**　金华市成安物业管理公司是否应对李宏车辆丢失承担责任？请说明理由。

一、保管合同的概念

保管合同是保管人保管寄存人交付的保管物，按照约定期限或者寄存人的请求返还保管物的合同。在保管合同中，保管物品的一方为保管人，交付物品的一方为寄存人，被保管的物品为保管物或者寄存物。

保管合同的法律特征是保管合同为实践性合同，为非要式性合同，保管合同既包括有偿合同又包括无偿合同。保管合同为有偿合同时，应当明确约定保管费用。当事人对保管费用没有约定或者约定不明确的，可以协议补充，不能达成补充协议的，推定为无偿保管。

二、保管合同中保管人和寄存人的义务

1. 保管人的义务

（1）保管人对保管物应当尽到妥善保管的义务，这是保管人最主要的义务。保管人不得将保管物交由他人代为保管。除另有约定或者保管人因特定事由不能亲自履行保管行为外，保管人应当亲自履行保管义务。保管人违反此项义务，对保管物造成损失的，应当承担赔偿责任。除另有约定外，保管人不得使用保管物或者许可他人使用保管物。

保管人应当按照约定场所或者方法保管保管物，除紧急情况为维护寄存人利益外，不得擅自改变保管场所和方法。如果双方没有约定保管场所和方法，应当依照标的物性质、合同目的确定保管场所和方法。

对有瑕疵的保管物或者需要特殊保管的保管物，寄存人已尽告知义务或者保管人应当知道的，应当采取特殊措施保管，否则保管人承担相应的赔偿责任。

（2）返还保管物的义务。寄存人可以在保管期限届满时领取保管物，也可以提前领取保管物。寄存人领取保管物时，保管人应当将保管物返还寄存人，如果保管期间保管物产生孳息，保管人应当将孳息一并返还寄存人。

保管合同

（3）通知的义务。由于自然原因致使保管物毁损或者灭失的，保管人应当迅速通知寄存人，并及时采取措施防止损失扩大。第三人对保管人提起诉讼或者对保管物申请扣押的，保管人应当及时通知寄存人。保管人未尽到通知义务造成保管物不能归还的，应当承担赔偿责任。

（4）交付保管凭证的义务。保管合同成立后，寄存人向保管人交付保管物的，保管人应当给付保管凭证，但另有交易习惯的除外。

（5）损害赔偿的义务。保管期间，保管不善造成保管物损毁、灭失的，对于有偿保管，保管人应当承担赔偿责任。无偿保管的，保管人能够证明自己没有故意和重大过失的，不承担损害赔偿责任。如果损害不是因为保管人的过错而是由于第三人的过错引起的，应当由有过错的第三人承担责任。如果损害是由于不可抗力引起的，应当由寄存人自己承担损失。

2. 寄存人的义务

（1）告知的义务。保管物有瑕疵或者按照保管物的性质需要采取特殊保管措施的，寄

存人应当将有关情况告知保管人。寄存人未告知，保管物受损失的，保管人不承担赔偿责任。保管人因此遭受损失的，除保管人知道或者应当知道并且未采取补救措施的以外，寄存人应当承担赔偿责任。

寄存人寄存货币、有价证券或者其他贵重物品的，应当向保管人声明，由保管人验收或者封存。寄存人未声明的，该物品毁损灭失后，保管人可以按照一般物品予以赔偿。

（2）支付保管费用的义务。有偿保管合同中，寄存人应当按照约定向保管人支付保费用。当事人对保管费用没有约定或者约定不明确的可以协议补充，不能达成补充协议的，推定为无偿保管。保管过程中为维持保管物原状、防止保管物损毁而由保管人支出的必要费用，寄存人应当偿付给保管人，如破损包装的重新包装、恶劣天气防雨防潮支出的费用，寄存人过期不领取保管物保管人额外增加的支出等。

寄存人拒绝按照约定支付保管费和其他必要费用的，保管人可以行使留置权。依据《民法典》的相关规定，经保管人催告后，寄存人在合理期限内仍不支付保管费用的，保管人作为留置权人，可以将留置的财物依法以合理价格变卖，并以变卖财物的价款优先受偿。

 职业素养小讲堂

冬衣无忧保管服务
——郑州、南京等多地机场在春运期间免费为旅客保管衣物暖人心

我国地域辽阔，南北温差较大，许多南行的旅客在冬季出行时往往需要携带大量厚衣服。为了减轻旅客的出行负担，郑州机场、兰州机场、太原机场、南京机场陆续在春运期间推出了冬衣免费寄存服务。每人可免费寄存2件冬衣，免费寄存期限为15天，旅客在办理寄存业务时，需要仔细检查衣物，取出所有个人物品，寄存后妥善保管寄存卡。这项服务大大地方便了冬季的南行旅客，满足了旅客的衣物寄存需求，为旅客带来实实在在的便利。

三、保管合同的索赔时效

保管合同容易产生纠纷，如保管人保管不善造成寄存物丢失、损毁；寄存人没有凭证或者凭证丢失，保管人拒不返还寄存物；报酬约定不明确，寄存人拒付或者少付报酬，寄存违禁物品未声明造成保管人损失；包装不合要求造成保管人额外支出保管费用，而寄存人拒不给付等。基于上述原因，当事人向法院要求保护民事权利的诉讼时效期间，应依据特殊法优于一般法的法律适用原则确定。法律对诉讼时效有特殊规定的，适用特殊规定，没有特殊规定的，适用一般规定。保管合同的诉讼时效从当事人知道或者应当知道权利被侵害时起计算。超过诉讼时效期间，当事人自愿履行的，不受诉讼时效限制。

《民法典》规定普通诉讼时效为3年，因此，保管合同引发的争议和纠纷一般情况应适用普通诉讼时效的规定。

单元三　租赁合同

📖 引导案例

2022年5月10日,肖某与四川某食品有限责任公司签订了冷藏库房租赁合同,之后便将大批货物装进该公司的冷库内。按照合同约定,肖某向该食品公司支付了相关费用。6月初,肖某请人用了三天的时间对冷库的货物进行了翻动,以使冷库内的货物温度一致。同年11月19日,因货物在冬季不需要冷库保存,肖某将货物转移到其他地方保存。在搬运过程中,肖某发现冷库存放的货物全烂了,便立即通知搬运工人停止搬运,但此时已从该库房搬运走七车的货物。肖某找到食品公司负责人一同查看了现场,负责人却说是因货物在冷库存放过久,超出了合同约定时间造成的,对此不负责任。双方签订的虽是冷藏库房租赁合同,但实际上冷库的所有管理由食品公司负责,因此,双方实为仓储合同关系。肖某为了将这批货物保存好,才将货物存放于冷库,并为此向食品公司支付了3万余元的保管费用,现却因食品公司的管理不善导致货物全部腐烂,造成肖某经济损失280 000元。

思考　食品公司对肖某的货物腐烂是否应承担赔偿责任?请说明理由。

一、租赁合同的概念和法律特征

1. 租赁合同的概念

租赁合同,是出租人将租赁物交付承租人使用、收益,承租人支付租金的合同。

交付租赁物的一方为出租人,接受租赁物的一方为承租人,交付使用的财产为租赁物,承租人向出租人交纳的使用租赁物的代价是租金。

2. 租赁合同的法律特征

(1) 租赁合同转移的是租赁物的使用权和收益权。租赁合同中,承租人的目的是取得租赁物的使用权和收益权,出租人只转让租赁物的使用权和收益权,不转让所有权。租赁合同终止时,承租人须返还租赁物。

(2) 租赁合同是双务有偿合同。

(3) 租赁合同是诺成合同。

(4) 不定期租赁合同为不要式合同。

(5) 租赁合同的标的物只能是法律允许流通的财产,而且是不能被消费的。特定物租赁合同与买卖合同不同,租赁物应当是不能因使用而灭失的特定物,即不能是可以消费的物品。

(6) 租赁合同有临时性特征,对租赁物不能永久租赁。租赁合同双方可以不约定具体租赁期限,但不能超过法定最高年限。

(7) 租赁合同在当事人之间既引起债权法律关系,又引起法定特殊权利。租赁合同引起的法定特殊权利主要有两种：一是出租人转让租赁房屋时，承租人有优先购买权；二是承租人可以凭租赁权对抗新的所有权人，租赁物在租赁期间发生所有权变动的，不影响租赁合同的效力。

二、租赁合同的种类

1. 动产租赁和不动产租赁

根据租赁物不同，租赁合同分为动产租赁和不动产租赁。动产租赁的范围很广，不动产租赁包括房屋租赁和土地使用权租赁等。

2. 一般租赁和特殊租赁

根据法律对租赁是否有特殊规定，租赁合同分为一般租赁和特殊租赁。特殊租赁是法律有特别要求的租赁，如《民法典》和《中华人民共和国城市房地产管理法》对房地产租赁、《中华人民共和国海商法》对船舶租赁、《中华人民共和国民用航空法》对航空器租赁有特殊规定。

3. 定期租赁和不定期租赁

根据租赁合同是否确定期限，租赁合同分为定期租赁和不定期租赁。当事人在租赁合同中可以约定租赁期限，没有约定的为不定期租赁。对于不定期租赁，任何一方当事人都有权依自己的意愿随时解除合同，但在解除合同前，应当预先通知对方。无论是否约定租赁期限，租赁期限都受 20 年法定最高期限的限制。

三、租赁合同的内容和形式

1. 租赁合同的内容

租赁合同的内容包括：租赁物的名称，租赁物的数量和质量，租赁物的用途，租赁期限，租金的支付期限、方式和租赁物的维修等。

2. 租赁合同的形式

不定期租赁合同为不要式合同，无须采取书面形式。租赁期限 6 个月以下的，可由当事人自由选择合同形式，无论采用书面形式还是口头形式，都不影响合同效力。租赁期限 6 个月以上的，应当采用书面形式。未采用书面形式的，双方当事人对租赁期限存在争议的，推定为不定期租赁合同。

> **职业素养小讲堂**
>
> 2018 年 3 月，武汉市住房保障和房屋管理局发布《关于大学毕业生租赁房相关政策的解读》提出，毕业 3 年内的普通高校大学生，拥有武汉市户籍且家庭在武汉市无自有住房的，均可申请租赁大学毕业生租赁房，并确保低于市场价 20%，如属于合租的可低于市场价 30%。文件规定，大学毕业生租赁房以人均租住面积 20 平方米为主，按照不低于公租房室内装修标准装修，并配备基本居家生活家具家电，满足"拎包入住"的条件，租赁期一般为 3 年，最多可延长 2 年。

> 在大学毕业生求职季，学生们除了为工作机会忧心，毕业后的住所问题也是一个不得不面对的难题。给拥有武汉市户籍且家庭在武汉市无自有住房的大学毕业生提供租金低于市场价的租赁房，体现着一个城市的温度，也体现了当地政府对人才的体贴和重视。

四、租赁合同中出租人和承租人的义务

1. 出租人的义务

（1）交付租赁物。出租人应依照合同约定的时间和方式交付租赁物。物的使用以交付占有为必要的，出租人应按照约定交付承租人实际占有使用。物的使用不以交付占有为必要的，出租人应使租赁物处于承租人能够使用的状态。

（2）租赁期间保持租赁物符合约定用途。租赁合同是继续性合同，租赁存续期间，出租人有继续保持租赁物的法定或者约定品质的义务，使租赁物符合约定的使用收益状态。如发生品质降低而危及承租人使用收益或者其他权利时，应当维护修缮，恢复原状。因修理租赁物而影响承租人使用收益的，出租人应当相应减少租金或者延长租期，但按照约定或者习惯应当由承租人修理，或者租赁物损坏是承租人过错所致的除外。

（3）租赁物的瑕疵担保。出租人应当担保所交付的租赁物能够为承租人依约正常使用收益，即交付的标的物必须符合约定的用途。

（4）权利的瑕疵担保义务。出租人应当担保不因第三人对承租人主张租赁物上的权利而使承租人无法依照约定对租赁物进行使用收益。

2. 承租人的义务

（1）支付租金。承租人应当按照约定期限支付租金。承租人无正当理由未支付租金或者延期支付租金的，出租人可以要求承租人在合理期限内支付。承租人逾期不支付的，出租人可以解除合同。

（2）按照约定方法使用租赁物。承租人应当按照约定方法使用租赁物。无约定或者约定不明确的，可以由当事人事后达成补充协议确定，不能达成协议的，按合同有关条款或者交易习惯确定，仍不能确定的，应当根据租赁物的性质使用。承租人按照约定方法或者按照租赁物性质使用，致使租赁物受到损耗的，属于正常损耗，不承担损害赔偿责任。承租人不按照约定方法或者不按照租赁物性质使用，致使租赁物受到损耗的，为承租人违约，出租人可以解除合同并要求赔偿损失。

（3）妥善保管租赁物。承租人应当以善良管理人的注意妥善保管租赁物，未尽妥善保管义务，造成租赁物毁损灭失的，应当承担损害赔偿责任。

（4）不得擅自改善和增设他物。承租人经出租人同意，可以对租赁物进行改善和增设他物。承租人未经出租人同意对租赁物进行改善和增设他物的，出租人可以请求承租人恢复原状或者赔偿损失。

（5）通知义务。租赁关系存续期间，出现以下情形之一的，承租人应当及时通知出租人：①租赁物有修理、防止危害的必要；②其他依照诚实信用原则应当通知的事由。承租人怠于通知，致使出租人不能及时救济而受到损害的，承租人应当负赔偿责任。

（6）返还租赁物。租赁合同终止时，承租人应当将租赁物返还出租人。逾期不返还，

即构成违约，须给付违约金或者逾期租金。经出租人同意对租赁物进行改善和增设他物的，承租人可以请求出租人偿还租赁物增值部分的费用。

3. 转租与租赁物转让

（1）转租。经出租人同意承租人可以转租租赁物。转租与债的转移不同，转租期间，承租人与出租人的租赁合同继续有效，第三人不履行对租赁物妥善保管义务造成损失的，由承租人向出租人负赔偿责任。承租人未经同意而转租的，出租人可以终止合同。

（2）租赁物转让。租赁期间转让租赁物的，承租人享有两项特殊权利：一是租赁物在租赁期间发生所有权变动的，不影响租赁合同的效力。租赁合同有效期间，租赁物因买卖、继承等使租赁物所有权发生变更的，租赁合同对新所有权人仍然有效，新所有权人不履行租赁义务时，承租人能够以租赁权对抗新所有权人，即"买卖不破租赁"。二是出租人出卖租赁物的，应当在出卖之前的合理期限内通知承租人，承租人享有同等条件下优先购买的权利。

资料补给站

签订租赁合同时应注意以下问题：
（1）根据正式签约前的资信调查，选择签约对象。
（2）价格谈判要货比三家，做到心中有数。
（3）事先拟订防止纠纷发生的特别条款，包括装运、调试条款，诉讼或者仲裁方式的争议解决条款，承租人不得中途解约条款，对出租人免责和对承租人保障的条款，租赁设备的所有权条款，第三者责任条款，转租赁条款，租赁债权的转让和抵押条款，风险负担条款，等等。

单元四 配送合同

引导案例

2022年2月20日，天津大发公司（以下简称"大发公司"）与李×明签署"天津大发公司国内国际快递合作协议书"，该协议约定大发公司为李×明提供快递配送业务。协议履行期间共配送货物520件，因李×明始终未履行付款义务，大发公司诉至法院，要求李×明支付配送费用。案件审理期间，李×明诉至天津市津南区人民法院，称大发公司将其货物丢失，经法院判决书确定，大发公司丢失货物301件，成功送达货物219件。依照双方协议约定，每件货物配送费为8元，李×明应支付大发公司快递配送费1752元，但李×明未予支付。

大发公司的诉讼请求为：李×明支付大发公司快递配送费1752元及违约金（自本案立案之日起至实际支付之日止，以1752元为本金，按照每日1%的标准计算）；诉讼费用由被告李×明承担。

思考 大发公司的诉讼请求能否得到支持？请说明理由。

一、配送合同的概念、特征和种类

（一）配送合同的概念

配送合同是配送人根据用户需要为用户配送商品，用户支付配送费的合同。用户是配送活动的需求者，配送人是配送活动的提供者。

作为配送活动需求者的用户，既可能是销售合同中的卖方，也可能是买方，甚至可能是与卖方和买方签订了综合物流服务合同的物流企业。这类综合物流企业与卖方和买方签订综合物流服务合同后，由于自身不拥有配送中心，需要将配送业务外包给其他具有配送中心的物流企业，因而成为配送的需求者，即用户。

作为配送活动的提供者的配送人，既可能是销售合同中的卖方，也可能是独立于买卖双方的第三方物流企业。自身不拥有配送中心的综合物流企业，虽然相对于与之签订配送合同为其提供配送服务的其他拥有配送中心的物流企业而言，是配送服务的需求者；但相对于与之签订综合物流服务合同的买方和卖方而言，为配送服务的提供者。

（二）配送合同的特征

（1）配送合同在一定情况下包含销售合同的某些特点，但配送合同并不是单纯的销售合同。在销售配送合同中，配送人出售商品的同时，还为用户提供配货、加工、送货等专门的配送服务，因此在配送人所收取的配送费用中，不仅仅包括商品的价款，还包括因提供配送服务而收取的配送服务费。

（2）配送合同具有仓储合同的某些特点，但配送合同不是单纯的仓储合同。仓储和保管的内容仅仅是配送合同中的一部分，仓储和保管的内容必须与其他合同的内容相结合，才能构成配送合同。因此，配送合同也不是单纯的仓储合同。

（3）配送合同具有货物运输合同的某些特点，但是配送合同不是单纯的货物运输合同。运输仅仅是这一系列活动中的一个环节，而不是所有内容，即使运输在配送中占有极为重要的位置，但其仍不能包括配送的全过程。因此，不能简单地将配送合同定性为运输合同。

（4）配送合同具有承揽合同的某些特点，但不是单纯的承揽合同。出于增加货物的附加值等目的，配送合同中常约定由配送人在货物送达用户指定地点之前对所配送的货物按照用户的要求进行一定的加工。由此可见，配送合同具有承揽合同的某些特点，但是配送过程中存在所有权的转移，而在承揽合同中标的物的所有权是不发生转移的。因此，配送合同并不是单纯的承揽合同。

（5）配送合同在一定情形下具有委托合同的某些特点，但配送合同不是单纯的委托合同。配送合同是以为用户处理物品配送事务为目的的合同，用户可能会在一定程度上授权配送人为其处理一定事务，如按用户要求代为进行货物采购等，在这种情形下，配送合同具有委托合同的某些特点。但是，由于配送包括一系列的活动，因此用户并不会授权配送人处理所有的事务，配送合同也不允许配送人仅为代理事务而完全不提供配送服务。因此，配送合同不是单纯的委托合同。

（三）配送合同的种类

1. 配送服务合同

配送服务合同是指配送人接收用户的货物，予以保管，并按用户的要求对货物进行拣选、加工、包装、分割、组配作业后，最后在指定时间送至用户指定地点，由用户支付配送服务费的合同。

配送服务合同是一种单纯的提供配送服务的合同，双方当事人仅就货物的交接、配货、运送的事项规定各自的权利与义务，不涉及货物所有权。在配送服务实施过程中，货物所有权不发生转移，自始至终均属于用户所有，只发生货物物理位置的转移和物理形态的变化。配送人不能获得商品销售的收入，仅因提供了存储、加工、运送等服务而获得服务费收益。

2. 销售配送合同

销售配送合同是指配送人在将货物所有权转移给用户的同时，为用户提供配送服务，由用户支付配送费（包括标的物价款和配送服务费）的合同。

（1）销售企业与买受人签订的销售配送合同。在销售配送及销售供应一体化配送中，销售企业与买受人签订的合同就是销售配送合同。销售企业出于促销目的，在向用户出售商品的同时，又向买受人承诺提供配送服务。

（2）物流企业与用户签订的销售配送合同。这是一种商流合一的配送服务形式。在物流企业与用户签订的配送合同中，除约定物流企业的配货、送货等流通服务义务外，还约定物流企业应负责订货、购货。具体地说，就是由用户将自己需要的产品型号、种类、各部件的要求、规格、颜色、数量等信息提供给物流企业，由物流企业负责按此订货、购货（包括原材料、零部件等）、配货及送货。

二、配送合同的内容

不管配送合同的种类如何繁多，配送合同的主要内容都是大致不变的。配送合同的内容是合同双方当事人约定明确配送人和客户权利义务关系的主要依据，一般包括以下内容：

（1）双方当事人。

（2）配送物。

（3）配送服务项目。

（4）当事人的权利和义务。

（5）配送费。

（6）合同的期限。

（7）不可抗力和免责条款。

（8）违约责任。

（9）合同解除的条款。

（10）纠纷处理。双方当事人发生纠纷时，解决的办法有协商、调解、诉讼或仲裁。

（11）其他特别约定。

三、配送合同当事人的权利和义务

（一）配送人的权利

（1）收取配送费。配送人有权要求客户支付配送费，这是配送人在合同中最主要的权利，也是订立配送合同的目的所在。

（2）有权要求客户提供配送货物的权利。在配送服务合同中，客户要求配送人配送的货物都是由客户提供时，配送人有权要求客户按约定提供原始货物，如果客户没有按约定提供，以至于配送人没有按期送货的，配送人无须承担责任。

（3）要求客户按时收货的权利。配送人按约定将配送物送达指定地点时，客户应及时接收货物并办理货物交接手续。客户迟延接收货物造成配送人受损时，应承担赔偿责任。

（4）要求客户告知的权利。客户应及时告知配送人配送货物的性质、是否是危险品等信息，这样配送人就可采用适当的工具和办法去处理所配送货物。由于客户没有及时通知货物性质的，造成损失时配送人不用承担责任。

（二）配送人的义务

（1）配送人应选择合适的配送方式。配送人应采用合适的运输工具、搬运工具、作业工具，并根据客户的要求提出合适的配送方案，减少客户的成本，并保证配送活动过程的安全和及时。

（2）配送人应按客户的要求提供服务。配送是把货物按客户希望并要求的形态送达指定地点。因此，配送人应保证物品的色彩、大小、形状、重量以及包装等都应符合客户的要求，否则，给客户造成损失的，应承担责任。

（3）配送人应提供配送单证。配送人在送货时应向收货人提供配送单证。配送单证应一式两联，详细列明配送物品的信息，收货人签署后配送人和收货人各持一联。

（4）告知义务。配送人在履行配送活动过程中，应将物品的情况定期向客户汇报，并对可能影响客户利益的情况及时告知客户，以便及时采取适当的措施防止或减少损失的发生。

（三）客户的权利和义务

客户的权利和义务与配送人的义务和权利相对应。

1. 客户的权利

（1）享有安全、及时配送服务的权利。

（2）签收配送单证的权利。

（3）对物品现状知情的权利。

2. 客户的义务

（1）支付配送费，及时向配送人提供所需配送的货物的义务。

（2）及时收取配送物品的义务。

（3）告知物品性质的义务。

职业素养小讲堂

"绿水青山就是金山银山",我们要与自然和谐共生,要实现绿色物流,需要从物流各个环节,特别是配送环节,贯彻节能环保理念。绿色配送是指通过选择合理运输路线,有效利用车辆,科学配装,提高运输效率,降低物流成本和资源消耗,并降低尾气排放。

它包括配送作业环节和配送运输管理全过程的绿色化。从配送运输管理过程来看,主要是从环境保护和节约资源的目标出发,实现配送运输全过程的绿色化。

为实现绿色配送运输,使降低成本成为企业的"第三利润源",需要调整和优化配送运输网络,使用高效的车辆调度指挥系统,结合合理的配送运输路线优化方法,及时处理在配送运输过程中因高耗能造成的资源浪费问题。

实现配送系统的整体最优化和对环境的最低损害,将有利于企业配送管理水平的提高,保护环境和可持续发展,对于经济社会的发展意义重大。

复习思考题

一、选择题

1. 仓储合同成立后,(   )。
   A. 保管人负给付义务 B. 存货人负给付义务
   C. 保管人和存货人均不负给付义务 D. 保管人和存货人均负给付义务

2. 配送人在将物品所有权转移给用户的同时,为用户提供配送服务,由用户支付配送费用(包括标的物价款和配送服务费)的合同是指(   )。
   A. 配送服务合同 B. 销售配送合同
   C. 普通配送合同 D. 以上答案都不对

3. 保管合同的索赔时效一般为(   )。
   A. 1年 B. 2年 C. 3年 D. 4年

4. (   )是一种单纯的提供配送服务的合同,双方当事人仅就货物的交接、配货、运送等事项规定各自的权利和义务,不涉及货物所有权。
   A. 配送服务合同 B. 销售配送合同
   C. 配送合同 D. 配送仓储合同

5. 关于租赁合同的性质下列说法正确的是(   )。
   A. 租赁合同是实践性合同
   B. 租赁合同是有偿合同
   C. 租赁合同是单务合同
   D. 租赁合同是一种不具有确定期限的合同

二、简答题

1. 简述仓储合同当事人的权利与义务。
2. 简述仓单的法律性质和内容。
3. 简述配送合同的概念、种类和主要内容。
4. 简述物流企业在配送服务合同中的权利和义务。

三、案例分析题

1. 上海某公司到湖南收购了一批干辣椒，价值 8 万元，准备用于出口。因收购时没有组织好运输，故在当地与湖南某储运公司签订了一份仓储合同，约定上海公司将该批干辣椒在湖南储运公司仓库存放 7 天（5 月 10 日至 16 日），待上海公司派车前来运输。上海公司支付了仓储费后即回去组织车辆前来运输。没想到从 5 月 11 日开始，湖南连下暴雨，由于仓库年久失修，暴雨形成的积水将库存货物严重浸湿，等上海公司前来提货时，辣椒已变质。湖南储运公司以遭受不可抗力为由拒绝进行赔偿。

请问：本案中的暴雨是否构成不可抗力？请说明理由。

2. 某食品公司与某物流配送公司签订了一份长期食品配送合同。一日，物流配送公司接到食品公司的指示，将一批食品送往超市。物流配送公司用自有车队运输，在运输的途中汽车突然起火，将部分食品烧毁。事后调查，起火原因是汽车的问题出现自燃。食品公司于是向物流配送公司要求赔偿损失。

请问：配送公司是否应该赔偿食品公司的经济损失？为什么？

模块六
货物流通加工与包装法律制度

学习目标

知识目标

○ 了解流通加工的概念与作用,以及流通加工的类型,掌握承揽合同的内容;了解包装在物流中的作用,掌握普通货物包装的基本要求,特别是《国际海运危险货物规则》中对于危险货物包装的基本要求。

能力目标

○ 能根据流通加工和物流包装相关法律规范知识,分析简单的案例;具备体系化思维能力、合同法律风险防范和化解的实践操作能力;能根据包装行业相关的法律法规要求,结合货物的性质,选择恰当的商品包装。

素质目标

○ 培养学生的契约意识和诚信意识,树立社会主义核心价值观,增强法律意识和法律素养;通过学习包装的法律法规知识,培养学生的低碳物流和绿色物流意识。

单元一　流通加工法律规范

📖 引导案例

2021年12月28日，某商厦与A制鞋厂签订皮鞋加工合同，用于春季的皮鞋销售。合同规定：商厦为定作人，由商厦提供皮鞋的样式、用料，A制鞋厂负责加工，每双30元，质量应与商厦提供的样品相符。所加工的皮鞋可以分批交付，但必须自签订合同之日起3个月内即于2022年3月28日完成交付。

在履行该协议过程中，商厦被告知制作皮鞋时出现个别质量问题，造成了交货时限的延长。针对出现的质量问题，双方于2022年1月28日达成补充协议，将交货期限延长到2022年5月底，并规定了相应的违约责任。

2022年4月，A制鞋厂未经商厦同意而擅自将加工的皮鞋2 000双以每双20元的价格转给B制鞋厂进行加工。合同履行期届满时，A制鞋厂有500双皮鞋未按时交货，原因是B制鞋厂未完成转加工任务。此时商厦才得知转加工一事。商厦起诉A制鞋厂，要求其承担违约责任。

 思考
1. 在本案例中，商厦与A制鞋厂属于什么类型的法律纠纷？
2. A制鞋厂将皮鞋转给B制鞋厂进行加工属于什么行为？企业在与商业伙伴开展业务中应遵守什么原则？

一、流通加工的概念和种类

流通加工是现代物流系统构架中的重要结构之一。流通加工在现代物流系统中主要担负的任务是提高物流系统对用户的服务水平。此外，流通加工对于物流系统而言还有提高物流效率和使物流活动增值的作用。

流通加工的地位和类型

（一）流通加工的概念

流通加工（Distribution Processing）是指物品在从生产地到使用地的过程中，根据需要进行包装、分割、计量、分拣、刷标志、拴标签、组装等简单作业的总称。

加工是通过改变物品的形态或性质来创造价值，属于生产活动；流通则是改变物品的空间状态，并不改变物品的形态或性质。而流通加工处于不易区分生产还是流通的中间领域，不改变商品的基本形态和功能，只是完善商品的使用功能，提高商品的附加价值，同时提高物流系统的效率。

流通加工在流通中和流通总体一样起"桥梁和纽带"作用。流通加工是在物品从生产领域向消费领域流动的过程中，为了促进销售、维护产品质量和提高物流效率，对物品进行加工，使物品发生物理、化学或形状的变化。

（二）流通加工的种类

流通加工的种类很多，为了充分体现流通加工对物流服务功能的增强，我们可以把流通加工分为以下几种：

1. 延续性的流通加工

作为生产加工后续作业的流通加工即属于延续性的流通加工。延续性的流通加工是为了弥补生产领域内的加工作业不足而组织和安排的，从某种意义上说，它是生产加工的延续和深化。

2. 服务性的流通加工

为了提高生产效率和效益，满足需求多样化的要求，在工艺方面，尽量缩短生产流程，集中精力从事较复杂的技术性较强的劳动。在流通实践中，许多专业性的流通企业按照生产工艺要求加工生产资料，也有的流通企业从方便消费出发，则对粮、油、副食品等生活资料进行加工。像这类流通加工，带有明显的服务性质，属于服务性的流通加工。

3. 促进销售的流通加工

在商品流通实践中，加工产品的结果，或者起到保护流通对象的作用，或者起到加速实现流通对象的价值和使用价值的作用。这种立足于促进流通职能的实现，服务于流通自身的加工活动（或加工作业），属于促进销售的流通加工。

4. 为提高原材料利用率和加工效率的流通加工

流通加工以集中加工的形式，既能解决单个企业加工效率不高的弊病，使单个企业简化生产环节，提高生产水平；又能利用其综合性强、用户多的特点，采用合理规划、集中下料的办法，提高原材料的利用率。

5. 衔接不同运输方式，使物流合理化的流通加工

在干线运输及支线运输的节点设置流通加工环节，可以有效地解决大批量、低成本、长距离干线运输与多品种、少批量、多批次末端运输以及集货运输之间的衔接问题。

6. 生产—流通一体化的流通加工

依靠生产企业与流通企业的联合，或者生产企业涉足流通领域，或者流通企业向生产领域延伸，形成对生产与流通加工合理分工、合理规划、合理组织、统筹进行。生产与流通加工相结合的统一安排，是目前流通加工领域的新形式。

二、承揽合同的概念和特征

1. 承揽合同的概念

承揽合同是指承揽人按照定作人的要求完成工作并交付工作成果，定作人给付报酬的合同。在承揽合同中，完成工作并交付工作成果的一方当事人称为承揽人，接受该工作成果并支付报酬的一方当事人称为定作人。

2. 承揽合同的特征

（1）以承揽人完成约定工作为目的。定作人订立合同的目的，是取得承揽人按照约定完成的工作成果。定作人追求的目标是承揽人所完成的工作成果。离开了工作成果，承揽工作就失去了意义。

（2）标的具有特定性。承揽合同是以完成一定的工作为目的的合同，该工作是按照定作人的特定要求来设定的。

（3）承揽人以自己的设备、技术和能力完成工作并承担工作中的风险。承揽人接受定作人的委托，应当严格按照定作人的要求完成工作并按期交付工作成果，未经定作人许可，承揽人不得将接受的工作另行移转给他人完成。同时，承揽人在完成工作过程中，对自己占有和管理之下的物品所发生的意外风险应承担法律责任。

（4）承揽合同是诺成、不要式、双务有偿合同。

三、承揽合同的种类

承揽合同主要分为加工合同、定作合同、修缮合同、劳务合同、印刷合同、广告合同，以及其他承揽合同。

1. 加工合同

加工合同是承揽人按照定作人的要求，使用定作人提供的原材料为定作人加工特定产品，定作人接受工作成果并支付报酬的协议。加工合同是当前经济生活中适用比较广泛的合同，是最为常见的承揽合同之一，如来料加工合同、服装加工合同。其特点为定作人提供全部或大部分原材料，承揽人收取的报酬基本为加工费。

2. 定作合同

定作合同是承揽人按照定作人的要求，利用自己的原材料为定作人加工特定的产品，定作人给付相应价款的协议，如食品加工合同等。

定作合同与加工合同的区别在于，加工合同中完成工作所需的原材料全部或大部分由定作人提供，而定作合同中完成工作所需的原材料全部由承揽人提供。

3. 修缮合同

修缮合同是指承揽方按照定作方的要求，为其修缮房屋、维修机器设备和其他修理工作，并向定作方收取相应报酬的协议。

4. 劳务合同

劳务合同是指承揽方根据定作方的委托而为其提供劳动服务，并向对方收取相应报酬的协议。承揽方提供的劳务既可以是脑力劳动服务，如设计、测试、测绘、翻译书刊资料等；也可以是体力劳动服务，如打扫卫生等。

5. 印刷合同

印刷合同是印刷方按照出版方的要求，为其完成书刊印刷工作，并收取出版方相应报酬的协议。

6. 广告合同

广告合同是广告专营单位或兼营单位为刊户完成一定的广告宣传工作，并取得刊户相应报酬的协议。

7. 其他承揽合同

承揽合同除上述列举的合同以外，还有修理、测试、装配、包装、装修、印染、复制、化验、翻译、出版等合同，不再一一介绍。

四、承揽合同的主要内容

合同内容是指合同双方当事人协商一致的、在合同中加以确定的权利和义务的条款。《民法典》第七百七十一条的规定，承揽合同的内容一般包括承揽的合同标的、数量、质量、报酬，承揽方式，材料的提供，履行期限，验收标准和验收方法等条款。

1. 合同标的条款

合同标的是合同法律关系的客体，是合同当事人权利和义务共同指向的对象。标的是合同成立的必要条件，没有标的，合同不能成立。标的条款必须清楚地写明标的名称，以使标的特定化，从而能够界定权利和义务。

2. 数量条款

承揽合同中的数量，是在承揽合同中以数字和计量单位衡量定做物的尺度。承揽合同必须写明完成的定做物的数量要求，以及标准的计量单位。

3. 质量条款

承揽合同中，工作成果的质量是指在正常使用条件下，该工作成果能够满足合理使用用途所必须具备的物质、技术和其他社会特征和特性的总和。

对于定做物的质量，如果有国家、行业标准的，双方当事人应按相应的标准执行；没有国家、行业标准的，可按企业标准执行。上述标准都没有的，定作人应当提供样品、模型或者设计图样，由双方协商确定标准。属于非标准化的定做物，定作人也必须提出明确的技术要求或者提供图样资料和样品。对于样品，双方当事人应共同封存，并妥善保管，以作为将来承揽人交付定做物的品质依据。

4. 报酬条款

报酬条款是承揽合同的必备条款，因为承揽合同是有偿合同。报酬条款应当在合同中明确约定报酬的金额、货币种类、支付期限、支付方式等。报酬是指定作人按合同规定向承揽人支付的酬金。承揽合同中的价款是指材料费和加工费的总和，而酬金仅指加工费。在承揽合同中，定作合同、复制合同等通常以价款的形式支付报酬；加工合同、修理合同、测试合同等以酬金的形式支付报酬的居多。

5. 承揽方式条款

承揽方式条款是承揽合同应当明确的内容。承揽合同的承揽方式就是指定做物的交付方式，表现为是一次性交付还是分期分批交付，是定作人自提还是承揽人送货等。

6. 材料提供条款

材料提供条款应该明确承揽业务中所需的原材料的全部或部分由哪一方提供，并明确提供材料的时间、地点、材料的数量和质量等。如果当事人未约定由哪一方提供材料或者约定不明的，当事人可以补充协议；不能达成补充协议的，按照合同有关条款或者交易习惯确定；仍不能确定的，一般由承揽人提供，承揽人根据定作人对工作的要求和合同性质，合理地按质按量选用材料，定作人应当支付材料费。

7. 履行期限条款

履行期限条款包括定作人提供材料和技术资料、验收工作成果、接受工作成果和支付报酬的期限，也包括承揽人验收定作人提供的材料、交付工作成果的期限等。履行期限届满，没有完成履行义务的一方要承担违约责任。实际生活中，履行期限往往主要是指承揽人完成工作并交付工作成果的期限。

8. 验收标准和验收方法条款

验收标准和验收方法条款关系着承揽人完成的工作成果是否达到定作人的要求，也是衡量承揽人工作质量的标准。验收标准用来确定承揽人交付的工作成果是否达到定作人所要求的质量技术水平，而验收方法则是进行验收的具体做法。验收标准和验收方法关系到工作成果的实用性与安全性，关系到风险责任的转移以及定作人合法权益的保护。因此，承揽合同必须明确规定交付工作成果的验收标准和验收方法，不得随意交付。

> **课内小案例**
>
> 2022年1月18日，海莱依服装加工公司与黄某签订服装加工合同，要求黄某按照公司设计制作一批羊绒大衣。2022年2月14日，海莱依服装加工公司支付黄某部分加工费。2022年3月18日，黄某完成工作并交付。海莱依服装加工公司验收合格后，但仍以各种理由拖欠黄某大额加工费未支付。2022年5月18日，黄某将海莱依服装加工公司告上法庭。
>
> 法院判决海莱依服装加工公司偿还拖欠的加工费及因此产生的利息并承担本案诉讼费用；未按期履行义务的，还应当加倍支付迟延履行期间的债务利息。
>
> **问题：** 本案例中海莱依服装加工公司的违约行为体现在哪里？

五、承揽人的主要权利和义务

（一）承揽人的主要权利

在承揽合同中，承揽人的主要权利为收益权和留置权。按照合同的约定，承揽人有权向定作人收取加工报酬和有关原材料的费用。定作人往往是在承揽人交付工作成果时才支付报酬。

《民法典》第七百八十三条规定，定作人未向承揽人支付报酬或者材料费等价款的，承揽人对完成的工作成果享有留置权或者有权拒绝交付，但是当事人另有约定的除外。承揽人行使留置权时，用于留置的财产必须是承揽人基于承揽合同而合法占有的属于定作人的工作成果、材料以及其他财产。留置财产的前提是定作人不支付合同约定的报酬或者材料费等价款。留置的目的是促使定作人支付约定的上述款项。

（二）承揽人的主要义务

完成承揽合同规定的工作是承揽人的基本义务，也是承揽合同追求的交付工作成果这一目的的必要前提。承揽人的主要义务具体表现为以下几点：

1. 按照合同的约定完成主要工作

承揽人应按合同的约定，按照定作人要求的时间、数量、质量和技术条件等完成承揽工作，而且不经定作人的同意不得擅自变更其承揽内容。

2. 承揽人应当亲自完成主要工作

《民法典》第七百七十二条规定，承揽人应当以自己的设备、技术和劳力，完成主要工作，但是当事人另有约定的除外。"亲自完成"是承揽人的重要义务，可以是完成全部工作，也可以是完成主要工作。通常"主要工作"可以从两个方面界定：①完成了决定定做物质量部分的工作；②完成了大部分或者绝大部分数量的工作。

3. 承揽人应按时交付已完成的工作成果

交付工作成果是承揽人履行的义务，是承揽合同双方当事人的目的得以实现的基本条件。

交付工作成果是指对工作成果占有的转移以及伴随该占有转移而发生的所有权的转移。如果工作成果所需的材料主要或者完全由定作人提供，则工作成果的所有权自然归定作人享有，承揽人交付工作成果仅是完成对工作成果占有的转移；相反，工作成果的所有权归承揽人享有时，承揽人交付工作成果不仅是对工作成果占有的转移，同时也转移了工作成果的所有权。

4. 承揽人在工作中应接受定作人的监督检查

为保证承揽人严格按照定作人提出的要求完成承揽工作，我国《民法典》第七百七十九条规定，承揽人在工作期间，应当接受定作人必要的监督检验，定作人不得因监督检验妨碍承揽人的正常工作。如果超出此限，则应对所造成的损失负责，对此，当事人可在合同中对定作人检查的时间、方式、次数做出详细规定。

5. 妥善保管定作人提供的材料及完成的工作成果

当完成工作成果的材料由定作人提供，以及当完成的工作成果尚未交付给定作人时，依据我国《民法典》第七百八十四条规定，承揽人应当妥善保管定作人提供的材料以及完成的工作成果，因保管不善造成毁损、灭失的，应当承担赔偿责任。

6. 通知义务

通知义务的法律依据是我国《民法典》第七百七十五条和第七百七十六条。这些规定明确了承揽人在合同中应履行的通知义务有两项。

（1）承揽人应当履行检验、通知义务。这是指对定作人提供的材料的检验，如果发现不符合约定，承揽人应当及时通知定作人采取更换、补齐或者其他补救措施。

（2）承揽人原则上应按定作人提供的图样或提出的技术要求来完成承揽工作。但如果承揽人在工作期间确有根据认为定作人提供的图样或技术要求不合理，如继续照此图样或技术要求定作可能会造成不必要的浪费和损失，则承揽人应立即通知定作人，要求其修改。如定作人未在规定期限内答复，承揽人不得擅自更改图样和技术要求，但有权停止承揽工作，并将情况通知定作人，因停工造成的损失，由定作人负责赔偿。

7. 保密义务

承揽人在完成工作的过程中，因工作关系可能会接触定作人的一些秘密，依据我国《民法典》第七百八十五条，承揽人应当按照定作人的要求保守秘密，未经定作人许可，不得留存复制品或者技术资料。

六、定作人的主要权利和义务

1. 定作人的权利

定作人的权利是与承揽人的义务相对应的，定作人的权利主要有按合同约定受领工作成果的权利、对交付的工作成果按约定验收的权利和对承揽人进行必要监督的权利。

2. 定作人的义务

（1）按约定提供材料、设计图样或技术资料的义务。根据《民法典》第七百七十五条的规定，定作人提供材料的，应当按照约定提供材料。承揽人对定作人提供的材料应当及时检验，发现不符合约定时，应当及时通知定作人更换、补齐或者采取其他补救措施。承揽人不得擅自更换定作人提供的材料，不得更换不需要修理的零部件。

（2）协助义务。承揽人有时需要定作人的协助才能完成承揽工作。此时，定作人的协助就成为承揽人完成工作的必要条件。

1）根据承揽工作的性质，需要定作人协助的，定作人有协助的义务。

2）定作人不履行协助义务，会拖延承揽工作的进行，承揽人有权利催告定作人在合理期限内履行协助义务，并且可以使履行期限随之顺延。如果定作人逾期不履行协助义务，会严重影响承揽工作的顺利进行，属于违约行为，承揽人可因此而解除合同。

（3）支付报酬的义务。支付报酬是定作人最主要的义务，也是承揽人最主要的权利。对支付报酬的期限没有约定或者约定不明确，定作人应当在承揽人交付工作成果时支付；工作成果部分交付的，定作人应当相应支付。

（4）验收义务。定作人应在承揽人交付工作成果后及时验收，如在合同规定的验收期限内未对定做物或项目的质量提出异议，视为定作人已接受合格的定做物或项目。

> **资料补给站**
>
> 我国《民法典》中有关加工承揽的规定非常详细,其中需要注意的是定作人有任意解除权,承揽人要多与定作人沟通,严格按照定作人的要求完成。
>
> 《民法典》第七百八十七条规定,定作人在承揽人完成工作前可以随时解除合同,造成承揽人损失的,应当赔偿损失。

七、承揽合同的违约责任

(一)承揽人的违约责任

(1)承揽人交付的工作成果不符合质量要求的,定作人可以要求承揽人承担修理、重做、减少报酬、赔偿损失等违约责任。

(2)承揽人交付的定做物或者完成工作的数量不足合同约定的,承揽人应当按约定的数量补足,逾期补足的部分按逾期交货处理。

(3)未按合同规定包装定做物,需返修或重新包装的,承揽人应当负责返修或重新包装,并承担因此而支付的费用。

(4)逾期交付定做物,应当按照合同规定,向定作方偿付违约金;如合同中没做具体规定的,应当比照中国人民银行有关延期付款的规定,按逾期交付部分的价款总额计算,向定作方偿付违约金;以酬金计算的,每逾期一天,按逾期交付部分的酬金总额的1‰偿付违约金。

(5)除上述四个违约责任外,定作人可以根据合同约定要求承揽人承担其他的违约责任,如合同中约定的违约金,承揽人应当支付违约金。承揽人按约定向定作人支付定金的,工作成果不符合质量标准的,定作人有权不返还定金。定作人向承揽人支付定金的,工作成果不符合质量标准的,定作人有权要求承揽人双倍返还所付的定金。

(二)定作人的违约责任

(1)解除合同的责任。定作人在承揽合同履行完毕之前的任何时候,都可以解除合同,但造成承揽人损失的,必须赔偿损失。

(2)逾期付款的责任。定作人未向承揽人支付报酬或者材料等价款的,承揽人对完成的工作成果享有留置权。如果定作人没有在合理期限内支付报酬或价款,承揽人可以变卖工作成果,用所得价款扣除其应得的报酬或价款。定作人还应比照中国人民银行有关延期付款的规定向承揽人偿付违约金;以酬金计算的,每逾期一天,按酬金总额的1‰偿付违约金。

(3)中途变更工作要求的责任。定作人中途变更承揽工作的要求,给承揽人造成损失的,应当赔偿损失。定作人中途变更承揽工作的要求包括数量、规格、质量或设计等。同时,定作人变更合同约定的工作成果交付地点或接收单位,并因此使承揽人多支出费用的,应由定作人承担。

(4)未按合同约定提供材料的责任。由定作人提供材料的,定作人应当按照约定提供材料。如果定作人所提供的材料不符合合同约定的,定作人应当负责更换、补齐或者采取补救措施，并应赔偿因此给承揽人造成的损失。

（5）未如期接受工作成果的责任。定作人应按照合同约定的时间接受工作成果，否则，就应承担相应的责任。定作人除应当按照中国人民银行有关延期付款规定偿付违约金外，还应当承担承揽人对该工作成果所实际支付的保管费、保养费。如果该项工作成果是由运输部门代运的，定作人还应当赔偿承揽人由此产生的损失和运输部门的罚款。

> **资料补给站**
>
> 违约责任是绝大多数合同的主要内容，承揽合同自然也应当在合同内容中约定违约责任的承担，明确损害赔偿的责任承担方式、计算方法或数额等，以便在发生纠纷时可作为解决纠纷的依据。

八、承揽合同的终止

承揽合同的终止是指承揽合同中所规定的权利义务关系的消灭。依据我国《民法典》的有关规定，承揽合同的终止可以归纳为以下原因：

（1）因合同解除而终止。具体包括：①定作人的任意解除权。定作人在承揽人完成工作前可以随时解除承揽合同，造成承揽人损失的，应当赔偿损失；②承揽合同因当事人一方严重违约而解除。

（2）因承揽人死亡或丧失完成工作的能力而终止。

（3）因定作人死亡且其继承人不需要该项工作成果而终止。如定作人死亡后，定作人的继承人仍需要承揽人从事承揽工作并要求交付工作成果的，则承揽人应继续完成约定的承揽工作并负责交付工作成果。

（4）因承揽人或定作人被宣告破产而终止。这一终止条件是指承揽人和定作人是法人的情形。终止承揽合同的履行，未受破产宣告的一方当事人可以通过申报债权或登记债务来参与破产财产的分配与清偿，从而保护其合法权益不受侵害。

> **职业素养小讲堂**
>
> 一诺千金，重在履行
>
> **1．诚信原则**
>
> 无论什么时候，我们都应该弘扬诚信文化、遵守诚信原则，根据合同的性质、目的和交易习惯履行通知、协助和保密等义务。
>
> **2．全面履行原则**
>
> 当事人应该全面履行自己的义务。当事人应当按照合同约定的标的、数量、质量、价款、履行期限、地点和方式等要求，正确履行自己的合同义务。
>
> **3．协作履行原则**
>
> 当事人履行合同义务时，对方当事人应当积极配合。
>
> **4．绿色原则**
>
> 当事人在履行合同过程中，应当避免浪费资源、污染环境和破坏生态。

单元二 包装法律规范

引导案例

2022年1月，A公司为其生产、销售的饮用水系列产品的瓶体、瓶贴设计申请了专利保护。A公司亦通过多种渠道对其产品进行宣传推广，并获得多项包装设计荣誉。2023年3月，王某委托B公司生产瓶体、口封、瓶贴，与A公司上述饮用水系列产品的包装设计构成近似。A公司诉至法院请求判令王某、B公司等停止侵权并赔偿经济损失。

 1. 本案例中王某及B公司是否违反了《中华人民共和国反不正当竞争法》？
2. 绿色包装的重要性有哪些？如何在实际生活中减少包装的浪费？

一、包装的概念与分类

（一）包装的概念

包装是指在物流过程中为保护产品、便于储运、促进销售，按照一定技术方法以及相关规定，采用容器、材料及辅助物等物品包封，并予以适当装潢和添加标志的工作总称。简言之，包装是包装物及包装操作的总称。

物流过程中能否实现商品的使用价值，与包装的功能密切相关。包装作为生产的最后一道工序，标志着生产的完成，因此必须满足生产的要求。包装作为物流的始点，产品包装完成后应具有物流的能力，在整个物流过程中，要发挥对产品的保护作用。

（二）包装的分类

包装与物流的关系比与生产的关系更密切，作为物流始点的意义比作为生产终点的意义更重要。包装按照其作用可分为运输包装和销售包装两种。

1. 运输包装

运输包装又称为工业包装，主要是为了保护商品在流通过程中不受外力的作用或环境影响而损坏，同时便于运输与储存时的交接计数、堆码、搬运以及合理积载。运输包装可以是单件包装，也可以是集合包装。

（1）单件包装。在运输的过程中，单件包装是指可以作为一个计件单位的商品包装，常见的有箱、桶、袋等。

（2）集合包装。即若干单件组合成一件大包装，常见的有集装箱、托盘。还有一种集装袋，适用于装运水泥、化肥、食糖、粮食等，既可保护货物，又可极大地提高装卸速度。国际上通用的金属集装箱有统一的规格，分通用型和专用型两类，前者用于运输一般货物，后者则用于装运液体货物、冷藏货物、牲畜、水果、车辆等。

普通货物的包装法律规范

2. 销售包装

销售包装通常称为内包装，也称为商业包装，它不仅可以保护商品，更重要的是起着美化、宣传、介绍、完善商品的作用。销售包装还可分为中包装和小包装两种。中包装又称为批发包装，多按国际市场的习惯或需要而定。小包装又称为零售包装，要求便于陈列、展销、选购和使用。

二、物流包装的要求

（一）包装的一般性要求

1. 包装应符合货物性能的要求

由于各类货物的外形、内在性质不同，要求采用不同的包装方式和包装材料。例如：对于腐蚀性强的货物，应采用抗腐蚀能力强的包装材料；对于怕震动、易碎的货物，应采用富有弹性的、内加松软衬垫的包装材料；对于液体货物，需采用密闭、牢固的包装材料。

2. 包装应满足物流各个环节的要求

货物在流通过程中往往要经过多次的搬运、堆码和装卸，因此货物的包装应适应这些环节的操作要求和条件。例如：货物的包装应使装卸、搬运设备的效能得到充分的发挥，使库场和运输工具的容量得到充分的利用，并能满足装卸、搬运对货物包装强度的要求。

3. 包装应符合国际市场销售和消费的习惯

随着我国国际贸易和跨境电子商务的不断发展，货物的出口量进一步增加，在这种情况下，货物的包装应符合国外经销商和消费者的习惯，如货物包装上的说明应采用进口国的文字，图案能吸引当地的消费者等。

4. 包装应符合人们对"物美价廉"的要求

作为商品的货物包装，其包装成本不能过高，人们追求的是既要包装美观，又要价格便宜。因此，包装设计（包括包装材料的选用、图案设计等）已经成为一门重要的学科。

5. 包装应符合科技发展的要求

随着科技的发展，包装的材料、设计理念以及对货物包装加工的方法也在不断改进。

> **职业素养小讲堂**
>
> 2022年10月14日，国家邮政局举行2022年第四季度例行新闻发布会，介绍邮政快递业绿色发展"9917"工程进展情况。截至2022年9月底，全行业采购使用符合标准的包装材料和规范包装操作两个比例均达到90%，累计投放可循环快递箱（盒）978万个，在邮政快递营业揽投网点布设回收装置12.2万个，回收复用瓦楞纸箱6.4亿个，快递包装绿色治理工作取得初步成效。
>
> 绿色包装是包装工业的发展方向，应该加快推进包装工业发展方式的绿色转型，我们在进行包装材料选择时，或进行整体包装设计的时候，也要选择绿色包装材料，减少包装废弃物对环境的污染，为美丽中国建设做出自己的贡献。

（二）运输包装的基本要求

1. 一般货物运输包装通用技术条件

一般货物的包装主要是要符合国家强制性标准《一般货物运输包装通用技术条件》（GB/T 9174—2008）。该标准规定了对一般货物运输包装的总要求、类型、技术要求和鉴定检查的性能试验。它适用于铁路、公路、水运、航空所承运的一般货物的运输包装，不包括特殊货物的运输包装。货物运输包装材料、辅助材料和容器，均应符合国内有关标准的规定，无标准的材料和容器须经试验验证，其性能可以满足流通环境条件的要求。运输包装如不符合该标准规定的各项技术要求，运输过程中一旦造成货损或对其他关系方的人身、财产造成损害，均由包装责任人承担赔偿责任。对包装不符合要求的货物，运输部门可以拒收。

2. 部分特殊货物的包装要求

（1）液体货物。容器内部必须留 5%～10% 的空隙，封盖必须平密，不得溢漏。用玻璃容器盛装的液体，每一容器的容量不得超过 500 毫升。单件货物毛重以不超过 25 千克为宜。箱内应使用衬垫和吸附材料填实，防止晃动或液体渗出。

（2）粉状货物。用袋盛装的，最外层应使用塑料涂膜编织袋作外包装，保证粉末不致漏出，单件货物毛重不得超过 50 千克。用硬纸桶、木桶、胶合板桶盛装的，要求接缝严密、桶盖密封、桶箍坚固结实。用玻璃瓶装的，每瓶内装物的重量不得超过 1 千克。用铁制或木制材料作外包装的，箱内须用衬垫材料填实，单件货物毛重以不超过 25 千克为宜。

（3）精密易损、质脆易碎货物。单件货物毛重以不超过 25 千克为宜，可以采用层次包装、吊式包装、防倒置包装或玻璃器皿包装。

（4）裸装货物、不怕碰压的货物。可以不用包装，如轮胎等。不易清点件数、形状不规则、外形与运输设备相似或容易损坏运输工具的货物，应使用绳、麻布包扎或外加包装。

（5）大型货物。体积或重量较大的货物底部应有便于叉车操作的枕木或底托。

> **课内小案例**
>
> 2022 年 6 月，太原某工厂向石家庄某化工公司采购了 20 吨甲醇，并将其交给 A 物流公司运输至太原工厂的仓储中心。
>
> 由于夏季多发大雨，道路被冲毁，A 物流公司迟延 3 天送达。在商品入库时，太原工厂仓储中心依据采购协议进行检验，发现货物没有按照合同规定时间交付，也未达到合同规定的质量标准，提出退货和赔偿要求。同时，该批货物由于违反国家规定的强制环保标准，被当地执法部门依法查封。
>
> **问题**：该案例中都体现了哪些法律关系？

（三）销售包装的基本要求

销售包装通常称为内包装，也称为商业包装，是指直接接触商品并随商品进入零售网点与消费者直接见面的包装。它不仅可以保护商品，更重要的是起着美化、宣传、介绍、完善商品的作用。该包装的特点是外形美观，有必要的装潢，包装单位适于顾客的购买量以及商店陈设的要求。

在销售包装上,一般会附有装潢图画和文字说明,选择合适的装潢和说明将会促进商品的销售。销售包装的基本要求主要涉及以下几个方面:

(1)图案设计。图案是包装设计的三大要素之一,它包括商标图案、产品形象、使用场合、产地景色、象征性标识等内容。

(2)文字说明。在销售包装上应该附一定的文字说明,表明商品的品牌、名称、产地、数量、成分、用途、使用说明等。在制作文字说明时一定要注意各国的管理规定。

(3)条码。商品包装上的条码是指按一定编码规则排列的条空符号,它由表示一定意义的字母、数字及符号组成,通过光电扫描阅读设备,可以作为计算机输入数据的特殊代码语言。

三、包装条款需注意的事项

作为合同的重要组成部分之一,包装条款在订立时应该明确具体,在实际履行中更要严格按照包装条款来对货物进行包装,注意细节上的处理。包装条款主要包括包装材料、包装方式、包装规格、包装的文字说明和包装费用的负担等内容。在实际操作中,任何一点都不能忽视,尤其是包装材料、包装方式和包装的文字说明,在国际贸易中往往因为这三项而引起纠纷。为了订好包装条款,以利合同的履行,在签订包装条款时,需要注意下列事项:

(1)要考虑商品特点和不同运输方式的要求。

(2)对包装的规定要明确具体,一般不宜采用"海运包装"和"习惯包装"之类的术语。

(3)明确包装由谁提供和包装费用由谁负担。包装由谁提供,通常有下列三种做法:

1)由卖方提供包装,包装连同商品一起交付买方。

2)由卖方提供包装,交货后,卖方将原包装收回,但将原包装返回给卖方的运费由何方负担,应做具体规定。

3)由买方提供包装或包装物料。采用此种做法时,应明确规定买方提供包装或包装物料的时间,以及由于包装或包装物料未能及时提供而影响发运时买卖双方所负的责任。

> **资料补给站**
>
> 包装费用一般包括在货价之中,不另计收,但也有不计在货价之内而规定由买方另行支付的,究竟由何方负担,应在包装条款中做出明确的规定,以利合同的履行。
>
>

四、国际物流中的包装法律规定

(一)国际物流中包装的特点

国际物流是相对于国内物流而言的,它是国内物流的延伸和发展,同样包括运输、包装、流通加工等若干环节。相对于国内物流的包装来说,国际物流中的包装具有以下特点:

(1)国际物流对包装强度的要求较高。国际物流的过程与国内物流相比,时间长、工序多。因此在国际物流中,一种运输方式往往难以完成物流的全过程,经常采取多种运输方式联运，这就增加了搬运装卸的次数及存储的时间。在这种情况下，只有增加包装的强度，才能保证商品的安全。

（2）国际物流的标准化要求较高。这是由国际物流过程的复杂性所决定的。为了提高国际物流的效率，减少不必要的环节，国际物流过程中对包装的标准化程度要求越来越高，以便于商品顺利地流通。

（3）国际物流涉及两个或两个以上不同的国家，法律制度存在着差异，同时又存在着若干规范包装的国际公约，所以国际物流中与包装有关的法律适用更加复杂。

（二）国际物流中的包装法律

1. 国际物流所涉及的国内法

国际物流是商品在不同国家的流动，所以其包装应该遵守相关国家的法律规定。这里的相关国家指的是物流过程的各个环节所涉及的国家，如运输起始地所在国、仓储地所在国、流通加工地所在国。

国际物流中的包装必须遵守参与国际物流国家的关于包装的强制法，对于任意性的法律规定及当事人可以选择适用的法律，可以由当事人自行决定。

2. 相关的国际公约

目前，世界上并没有专门规定商品包装的国际公约，但是在国际贸易以及国际运输领域的公约中包含着对商品包装的规定，如《1978年联合国海上货物运输公约》（别名《汉堡规则》）《联合国国际货物销售合同公约》等。

（三）《国际海运危险货物规则》中对于危险货物包装的基本要求

2020年11月，国际海事组织（IMO）海上安全委员会第102次会议通过了《国际海运危险货物规则》（《IMDG规则》）40-20修正案，根据MSC.477（102）号决议，《IMDG规则》40-20修正案于2022年6月1日起强制执行。《IMDG规则》基本要求有以下几点：

（1）包装的材质、种类应与所包装危险货物的性质相适应。危险货物的种类不同，性质也有所差异，所以对包装的要求也不相同，这一点在一些化学制品上表现得十分明显。包装应该具备一定的强度，以保证在正常的海运条件下，包装内的货物不会散漏和受到污染。越危险的货物对包装的要求也越高。危险的货物单件包装重量越大，对包装的要求也越高。同时，包装的强度也应该与运输的长度成正比。包装应该保证在环境发生变化的情况下，包装内的货物不发生损坏。

（2）包装的封口应该符合所装危险货物的性质。在通常情况下，危险货物的包装封口应严密，特别是对易挥发、腐蚀性强的货物。但是，有些货物由于温度上升或其他原因会散发气体，使容器内的压力逐渐加大，导致危险的发生，对于这种货物，封口不能密封。所以采用什么样的封口应该由所装的危险货物的性质来决定。封口分为气密封口、液密封口。

（3）内外包装之间应该有合适的衬垫。为防止内包装发生破裂、渗漏和戳破时，货物进入外包装，在内外包装之间应该采用适当的减震衬垫材料。衬垫不能削弱外包装的强度，而且衬垫的材料还必须与所装的危险货物的性能相适应，以避免危险的发生。

（4）包装应该能经受一定范围内温度和湿度的变化。在物流过程中，包装除应具有一定的防潮衬垫外，本身还要具有一定的防水、抗水性能。

（5）包装的质量、规格和形式应便于装卸、运输和储存。每件包装的最大容积为450升，最大净重为400千克。包装的外形尺寸与船舱的容积、载重量、装卸机具的功能应该相适应，以方便装卸、搬运和储存。

资料补给站

随着人们消费水平的提高，跨境电商平台购物越来越受欢迎，跨境电商货物的运输需要国际物流公司来完成。

为保护货物在运输过程中的完整性，根据惯例，国际物流公司对货物包装材料具有三大要求：纸箱包装、航空箱、三合板木箱；对货物的包装具有如下要求：

（1）货物包装必须坚固、完好、轻便，在运输过程中能防止包装破裂、内物漏出、散失。

（2）包装的形状应适合货物的性质、状态和重量，并且便于搬运、装卸和码放。

（3）在特定条件下承运的货物，如鲜活易腐货物等，其包装应符合对各货物的特定要求。

（4）对特小快件货物（如小件样品），必须外加一定体积的木箱或纸箱包装（用填充料衬垫等）。

（5）包装内的垫付材料（如木屑、纸屑）不能外漏。

（6）如果货物的包装不符合要求，应向发货人做出说明，要求发货人改造或重新包装后方可出运。

复习思考题

一、选择题

1. （　　）是当前经济生活中适用比较广泛的合同，是最为常见的承揽合同之一，如来料加工合同、服装加工合同。
   A. 加工合同　　　　　　　　　B. 修缮合同
   C. 广告合同　　　　　　　　　D. 翻译合同
2. 在承揽合同中，完成工作并交付工作成果的一方当事人称为（　　）。
   A. 企业　　　B. 定作人　　　C. 承揽人　　　D. 承运人
3. 接受该工作成果并支付报酬的一方当事人称为（　　）。
   A. 托运人　　B. 定作人　　　C. 承揽人　　　D. 承运人
4. 不属于危险品种类的是（　　）。
   A. 爆炸品　　B. 易燃液体　　C. 腐蚀品　　　D. 蔬菜
5. 运输包装如不符合标准规定的各项技术要求，运输过程中一旦造成货损或对其他关系方的人身、财产造成损害，均由（　　）承担赔偿责任。

　　A. 包装责任人　　　B. 卖方　　　　　C. 运输责任人　　　D. 买方

二、简答题

1. 流通加工的地位是什么？
2. 承揽人的主要权利和义务有哪些？
3. 《国际海运危险货物规则》中对于危险货物包装的基本要求有哪些？

三、案例分析题

　　某连锁商超集团与 A 冷藏运输公司于 2022 年 2 月 23 日口头商定：由 A 冷藏运输公司承运海南产蔬菜（豆角）3 500 公斤，终点站为河北省石家庄市裕华区珠江大道分店。商定的当天该连锁商超集团将 3 500 公斤蔬菜交给 A 冷藏运输公司承运，还交了 7 741 元给 A 冷藏运输公司经办人黄某。2022 年 3 月 8 日该批蔬菜到达终点站时，经石家庄市裕华分店检查发现集装箱后面调温室无门锁，调温室内温度控制箱箱门开启，冷板温度显示表和箱内温度显示表失灵，调温机不工作；3 月 9 日交付时开启箱内竹筐装豆角 96 箱，全部腐烂变黑。

　　2022 年 4 月 21 日，该连锁商超集团以 A 冷藏运输公司为被告，向海口市某法院提起诉讼：由于被告的过失，要求法院判令被告赔偿损失 421 582 元及退回运费 7 741 元，并负担本案诉讼费用。被告辩称：我公司与原告系委托代理关系，原告的货物损失与我公司无关，要求法院判决驳回原告的起诉。

　　经海口市法院审理认为：2022 年 2 月 23 日的运输蔬菜合同系原、被告双方在协商一致，意思表示真实的基础上订立的，内容没有违反法律、法规的规定，该合同合法有效。被告在承运原告托运的蔬菜的过程中，造成蔬菜腐烂，被告应对承运的蔬菜腐烂承担赔偿责任。

　　请问：1. 案例中，连锁商超集团委托 A 冷藏运输公司从海口市运输蔬菜（豆角）到石家庄市，适合哪些运输方式？运输中需要注意的问题是什么？

　　　　　2. 案例中，连锁商超集团与 A 冷藏运输公司签订的是什么类型的合同？

　　　　　3. 案例中，A 冷藏运输公司违约的行为违反了社会主义核心价值观的什么精神？

模块七
物流运输法律制度

学习目标

知识目标

○ 熟悉货物运输合同的特征、合同当事人的主要义务和权利;掌握公路货物运输、铁路货物运输、水上货物运输、航空货物运输、多式联运、货运代理的相关法律规定。

能力目标

○ 能够进行货物运输合同的订立,正确理解和运用货物运输相关法律法规规定,能查阅和运用货物运输法规条款解决实际业务问题。

素质目标

○ 提升多种不同运输方式的物流法律素养,培养从业人员专业意识和合规意识,自觉遵守物流运输相关法律规定和作业规范。

单元一 公路货物运输法律法规

📖 引导案例

2021年5月28日，李某当日驾驶A车将柴油从其暂住地运往某路路边，为过往工程车加注柴油。李某见生意很好，便要求妻子驾驶B车从加油站运送一车柴油至李某处，以满足更多加油需求。两车汇合后在路边给其他车辆加油时，被交通执法人员查获。经第三方检测机构检测，李某为其他车辆加注的柴油部分数据不符合"车用柴油"的标准。李某及其妻子系未经许可运输危险货物，因其是初次被查，依据《中华人民共和国道路运输条例》和《道路危险货物运输管理规定》等法律法规的规定，道路交管部门责令李某停止运输经营，并对其处于行政罚款人民币叁万陆仟元整。

1. 查阅资料，分析案例中的李某及其妻子存在怎样的违法行为？
2. 分析李某及其妻子会存在此类违法行为的根源是什么？
3. 上述问题应如何避免？

公路货物运输是我国综合运输服务体系中从业人员最多、运输量最大、通达度最深、覆盖面最广的运输方式。其运输对象可分为普通货物和特种货物，特种货物又包括危险货物、超长超大超重货物、鲜活易腐货物和贵重货物。近年来，国家针对公路货物运输，制（修）定了系列法律法规、部门规章等，用以规范公路货物运输市场秩序，保障公路货物运输安全。

一、普通货物道路运输法律法规

普通货物是指对运输、装卸、保管等无特殊要求的货物。按照价值和运输的责任程度，普通货物分为一等、二等、三等普通货物。

资料补给站

按照《普通货物运价分等表》，普通货物可分为一等、二等和三等。

一等普通货物主要是价值低和运输的责任程度小的货物，如沙、石、非金属矿石、土、渣等。

二等普通货物主要是价值中等和运输的责任程度中等的货物，包括煤、粮食及其加工品、棉花、烟叶、木材、金属矿石等34种。

三等普通货物指价值较高和运输的责任程度较大的货物，包括蜂、蛋、化妆品、家具、烟、酒、茶、文娱用品等27种。

我国的普通货物道路运输适用的法律规范，包括专门的道路运输法律文件、附属性道路运输法律规范和缔结或参加的国际条约中的道路运输法律规范。

1. 专门的道路运输法律文件

专门的道路运输法律文件主要包括两种：一是综合性的道路运输法律文件，如《中华人民共和国道路运输条例》（2022年5月1日起实施）。二是就道路运输中的某一方面予以调整的单行法。如《中华人民共和国道路交通安全法》《道路货物运输及站场管理规定》《道路危险货物运输管理规定》《道路运输从业人员管理规定》《国际道路运输管理规定》等。

2. 附属性道路运输法律规范

附属性道路运输法律规范主要指分散在其他法律文件中的道路运输法律规范，如《民法典》中关于运输合同、货运合同的相关规定，《中华人民共和国安全生产法》（以下简称《安全生产法》）中关于安全生产、从业人员的相关规定，《中华人民共和国刑法》中关于道路运输安全方面刑事责任的规定，《危险化学品安全管理条例》中关于运输危险化学品的规定等。

3. 缔结或参加的国际条约中的道路运输法律规范

1991年，我国政府与蒙古人民共和国政府签订首个中外汽车运输协定。2016年7月，我国正式加入联合国《国际公路运输公约》（TIR），成为该公约第70个缔约国，并于2019年6月在全国范围实施。2017年，我国交通运输部提出"力争每年与2至3个'一带一路'沿线国家签署国际运输协定"的目标。截至2018年10月，我国已与21个"一带一路"沿线国家开展了国际道路运输合作，共签署了13个双边、5个多边国际道路运输协定。

二、危险货物道路运输法律法规

危险货物道路运输一直是货物运输领域的关注重点。我国的危险货物道路运输中，仍存在非法托运、违规运输、车辆违规挂靠、不合格罐车流入市场并"带病"运行等问题，使得危险货物道路运输安全事故频发。为此，我国制定了一系列危险货物道路运输相关的法律、行政法规、行业标准等，用以规范危险货物道路运输，使其更加规范、安全、高效。

（一）危险货物道路运输法律法规概述

1. 危险货物道路运输的概念

危险货物是指具有爆炸、易燃、毒害、感染、腐蚀等危险特性，在生产、经营、运输、储存、使用和处置中，容易造成人身伤亡、财产损毁或者环境污染而需要特别防护的物质和物品。危险货物道路运输，指使用载货汽车通过道路运输危险货物的作业全过程。从事危险货物道路运输应保障安全，依法运输，诚实信用。

> **资料补给站**
>
> 危险货物按其具有的危险性或最主要的危险性分为9个类别：爆炸品；气体；易燃液体；易燃固体；易于自燃的物质、遇水放出易燃气体的物质；氧化性物质和有机过氧化物；毒性物质和感染性物质；放射性物质；腐蚀性物质；杂项危险物质和物品，包括危害环境物质。

2. 危险货物道路运输相关法律法规

危险货物道路运输相关的法律法规，包括《安全生产法》《道路运输条例》《危险化学品安全管理条例》《道路危险货物运输管理规定》《危险货物道路运输安全管理办法》《危险货物道路运输规则》（JT/T 617）等有关法律、行政法规、行业标准。

资料补给站

危险货物道路运输作为特种运输的一种，由于运输的货物品类繁多，运输过程危险性大、专业性强等特点，对社会公众的安全、健康及赖以生存的环境都有着重要影响。由于产销分离、生产区域分布不均衡等原因，大部分危险货物需要异地运输。涉及危化品的事故中，运输是风险最大的环节，超77%的事故发生在运输环节。

我国是危险货物道路运输大国。中物联危化品物流分会统计数据显示，截至2021年上半年，通过道路运输的危化品占危化品运输总量的56%左右。随着我国经济发展，危险货物道路运输量以及从事危险货物道路运输的企业、车辆、从业人员的数量不断增加，截至2021年上半年，我国危化品物流道路运输企业超过1.3万家，运输载具（含挂车）超过57.5万辆，从业人员150万余人。

（数据来源：中物联危化品物流分会　前瞻产业研究院）

（二）危险货物道路运输企业的相关法律规定

1. 危险货物道路运输企业的概念

危险货物道路运输企业，即从事经营性危险货物道路运输或从事为本单位服务的非经营性危险货物道路运输的企业。

我国对危险货物道路运输企业实行经营许可制度。申请从事道路危险货物运输经营的企业，应当具有符合《道路危险货物运输管理规定》第二章要求的专用车辆及设备、停车场地、从业人员和安全管理人员、健全的安全生产管理制度，按规定的程序提出申请。设区的市级道路运输管理机构进行实地核查后，向准予许可的道路危险货物运输经营申请人发放"道路运输经营许可证"。

2. 危险货物道路运输企业的等级划分

近年来，我国危险货物道路运输行业规模持续扩大，运输业户以民营企业为主。依据《道路危险货物运输企业等级》（JT/T 1250—2019），以管理水平、运输能力、资产规模、车辆条件、经营业绩、安全状况、服务质量、人员素质、科技应用等为关键指标，危险货物道路运输企业可分为特级、一级、二级、三级、四级等五个等级。

危险货物道路运输从业人员管理制度

（三）危险货物道路运输从业人员的法律规定

1. 危险货物道路运输从业人员的概念

依据《道路运输从业人员管理规定》，危险货物道路运输从业人员包括道路危险货物运输驾驶员、装卸管理人员和押运人员。

> **资料补给站**
>
> 2021年12月,人力资源和社会保障部公布的《国家职业资格目录(2021年版)》,将"危险货物道路运输从业人员""放射性物品道路运输从业人员"作为准入类技能人员职业资格,为加快建设交通强国提供了技能人才保障。

2. 危险货物道路运输从业人员管理制度

法律规定,我国危险货物道路运输从业人员实行从业资格管理制度,包括从业资格考试制度、从业资格档案管理制度、从业资格证件管理、从业行为管理规定等。

(1)从业资格考试制度。根据现有规定,我国对经营性危险货物道路运输从业人员实行从业资格考试制度,即对其所从事的特定岗位职业素质进行基本评价。经营性危险货物道路运输从业人员必须取得相应从业资格,才可从事相应的道路运输活动。

(2)从业资格档案管理制度。我国对经营性危险货物道路运输从业人员实行从业资格档案管理制度,档案包括:从业资格考试申请材料,从业资格考试及从业资格证件记录,从业资格证件换发、补发、变更记录,违章、事故及诚信考核、继续教育记录等。

(3)从业资格证件管理。经营性危险货物道路运输从业人员经考试合格后,取得《中华人民共和国道路运输从业人员从业资格证》。证件全国通用,有效期为6年。道路运输从业人员应在从业资格证件有效期届满30日前到原发证机关办理换证手续;如出现证件遗失、损毁、服务单位变更等,依照《道路运输从业人员管理规定》相关要求办理补证或变更手续。

(4)从业行为管理规定。经营性危险货物道路运输从业人员,应在从业资格证件许可的范围内从事道路运输活动,并要随身携带相应的从业资格证件,遵守国家相关法规和道路运输安全操作规程,不得违法经营、违章作业。危险货物道路运输从业人员在岗从业期间,应按照规定参加国家相关法规、职业道德、业务知识培训等继续教育。

(四)危险货物道路运输作业要求的相关规定

危险货物道路运输应坚持安全第一、预防为主、综合治理、便利运输的原则。我国《道路运输条例》《道路危险货物运输管理规定》《危险货物道路运输安全管理办法》等对危险货物道路运输的作业要求做出一系列规定。

1. 危险货物道路运输作业的一般要求

(1)不得托运、承运法律、行政法规禁止运输的危险货物。

(2)托运人、承运人、装货人应制定危险货物道路运输作业查验、记录制度,以及人员安全教育培训、设备管理和岗位操作规程等安全生产管理制度。

(3)托运人、承运人、装货人应按照规定,对本单位相关从业人员进行岗前安全教育培训和定期安全教育。未经岗前安全教育培训考核合格的人员,不得上岗作业。

(4)托运人、承运人、装货人应妥善保存安全教育培训及考核记录。岗前安全教育培训及考核记录保存至相关从业人员离职后12个月,定期安全教育记录保存期限不得少于12个月。

2. 危险货物道路运输的托运规定

危险货物托运人，指将危险货物交付给承运人进行运输的企业或者单位，通常是危险货物的所有者，也可能是受货物所有者委托的第三方企业或单位。托运是危险货物道路运输活动的源头，加强托运环节管理对保障运输安全至关重要。

危险货物托运人应委托具有相应危险货物道路运输资质的企业承运。危险货物托运人还应严格按照国家有关规定妥善包装并在外包装设置标志，向承运人说明危险货物的品名、数量、危害、应急措施等情况。需要添加抑制剂或者稳定剂的，托运人应按照规定添加，并告知承运人相关注意事项。托运人不得在托运的普通货物中违规夹带危险货物，或者将危险货物匿报、谎报为普通货物托运。

危险货物托运人托运危险化学品的，还应提交与托运的危险化学品完全一致的安全技术说明书和安全标签，并向承运人提交电子或者纸质形式的危险货物托运清单和相应许可证、证明或文件。托运人应妥善保存危险货物托运清单，保存期限不少于 12 个月。在危险货物运输期间保持应急联系电话畅通。

> **课内小案例**
>
> 2022 年 3 月 28 日，湖南省高警局湘西支队花垣大队民警在包茂高速巡逻时，查获了一起违规运输危险物品的案件，当事人因涉嫌危险作业罪被公安机关依法采取刑事强制措施。案件中涉案车辆是一辆号牌为赣C×××2 的重型厢式货车，民警检查时发现车辆外部未悬挂任何危险品标识；车上装载了 1 600 箱烟花爆竹，却未配备押运员；车载卫星定位装置动态监控系统处于关闭状态。同时，驾驶人邓某为了逃避检查，故意拆卸危险运输标识，将车辆伪装成普通货车，还关闭了车载卫星定位装置动态监控系统。经查，邓某曾多次采用类似方法违规运输危险物品。
>
> （资料来源：湖南省公安厅交通管理局微信公众号"湖南公安"）
>
> 问题：该案例中邓某违反了哪些规定？

3. 危险货物道路运输的承运规定

承运是危险货物道路运输的关键环节，危险货物承运人是危险货物道路运输活动的主体和具体实施方。危险货物承运人应取得危险货物道路运输资质，并按照交通运输主管部门许可的经营范围承运危险货物。不得运输法律、行政法规禁止运输的货物。

危险货物承运人应使用安全技术条件符合国家标准要求且与承运危险货物性质、重量相匹配的车辆、设备进行运输；并按照运输车辆的核定载质量装载危险货物，不得超载。承运人负责制作危险货物运单，并交由驾驶人随车携带。危险货物运单可以是电子或者纸质形式。危险货物运单应妥善保存，保存期限不少于 12 个月。

承运人使用常压液体危险货物罐式车辆运输危险货物的，应在罐式车辆罐体的适装介质列表范围内承运；使用移动式压力容器运输危险货物的，应按照移动式压力容器使用登记证上限定的介质承运。在运输前，承运人应对运输车辆、罐式车辆罐体、可移动罐柜、罐式集装箱（以下简称罐箱）及相关设备的技术状况，以及卫星定位装置进行检查并做好记录，对驾驶人、押运人员进行运输安全告知。

危险货物道路运输车辆驾驶人、押运人员在起运前，应对承运危险货物的运输车辆、罐式车辆罐体、可移动罐柜、罐箱进行外观检查，确保没有影响运输安全的缺陷。同时，应检查确认危险货物运输车辆按照《道路运输危险货物车辆标志》（GB13392—2005）要求安装、悬挂标志。运输中应随身携带以下单据和证件：①道路运输证、危险货物运单；②危险货物道路运输安全卡；③危险货物道路运输车组成员从业资格证；④法规标准规定的其他单据。危险货物道路运输安全卡应放置在车辆中易于取得的地方。

 职业素养小讲堂

全国五一劳动奖章获得者中，有一个平凡普通的身影，那就是从事危险品道路运输十余年的巩学峰。

作为一名危险品运输车辆的驾驶员，巩学峰每次出车前都严格执行规章制度及操作规程，对车辆进行细致检查，排除隐患；行车中"眼观六路、耳听八方"，将事故风险降至最低；车辆回场后，他严格落实收车规定，停稳放好断油断电，并再次复查，确保万无一失。

巩学峰不仅自己时刻谨记"安全"两个字，还发挥典型示范作用，积极引导同事时刻牢记安全生产鼓励同事们精进业务，争做先锋。由于能够对人、车、路、天气等各种因素进行正确处理，创造了多年来安全行驶百万公里无任何责任事故的成绩。

单元二　铁路货物运输法律法规

 引导案例

2022年5月10日，甲公司同乙公司签订运输合同，委托乙公司运输一批货物从A站至B站，并按规定支付了运费、货物保价费等相关费用。恰逢雨季，连续降雨致道床和路基遭到破坏。运输货物的列车行驶到事故路段时脱轨颠覆，导致甲公司托运的货物全部灭失。

思考　（1）承运人乙公司是否应该为甲公司的货物灭失承担赔偿责任？
　　　（2）你认为应如何避免案例中的事故发生？

铁路货物运输凭借运量大、运距长、环境污染小、受自然条件影响小等优势在综合交通运输体系中占据一席之地。随着中欧班列的开通和业绩上扬，铁路货物运输受到越来越多客户的追捧。

一、铁路货物运输合同

（一）铁路货物运输合同的含义

铁路货物运输合同，指铁路承运人根据托运人的要求，按期将托运人的货物运至目的地，交与收货人的合同。此时，物流企业通常作为托运人或托运人的代理人与铁路承运人签订铁路货物运输合同，包括整车货物运输合同和零担货物运输合同。

（二）铁路货物运输合同的当事人

合同当事人是合同的主体，铁路货物运输合同的当事人主要是托运人和铁路承运人。托运人应是符合法律规定条件、具有民事行为能力的人，这是合同有效的前提。铁路承运人应是铁路运输企业。

（三）合同当事人的义务和权利

按照《中华人民共和国铁路法》规定，铁路货物的托运人与作为承运人的铁路运输企业应订立运输合同，双方按合同履行各自义务，享有平等权利。

1. 承运人的义务和权利

（1）及时运送货物，保证运输安全。承运人有义务按照合同约定的期限或者国务院铁路主管部门规定的期限，将货物运到目的站；逾期运到的，铁路运输企业应支付违约金。

（2）妥善处理承运货物。承运容易腐烂变质的货物和活动物时，承运人应按照国务院铁路主管部门的规定和合同约定，采取有效保护措施。

（3）合理收费的权利。承运人遵守铁路运价，按照国家批准的运价计算运费。如果违反收费规定，则要承担行政责任。

（4）承运人的免责事项。承运人应自接受承运时起到交付时止对承运的货物发生的灭失、短少、污染或者损坏，承担赔偿责任。但如果货物损失是由于下列原因造成的，承运人可以免责：①由不可抗力造成；②货物或者包裹、行李中的物品本身的自然属性，或者合理损耗；③托运人、收货人或者旅客的过错。

2. 托运人的义务和权利

（1）如实申报和提供合法货物。托运人应如实填报托运单；经检查，申报与实际不符的，检查费用由托运人承担；申报与实际相符的，检查费用由铁路运输企业承担。

铁路货物运输合同

（2）妥善包装货物。托运货物需要包装的，托运人应按照国家包装标准或者行业包装标准对货物进行包装；没有国家包装标准或者行业包装标准的，应妥善包装，使货物在运输途中不因包装原因而受到损坏。

（3）自愿保险和保价。托运人可自愿向保险公司办理货物运输保险，保险公司按照保险合同的约定承担赔偿责任。托运人也可以根据自愿的原则办理保价运输。

3. 收货人的义务和权利

及时提取货物是收货人的重要义务。货物到站后,收货人应按照国务院铁路主管部门规定的期限及时领取,并支付托运人未付或者少付的运费和其他费用;逾期领取的,收货人应按照规定交付保管费。

 职业素养小讲堂

中欧班列——中国铁路货运的明星专列

中欧班列以其运量大、时效稳定、价格适中等优势,实现多国之间货物进出口正常运转。2021年,中欧班列开行数量达1.5万列,同比增长22%,实现规模化、常态化发展,成为中外企业进出口的主要运输通道,为带动中国国际经济贸易发展做出卓越贡献。

作为我国与中欧及"一带一路"沿线国家贸易往来的重要纽带,中欧班列已成为中国铁路的一张"名片",是中国铁路努力创造新时代高质量发展的标杆和样板的缩影。

二、国际铁路货物运输的法律规定

(一)国际铁路货物运输有关的国际公约

目前,调整国际铁路货物运输的公约有两个:《国际铁路货物运输公约》(Convention Concerning International Carriage of Goods by Rail,英文简称COTIF,中文简称《国际货约》)和《国际铁路货物联运协定》(Agreement Concerning International Carriage of Goods by Rail,英文简称CMIC,中文简称《国际货协》)。

《国际货协》是参加国际铁路货物联运协定的各国铁路和发货人、收货人进行货物联运必须共同遵守的基本规则。它规定了货物运送组织、运送条件、运送费用计收办法和铁路与发、收货人之间的权利、义务等问题,因此对铁路、发货人、收货人均有约束力。

《国际货约》的成员国多为欧洲、西亚国家,我国未加入该公约。我国是《国际货协》的成员国,我国经由铁路运输的进口货物,均按协定的有关规定办理,它不仅是办理国际铁路货物联运业务的依据,也是解决国际铁路货物联运中有关纠纷的法律基础。

(二)赔偿方式与赔偿限额规定

1. 赔偿方式

《国际货协》第二十八条规定,发货人和收货人有权根据运输合同提出赔偿请求,赔偿请求可以书面方式由发货人向发送站提出,或由收货人向收货站提出,并附上相应证明材料,注明款额。具体情况如下:

(1)运单项下货物全部灭失时,由发货人提出,同时需提出运单副本。或收货人提出,同时提出运单或运单副本。

(2)货物部分灭失、毁损或腐坏时,由发货人或收货人提出,同时需提出运单及铁路在到达站交给收货人的商务记录。

（3）逾期交货时，由收货人提出，同时需提出运单。

（4）多收运送费用时，由发货人按其已交付的款额提出，同时必须提出运单副本或发送站国内规章的其他文件；或由收货人按其所交付的运费提出，同时需提出运单。

铁路自有关当事人向其提出索赔请求之日起，必须在180天内审查该项请求，并予以答复。发货人或收货人在请求得不到答复或满足时，有权向受理赔偿请求的铁路所属国家的法院提起诉讼。

2. 赔偿限额

《国际货协》第二十二条规定，铁路对货物损失和赔偿金额在任何情况下，不得超过货物全部灭失时的金额。当货物遭受损坏时，铁路赔付额应与货价减损金额相当。当货物全部或部分灭失时，赔偿额按外国售货者在账单上所开列的价格计算；如发货人对货物价格另有声明时，按声明价格给予赔偿。

单元三　水路货物运输法律法规

引导案例

一国A进出口公司与另一国的B贸易公司签订一份买卖合同，向其出口某种食品。双方合同约定，由A公司负责货物运输和保险事宜。为此，A公司与本国C轮船公司签订运输合同，租用"PL"号班轮的一个舱位。2022年7月20日，A公司将货物在H港装船。随后，A公司向本国某保险公司D投保海上运输货物保险。"PL"号班轮在海上航行途中遭遇风险，使货物部分受损。

思考
1. 为降低货物因在海上遭遇台风等意外情况而遭受的损失，并从B处取得赔偿，A公司应投保什么险种？
2. 从职业素养的角度分析，正确选择险种应具备怎样的知识储备？

水路货物运输是以船舶为主要运载工具的货物运输活动，是许多国家国际贸易中最重要的一种货物运输方式。水路货物运输可分为国际海上运输、沿海运输和内河运输。沿海运输和内河运输统称为国内水路货物运输。

职业素养小讲堂

绿色航运不仅是指在经营时注意经济效益和保护环境相结合，更重要的是强调航运效益和环境的相互协调，通过将现代科学技术运用到港口船舶以及日常管理，实现节能高效、可持续发展。

2022年1月28日，上海港（通过上海市交通委员会）和洛杉矶港宣布共同倡议建立"绿色航运走廊"，以实现上海港和洛杉矶港之间以最清洁、低碳的方式实现港到港货物运输。这是全球首个绿色航运走廊计划。上海成为绿色航运走廊的领头城市。

一、海运提单

（一）海运提单的概念与特征

海运提单是指用以证明海上货物运输合同和货物已经由承运人接收或者装船，以及承运人保证据以交付货物的单证。

海运提单的特征主要体现为：①提单是承运人或其代理人签发给托运人的承运货物收据，是承运人已接收货物的证明；②提单是托运人与承运人的运输契约证明，是处理承托双方权利和义务的主要依据；③提单是承运人交付货物的货权凭证。

（二）海运提单的签发

货物由承运人接收或者装船后，应托运人的要求，承运人应签发提单。提单可以由承运人授权的人签发。提单由载货船舶的船长签发的，视为代表承运人签发。

（三）海运提单的内容

提单内容分为正面条款和背面条款。

1. 提单正面条款

提单正面记载了有关货物和货物运输的事项。这些事项有的是有关提单的国内立法或国际公约规定的，作为运输合同必须记载的事项；有的属于为了满足运输业务需要而由承运人自行决定，或经承运人与托运人协议，认定应该在提单正面记载的事项。提单正面记载的事项，在法律上具有初步证据。

提单正面条款一般包含：①货物的品名、标志、包数或者件数、重量或者体积，以及运输危险货物时对危险性质的说明；②承运人的名称和主营业所；③船舶名称；④托运人的名称；⑤收货人的名称；⑥装货港和在装货港接收货物的日期；⑦卸货港；⑧多式联运提单增列接收货物地点和交付货物地点；⑨提单的签发日期、地点和份数；⑩运费的支付；⑪承运人或者其代表的签字。

2. 提单背面条款

提单背面所有条款均是表明承运人与货方之间承运货物的权利、义务、责任与责任豁免，是双方当事人处理争议时的主要法律依据。

提单背面条款一般分为强制性条款和任意性条款。所谓强制性条款，其内容不能违背有关国家的海商法规、国际公约或港口惯例的规定，违反或不符合这些规定的条款是无效的。所谓任意性条款，即上述法规、公约和惯例没有明确规定，允许承运人自行拟订的条款。

提单背面条款主要有：①定义条款；②首要条款；③管辖权条款；④承运人责任条款；⑤承运人责任期间条款；⑥包装和标志；⑦装货、卸货和交货条款；⑧运费和其他费用条款；⑨自由转船条款；⑩选港条款；⑪赔偿责任限额条款；⑫危险货物条款；⑬共同海损；⑭地区条款；⑮动植物和舱面货条款。

二、海上货物运输合同

（一）海上货物运输合同概述

根据《海商法》规定，海上货物运输合同指承运人收取运费，负责将托运人托运的货物经海路由一港运至另一港的合同。

1. 海上货物运输合同的形式

与国际海上货物运输的班轮运输和租船运输的经营方式相对应，国际海上货物运输合同主要有提单和租船合同两种形式。凡租用船舶全部、部分或指定舱位进行运输时，通常用租船合同；采用班轮运输，按货物数量单位托运时，通常采用提单形式。

2. 海上货物运输合同的订立

海上货物运输合同的订立，可以采用书面形式，也可以采用口头形式；电报、电传和传真具有书面效力。但航次租船合同应采用书面的形式。提单运输以口头订立的，承运人或托运人可以要求书面确认合同的成立。

3. 海上货物运输合同的解除

海上货物运输合同订立后，可能因法定或当事人约定而解除。《海商法》第四章第6节将"合同的解除"划分为三种情况：

（1）开航前托运人解除合同。船舶在装货港开航前，托运人可以要求解除合同。除合同另有约定外，托运人应向承运人支付约定运费的一半；货物已经装船的，并应负担货物装卸和其他与此有关的费用。

（2）开航前双方解除合同。船舶在装货港开航前，因不可抗力或者其他不能归责于承运人和托运人的原因致使合同不能履行的，双方均可解除合同，并互相不负赔偿责任。除合同另有约定外，运费已经支付的，承运人应将运费退还给托运人；货物已经装船的，托运人应承担装卸费用；已经签发提单的，托运人应将提单退回给承运人。

（3）邻近港口卸货。船舶开航后，因不可抗力或者其他不能归责于承运人和托运人的原因致使船舶不能在合同约定的目的港卸货的，除合同另有约定外，船长有权将货物在目的港邻近的安全港口或者地点卸载。此种情况实为未完全按照合同履行货物运输行为，但因为是不可抗力或其他不能归责于承运人和托运人的原因造成的，又视为已经履行合同。但船长决定将货物卸载时，应及时通知托运人或者收货人，并考虑托运人或者收货人的利益。

（二）海上货物运输合同当事人的义务与责任

海上货物运输合同的当事人中，承运人通常称为船方，托运人通常称为货方，合同的标的是海上货物运输的行为。合同当事人的义务和责任在海上货物运输相关的法律法规中均有明确规定。

1. 托运人的义务与责任

（1）正确申报义务。托运人托运货物，应保证货物装船时所提供的货物品名、标志、件数、重量或者体积的正确性；由于包装不良或者上述资料不正确，对承运人造成损失的，托运人应负赔偿责任。

（2）及时办理手续的义务。托运人应及时向港口、海关、检疫、检验和其他主管机关办理货物运输所需要的各项手续，并将已办理各项手续的单证送交承运人。

（3）对货物进行妥善包装及告知的义务。托运人应按照有关海上危险货物运输的规定，对货物进行妥善包装，做出危险品标志和标签，并将其正式名称和性质以及应采取的预防危害措施书面通知承运人。

（4）运费支付义务。托运人应按照约定向承运人支付运费。托运人与承运人可以约定运费由收货人支付。

（5）托运人的赔偿责任。托运人或托运人的受雇人、代理人对承运人、实际承运人所遭受的损失或者船舶所遭受的损坏，不负赔偿责任。

> **课内小案例**
>
> A食品公司从某国进口的玉米由H船公司承运，装载玉米的货轮在运输途中遭遇了大风浪。目的港船检和商检机构对该货轮的货舱及货物进行检验，发现货舱舱盖腐蚀严重且有裂缝，系舱盖板密封老化及通风筒损坏导致玉米发霉变质。
>
> **思考**：请根据案例材料分析，托运人按规定可以享有哪种权利？

2. 承运人的义务与责任

（1）使船舶适航的义务。承运人在船舶开航前和开航当时，应谨慎处理，使船舶处于适航状态，妥善配备船员、装备船舶、配备供应品，并使货舱、冷藏舱、冷气舱和其他载货处所适于并能安全收受、载运和保管货物。

（2）妥善保管和处理货物的义务。承运人应妥善地、谨慎地装载、搬移、积载、运输、保管、照料和卸载所运货物。货物运输过程中，如果遇到罢工、战争、封锁，船舶无法进入目的港，船长有权把船驶入附近安全港，然后通知收货人，可以认为承运人已经履行了义务。

（3）按预定航线航行的义务。按照《海商法》规定，承运人应按照约定的或者习惯的或者地理上的航线将货物运往卸货港。即承运人应按预定航线航行，不得进行不合理绕航。

（4）迟延交付的责任。所谓迟延交付，即货物未能在明确约定的时间内，在约定的卸货港交付。由于承运人的过失，致使货物因迟延交付而灭失或者损坏的，承运人应承担赔偿责任，按规定承运人不负赔偿责任的情形除外。另外，由于承运人的过失，致使货物因迟延交付而遭受经济损失时，即使货物没有灭失或者损坏，承运人仍需承担赔偿责任。承运人未在明确约定的时间届满60日内交付货物，有权对货物灭失提出赔偿请求的人可认为货物已经灭失。

（5）运费收取权。承运人根据运输合同的规定，对作为接受货物运输的报酬，有收取运费的权利。

三、租船合同

国际海上货物运输经营方式中，班轮运输用提单调整承运人、托运人之间的关系；租船运输通过租船合同调整出租人和承租人之间的关系。

租船合同是出租人与承租人之间关于租赁船舶签订的一种海上运输合同。租船合同仅仅是合同，不是物权证明，也不是承运人收到货物的收据。租船合同包括：航次租船合同、定期租船合同、光船租船合同三类。

1. 航次租船合同

航次租船合同，又称"航程租船合同"，指船舶出租人和承租人签订的关于船舶出租人按一个或几个航次将船舶租给承租人，而由承租人支付约定运费的书面协议。航次租船合同必须采用书面形式订立（我国《海商法》第四十三条），实践中多以标准格式合同为基础，加以增删或修改而订立。

《海商法》第九十三条规定，航次租船合同的内容，主要包括出租人和承租人的名称、船名、船籍、载货重量、容积、货名、装货港和目的港、受载期限、装卸期限、运费、滞期费、速遣费以及其他有关事项。

2. 定期租船合同

定期租船合同，指船舶出租人向承租人提供约定的由出租人配备船员的船舶，由承租人在约定的期间内按照约定的用途使用，并支付租金的合同。

定期租船合同项下双方当事人的权利义务关系完全要依据合同条款内容来进行解释。选择一个对自己较为有利的租船合同范本作为定期租船谈判的底稿，对船东和租船人都十分重要。

《海商法》第一百三十条规定，定期租船合同的内容，主要包括出租人和承租人的名称、船名、船籍、船级、吨位、容积、船速、燃料消耗、航区、用途、租船期间、交船和还船的时间和地点以及条件、租金及其支付，以及其他有关事项。

3. 光船租船合同

光船租船合同，是指船舶出租人向承租人提供不配备船员的船舶，在约定的期间内由承租人占有、使用和营运，并向出租人支付租金的合同。《海商法》规定，光船租船合同必须采用书面形式订立。从本质上讲，光船租船合同属于财产租赁合同。

光船租赁合同的内容包括：出租人和承租人的名称、船名、船籍、船级、吨位、容积、航区、用途、租船期间、交船和还船的时间与地点以及条件、船舶检验、船舶的保养维修、租金及其支付、船舶保险、合同解除的时间和条件，以及其他有关事项。

单元四 航空货物运输法律法规

引导案例

托运人 A 通过航空公司将 10 箱不同种类的小家电从东京运至伦敦。航空公司 B 要求托运人 A 为每箱货物填写一张航空货运单。由于该批货物必须在固定航班之前安排装运，其中 1 箱装机后货主未填写货运单，承运人也表示同意。当该批货物在目的港交付时，发现 4 箱小家电严重受损，托运时未填货运单的那箱也在其中。经调查表明，货物损失是由于航空公司 B 的地面代理在装机时未尽到正确合理的谨慎职责导致的。托运人 A 要求航空公司 B 对货物损失进行赔偿。

1. 承运人未签发货运单是否影响托运人与航空公司之间运输合同的存在或者有效，为什么？
2. 如果托运人或收货人以侵权为由向航空公司或其地面代理索赔，按照《中华人民共和国民用航空法》的相关规定，应如何处理？
3. 结合案例，从职业素养角度思考，应如何避免此类事故发生？

一、航空货物运输法律法规概述

（一）航空货物运输概述

航空货物运输指通过航空器（一般为飞机）将货物从一地运往另一地的运输活动。它具有运输速度快、机动性强、安全准确、不受地面条件限制等优点，适合运送紧急物资、现货商品、精密仪器和贵重物品等。航空物流集成融合运输、仓储、配送、信息等多种服务功能，是现代产业体系的重要支撑。

根据《中华人民共和国民用航空法》第一百零七条的规定，航空货物运输可分为国内航空货物运输和国际航空货物运输两类。国内航空货物运输中，运输的出发地点、约定的经停地点和目的地点均在中华人民共和国境内；而国际航空货物运输中，运输的出发地点、目的地点或者约定的经停地点之一不在中华人民共和国境内。

资料补给站

《修订 1929 年华沙公约的议定书》（又称《海牙议定书》）规定，由几个连续的航空承运人所办理的运输如经合同当事人认为是一个单一的运输业务，则无论它是以一个合同或一系列合同的形式约定的，在本公约的意义上，应视为一个不可分割的运输，并不因其中一个合同或一系列的合同应完全在同一国家的领土内履行而丧失其国际性质。

（二）航空货物运输适用的法律法规和国际公约

1. 国内航空货物运输适用的法律法规

我国国内航空货物运输适用的法律法规，主要有《中华人民共和国航空法》（2021年修正）、《中国民用航空货物国内运输规则》（1996年）、《中国民用航空货物国际运输规则》（2000年）、《中华人民共和国民用航空安全保卫条例》、《国内航空运输承运人赔偿责任限额规定》（2006年）、《公共航空运输企业经营许可规定》（2018年修改）等，还有针对航空危险货物运输的《中国民用航空危险品运输管理规定》。

随着全球经济一体化发展的深化、我国民航体制改革的深入、四型机场建设和新时代民航高质量发展的推进，我国航空货运市场环境发生了深刻变化。为了统一规范国内、国际航空货物运输秩序，促进我国航空物流业发展，提升航空货运能力，推进传统航空货运企业向航空物流企业转型升级，促进多种运输方式的协同，中国民用航空局将制定《公共航空货物运输管理规定》《公共航空危险品运输管理规定》写入了《"十四五"民航立法专项规划（2021—2025年）》，并于2022年3月公开发布《公共航空货物运输管理规定（征求意见稿）》。

2. 国际航空货物运输适用的国际公约

我国国际航空货物运输适用的国际公约，主要有《华沙公约》《海牙议定书》《瓜达拉哈拉公约》《蒙特利尔公约》等。

> **职业素养小讲堂**
>
> 2020年，我国基本实现了从航空运输大国向航空运输强国跨越的目标。在"十四五"期间，智慧民航建设成为航空物流发展的主线，数字化建设涵盖民航全领域、全流程、全要素，推进民航强国进程，实现多领域的民航强国。未来民航业将实现"五个一"，其中"航空物流一张单"即通过提高航空物流设施的自动化水平，实现航空货物运输全程"可视、可测、可控、可响应"，让航空物流的流程大大简化，物流时间将大幅缩短，物流成本进一步降低，助力交通强国早日实现。

二、航空货运合同

（一）航空货运合同的概念与内容

航空货运合同

航空货运合同是航空承运人与货物托运人之间，依法就提供并完成以民用航空器运送货物达成的协议。

航空货运合同的内容一般包括：①托运人、收货人的名称及其详细地址；②货物的出发地点和目的地点；③货物名称和性质；④货物重量、数量、体积、价值；⑤货物包装、包装标准和运输标志；⑥运输质量及安全要求；⑦货物的装卸责任和方法；⑧储运注意事项；⑨货物的承运日期和运到日期；⑩货物的交接手续、运输费用及结算方式、违约责任、双方约定的其他事项。

(二)航空货运合同的当事人

航空货运业务中,涉及的当事人主要是托运人、承运人、收货人等。

1. 托运人的义务

托运人是指与承运人订立货物运输合同,在航空货运单或者货物记录上托运人栏内署名的人。托运人的义务包括:

(1)认真填写航空货运单,对货运单内容的真实性、准确性负责,并在货运单上签字或者盖章。托运人托运政府规定限制运输的货物以及需向公安、检疫等有关政府部门办理手续的货物,应随附有效证明。

(2)托运货物应符合出发地、经停地和目的地国家的法律和规定。

(3)对托运的货物,按照国家主管部门规定的标准包装,没有统一标准的,根据保证运输安全的原则,按货物的性质和承载飞机等条件包装。

(4)在托运的货件上标明发站、到站和托运人单位、姓名及详细地址,按照国家规定标明包装储运指示标志。

(5)托运国家规定必须保险的货物,应在托运时投保货物运输险。

(6)接受航空承运人对航空货运单进行查核,在必要时,还要接受承运人开箱进行安全检查。

(7)不在托运货物内夹带国家禁止运输、限制运输物品和危险物品。如发现谎报物品名,夹带上述物品,应按有关规定处理。

(8)托运在运输过程中必须有专人照料、监护的货物,托运人负责指派押运员押运。

(9)托运货物时,按照民航主管机关规定的费率缴付运费和其他费用。

(10)提供必需的资料和文件,以便在货物交付收货人前完成法律、行政法规规定的有关手续。

2. 承运人的义务

承运人是指包括发行航空货运单、接受托运人填开的航空货运单或者保存货物记录的航空承运人和运输货物、约定运输货物或者约定提供与此航空运输有关的任何其他服务的所有航空承运人。承运人一般是指公共航空运输企业,也就是航空公司,也是航空货物运输活动的实际承运人。

承运人的义务包括:

(1)根据运输能力,按货物性质和急缓程度,有计划地收运货物。

(2)收运货物时,要查验托运人的有效身份证件。凡国家限制运输的物品,必须查验国家有关部门出具的准许运输的有效凭证。

(3)检查托运人托运货物的包装,不符合航空运输要求的货物包装,须经托运人改善包装后方可办理收运。承运人对托运人托运货物的内包装是否符合要求,不承担检查责任。

(4)对收运的货物进行安全检查。对收运后24小时内装机运输的货物,一律实行开箱检查或者通过安检仪器检测。

（5）按照合理或经济的原则选择运输路线，避免货物的迂回运输。

（6）对承运的货物精心组织装卸作业，轻拿轻放，严格按照货物包装上的储运指示标志作业，防止货物损坏。

（7）按装机单、卸机单准确装卸货物，保证飞行安全。

（8）在运输过程中发现货物包装破损无法续运时，做好运输记录，通知托运人或收货人，征求处理意见。

（9）在货物运达到货地点后24小时内向收货人发出到货通知（急件货物的到货通知应在货物到达后两小时内发出）。从发出到货通知的次日起，货物免费保管3日。

（10）按货运单列明的货物件数清点后交付收货人。发现货物短缺、损坏时，应会同收货人当场查验，必要时填写货物运输事故记录，并由双方签字或盖章。

（11）及时处理托运人的变更要求，根据变更要求，更改或重开货运单，重新核收运费。如果不能按照要求办理，应迅速通知托运人。

3. 收货人的义务

收货人是指承运人按照航空货运单或者货物运输记录上收货人栏内所载明的人而交付货物的人。收货人的义务包括：

（1）在接到到货通知后，凭到货通知单和本人居民身份证或其他有效身份证件提货；逾期提取货物的，应向承运人支付保管费。

（2）提取货物时，对货物外包装状态或重量如有异议，应当场提出查验或者重新过秤核对。收货人提取货物后并在货运单上签收而未提出异议，则视为货物已经完好交付，承运人即解除运输责任。

（3）货物发生损失，最迟在收到货物之日起10日内提出异议。货物发生延误的，最迟在货物交付或者处理之日起21日内提出异议，并将所提异议写在运输凭证上或者另以书面提出。

> **课内小案例**
>
> 某航空公司一架由一国A城市飞往另一国B城市的客机，在飞行途中发现货舱内流出某种具有腐蚀性的液体，货舱、电子板和起落装置被腐蚀，降落时5名工作人员因此受伤。最后因修理价格过高只能将飞机报废。
>
> 调查发现，事故由腐蚀性危化物乙二酰氯引起，而此货物的货主在托运申报时按非危化物8-羟基喹啉进行了申报，且由于货物包装密封不到位导致飞机飞行途中出现漏液，最后造成如上损失。
>
> **思考：** 案例中事故的发生，问题出在哪个环节？应由谁来承担责任？

（三）航空货运合同的变更和解除

1. 航空货运合同的变更

货物承运后，托运人可按照有关规定要求向承运人提出变更到站、变更收货人或运回原发站的变更要求。处理合同变更时应注意：

（1）托运人对已办妥运输手续的货物提出变更要求时，应提供原托运人出具的书面要求、个人有效证件和货运单托运人联。要求变更运输的货物，必须是一张货运单填写的全部货物。

（2）承运人应及时处理托运人的变更要求，根据变更要求，更改或重开货运单，重新核收运费。如果不能按照要求办理，应迅速通知托运人。在运送货物前取消托运，承运人可以收取退运手续费。

（3）托运人的变更要求违反国家法律、法规和运输规定，承运人应予以拒绝。

（4）由于承运人执行国家交给的特殊任务或气象等原因，需要变更运输时，承运人应及时与托运人或收货人商定处理办法。

（5）对于托运人的指示不能执行的，承运人应立即通知托运人，并说明不能执行的理由。

2. 航空货运合同的解除

货物发运前，经合同当事人双方协商同意，或任何一方因不可抗力不能履行合同时，可以解除航空运输合同，但应及时通知对方。承运人提出解除合同的，应退还已收的运输费用。托运人提出解除合同的，应付给承运人已发生的费用。

三、航空货物运输单据

航空货物运输涉及的单据主要有货物托运书和航空货运单。

（一）货物托运书

货物托运书是货主凭本人居民身份证或者其他有效身份证件托运货物时需要填写，据以向承运人或其代理人办理托运手续的重要文件。

1. 货物托运书的基本内容

货物托运书的基本内容包括：①货物托运人和收货人的具体单位或者个人的全称及详细地址、电话、邮政编码；②货物品名；③货物件数、包装方式及标志；④货物实际价值；⑤货物声明价值；⑥普货运输或者急件运输；⑦货物特性、储运及其他说明。

2. 货物托运书的填写

依据法律规定，托运人应认真填写托运书，对托运书内容的真实性、准确性负责，并在托运书上签字或者盖章。运输条件不同或者因货物性质不能在一起运输的货物，应分别填写托运书。

（二）航空货运单

航空货运单是托运人或者其代理人自行或委托承运人填制的，是托运人和承运人之间为在承运人的航线上承运货物所订立合同的证据，同时也是航空货物运输合同订立和承运人接受货物的初步证据。

1. 航空货运单的构成

航空货运单正本一式三份，副本五份。三份正本具有同等效力。承运人可根据需要增加副本。

2. 航空货运单的填开使用

（1）航空货运单（下称货运单）应由托运人填写，连同货物交给承运人。

（2）如果承运人依据托运人提供的托运书填写货运单并经托运人签字，则该货运单应视为代托运人填写。

（3）托运人应对货运单上所填关于货物的说明或声明的正确性负责。

（4）托运人未能出示航空货运单、航空货运单不符合规定或者航空货运单遗失，不影响运输合同的存在或者有效。

（5）货运单的承运人联应自填开货运单次日起保存两年。

资料补给站

航空货运单上关于货物的重量、尺寸、包装和包装件数的说明具有初步证据的效力。除经过承运人和托运人当面查对并在航空货运单上注明经过查对或者书写关于货物的外表情况的说明外，航空货运单上关于货物的数量、体积和情况的说明不能构成不利于承运人的证据。

单元五　多式联运法律法规

引导案例

2017年1月，交通运输部等18部门联合印发《关于进一步鼓励开展多式联运工作的通知》，标志着我国已将多式联运发展上升为国家层面的制度安排。

2022年1月，国务院办公厅印发《推进多式联运发展优化调整运输结构工作方案（2021—2025年）》，提出提升多式联运承载能力和衔接水平、创新多式联运组织模式、促进重点区域运输结构调整、加快技术装备升级、营造统一开放市场环境、完善政策保障体系等六方面政策措施，有助于加快构建安全、便捷、高效、绿色、经济的现代化综合交通体系，更好服务构建新发展格局，为实现碳达峰、碳中和目标做出交通贡献。

2022年3月，为进一步规范示范创建工作，优化创建程序，细化创建要求，交通运输部、国家发展改革委联合公布《多式联运示范工程管理办法（暂行）》，用于多式联运示范工程申报及评选、组织实施、验收与命名、动态评估等工作，对于加强多式联运示范工程管理的规范化、制度化，不断提升多式联运发展水平，更好服务加快建设交通强国等国家战略实施具有重要意义。

（资料来源：交通运输部官网）

1. 有关多式联运的系列政策出台，向社会和行业传递了哪些信号？
2. 企业开展多式联运业务需要怎样的资质？
3. 我国下一步发展多式联运的重点在哪里？

一、多式联运概述

多式联运,即货物由一种且不变的运载单元装载,相继以两种及以上运输方式运输,在转换运输方式的过程中不对货物本身进行操作的联合运输形式。

《联合国国际货物多式联运公约》中"国际多式联运"的定义为:按照多式联运合同,以至少两种不同的运输方式,由多式联运经营人将货物从一国境内接管货物的地点运到另一国境内指定交付货物的地点。我国《海商法》对于国内多式联运的规定中,要求其中一种是海上运输方式。

相比其他运输方式,多式联运具有以下法律特征:
(1)只有一个多式联运承运人。
(2)存在一个多式联运合同。
(3)使用一份全程多式联运单据。
(4)是两种以上不同运输方式的连贯运输。

 职业素养小讲堂

> 多式联运表面看是多种运输方式的衔接,实则是一项战略性工程。在"双碳"背景下,多式联运作为一种集约高效的运输组织形态,具有资源利用率高、绿色低碳等特点,是交通领域低碳转型的典型代表,集中体现了综合交通运输体系建设成果和物流业发展整体水平。多式联运可以实现更低成本、更高效率的跨区域产品流通,促进产业布局优化和产业结构调整,对推动物流业降本增效和交通运输绿色低碳发展,完善现代综合交通运输体系具有积极意义。

二、多式联运合同

多式联运合同是指以两种以上(含两种)的不同运输方式将旅客(及其行李)或货物运输到约定地点的运输合同。多式联运经营人负责履行或者组织履行多式联运合同实施,对全程运输享有承运人的权利,承担承运人的义务。

(一)多式联运合同订立方式

多式联运合同的订立主要有两种方式:

(1)托运人或旅客与多式联运经营人订立合同。此时,先由托运人或者旅客与多式联运业务的经营人订立承揽运输合同,多式联运经营人为合同的承揽运输人(也即多式联运承运人)一方,托运人或旅客为合同的另一方。然后,多式联运经营人与各承运人签订运输协议。

(2)托运人或旅客与第一承运人订立运输合同。第一承运人是代表其他承运人与旅客或托运人签订运输合同并完成第一区段运输的承运人。在此种订立方式下,各个承运人为合同的一方当事人,而托运人或旅客为另一方当事人。各个承运人虽均为联运合同的当事人,但只有第一承运人代表其他承运人与托运人或旅客签订运输合同,其他承运人并不参与订立合同,第一承运人则为联运承运人。

（二）多式联运单据

多式联运单据是证明多式联运合同以及证明多式联运经营人接管货物并负责按照合同条款交付货物的单据。多式联运经营人收到物流企业交付的货物时，应签发多式联运单据。当多式联运的运输方式之一是海运，尤其是海运作为第一种运输方式时，多式联运单据多表现为多式联运提单。

1. 多式联运单据的分类

（1）可转让的多式联运单据

多式联运单据以可转让的方式签发时，应列明凭指示或向持票人交付。如列明凭指示交付，须经背书后转让；如列明向持票人交付，无须背书即可转让。

（2）不可转让的多式联运单据

如果托运人要求多式联运单据以不可转让的方式签发，则应指明记名的收货人。多式联运经营人将货物交给此种不可转让的多式联运单据所指明的记名收货人或经收货人通常以书面正式指定的其他人后，该多式联运经营人即已完成其交货责任。

2. 多式联运单据的内容

多式联运单据应载明下列事项：①货物名称、种类、件数、重量、尺寸、外表状况、包装形式；②多式联运经营人的名称和主营业场所；③托运人名称；④收货人名称；⑤接收货物的日期、地点；⑥交付货物的地点和约定的日期；⑦多式联运经营人或其授权人的签字及单据的签发日期、地点；⑧运费的支付；⑨逾期运输经由路线、运输方式、换装地点等。

3. 多式联运单据的签发

（1）多式联运经营人接管货物时，应签发一项多式联运单据。

（2）多式联运单据应由多式联运经营人或经他授权的人签字。

（3）多式联运单据上的签字，如不违背签发多式联运单据所在国的法律，可以是手签、手签笔迹的复印、打透花字、盖章、符号，或用任何其他机械或电子仪器打出。

（4）经发货人同意，可以签发不可转让的多式联运单据。在这种情况下，多式联运经营人在接管货物后，应交给发货人一份可以阅读的单据，载有用此种方式记录的所有事项，就《联合国国际货物多式联运公约》而言，这份单据应视为多式联运单据。

（5）按照托运人要求，多式联运单据可以是可转让单据，也可以是不可转让单据。

三、多式联运经营人

多式联运经营人，又称多式联运承运人，指本人或者委托他人以本人名义与托运人订立多式联运合同的人。《联合国国际货物多式联运公约》中将"多式联运经营人"定义为"其本人或通过其代表订立多式联运合同的任何人"。

多式联运经营人

（一）多式联运经营人的法律地位

多式联运经营人是一个独立的法律主体，与托运人签订多式联运合同并承担履行运输义务。不管是多式联运的实际提供人还是运输业务的承办人，都要负责对多式联运做出妥善安排，同时对整个多式联运合同履行过程中发生的货物的灭失、损害以及货物的迟延交付承担责任。

> **课内小案例**
>
> 2022 年 4 月 10 日，A 体育器材厂（下称托运人 A）要托运一批体育器材到西安，向承运人 B 提出运输要求，并提交"水陆联运货物运单"。B 港口接受承运，于 4 月 13 日根据"水陆联运货物运单"填写"水陆联运货票"一式四联，分别交有关部门。4 月 15 日，托运人 A 将 20 箱体育器材交给承运人 B 装运上船。4 月 22 日，货物到达 C 港口，转由铁路部门换装承运后到达目的地西安。4 月 23 日，货物到达后，收货人到车站验货，发现货物少了 3 箱，而且一箱包装物已散。收货人认为货票不符，拒绝接收，并向车站发出书面通知，要求说明原因并赔偿损失。车站以"尚未查清货物的灭失和毁损发生在哪个区段"为由，拒绝赔偿。经过鉴定，仍无法确认货物的灭失、毁损的发生区段。托运人 A 将铁路承运人告上法庭。
>
> 思考：案例中货物损失责任在哪一方？应如何判决？

（二）多式联运经营人的责任期间

多式联运经营人的责任期间，指多式联运经营人对所运输保管的货物负责的期间。我国《海商法》规定，多式联运经营人对多式联运货物的责任期间，自接收货物时起至交付货物时止。《联合国国际多式联运公约》认为多式联运经营人对于货物的责任期间"自接管货物之时起至交付货物时止"。

> **资料补给站**
>
> 责任期间是货物运输合同中的一个特殊概念，是合同双方必须受特定区段货物运输法规定约束的期间，也可理解为"法律适用期间"，在一般合同中没有责任期间的规定。货物运输合同中引入"责任期间"的概念，主要是为了适应各特定运输区段货物运输法的强制性。责任期间属于法定的特殊期限，如果货物灭失或者毁损发生在承运人的法定责任期间内，除另有规定外，承运人应当负赔偿责任。

（三）多式联运经营人的责任制形式

多式联运经营人的责任制形式，决定了多式联运经营人对哪些损失负责以及负什么样的责任。我国《海商法》等法律法规对多式联运经营人责任制形式的规定，一致采用了网状责任制，即多式联运经营人负责履行或者组织履行多式联运合同，并对全程运输负责。多式联运经营人与参加多式联运的各区段承运人，可以就多式联运合同的各区段运输，另以合同约定相互之间的责任。

四、国际多式联运的法律法规

（一）国际多式联运的概念

国际多式联运是在集装箱运输的基础上产生和发展起来的一种综合性的连贯运输方式，是指按照多式联运合同，以至少两种不同的运输方式，由多式联运经营人将货物从一国境内接管货物的地点运到另一国境内指定地点交付的货物运输。

《联合国国际货物多式联运公约》规定，国际多式联运需同时具备下列 6 个条件：①必须有一个多式联运合同；②必须使用一份包括全程的多式联运单据；③必须至少是两种不同运输方式的连贯运输；④必须是国际货物运输；⑤必须由一个多式联运经营人对全程运输总负责；⑥必须是全程单一的运费费率。

（二）国际公约或惯例

1.《联合运输单证统一规则》

《联合运输单证统一规则》于 1973 年制订，1975 年修正，以《国际商会第 298 号出版物》公布，具有国际惯例性质，其适用不具有强制性，但被国际货物多式联运合同双方当事人经常协议使用。

2.《1973 年多式联运单证统一规则》

《1973 年多式联运单证统一规则》系民间规则，于 1973 年由国际商会制定，后于 1975 年进行修订，供当事人自愿采纳。国际商会制定的此项规则通过多式联运单证的签发而得以适用。

3.《联合国国际货物多式联运公约》

《联合国国际货物多式联运公约》是 1980 年 5 月 24 日在日内瓦举行的联合国国际联运会议第二次会议上，经与会的 84 个贸发会议成员国一致通过的。该公约适用于货物起运地和（或）目的地位于缔约国境内的国际货物多式联运。

（三）国际多式联运经营人的赔偿责任

国际多式联运经营人的责任制度是国际多式联运法律制度的核心，也是上述国际公约和规则以及我国国内相关立法中重点规定的对象。

1. 责任期间

《联合国国际货物多式联运公约》实行的是多式联运经营人的全程统一负责制，公约规定的多式联运经营人对于货物的责任期间，自其接管货物之时起到交付货物时为止。

2. 赔偿责任的基础

在《联合国国际货物多式联运公约》中，仿照《汉堡规则》采用了推定过失责任制。对国际多式联运经营人赔偿责任基础的规定如下：

（1）多式联运经营人对于发生于其责任期间的货物的灭失、损坏和延迟交付所引起的损失，应负赔偿责任，除非多式联运经营人证明其本人、受雇人或代理人为避免事故的发生及其后果已采取一切所能合理要求的措施。

（2）如果货物未能在明确议定的时间内，或虽无此项议定，但未能在考虑到实际情况对一个勤勉的承运人所能合理要求的时间内，在海上运输合同所规定的卸货港交货，即为延迟交付。

（3）如果货物未在按照确定的交货日期届满后连续90日内交付，索赔人即可认为这批货物业已灭失。

3. 赔偿责任限制

《联合国国际货物多式联运公约》采用的是以过失责任为基础的"统一责任制"，即在发生货损时，不管货损发生在哪个运输区段，均按统一的限额赔付（但货损发生的运输区段所适用的国际公约或强制性国家法律所规定的赔偿限额如高于统一限额时，仍按该国际公约或国家的法律办理）。

《联合运输单证统一规则》实行网状责任制，在确知货损灭失发生地区段时，联运经营人的责任以该区段强制性国内法和国际公约确定赔偿额。并且，联运提单签发人仅负责第一程责任，当货物转到第二程运输后，它处于发货人代理人的地位，不代表第二程的承运人向发货人负责。

复习思考题

一、选择题

1. 下列（　　）原因造成的货物损失，承运人可以免责。
   A．由不可抗力造成
   B．货物的自然属性引起的损耗
   C．托运人或者收货人的过错
   D．运输过程中保管不当
2. 我国用于调整水路运输法律关系的法律法规中，属于法律的是（　　）。
   A．《海商法》　　　　　　　　　　B．《国际海运条例》
   C．《海上交通安全法》　　　　　　D．《港口经营管理规定》
3. 危险货物运输的运单由（　　）制作。
   A．托运人　　　　　　　　　　　　B．承运人
   C．收货人　　　　　　　　　　　　D．其他人
4. 租船合同包括（　　）。
   A．航次租船合同　　　　　　　　　B．定期租船合同
   C．光船租船合同　　　　　　　　　D．湿船租船合同

5. 以下对多式联运经营人义务的表述正确的是（　　）。

    A. 负责履行或者组织履行多式联运合同，并对全程运输负责

    B. 及时提供适合装载货物的运输工具

    C. 接收托运人或其代表交付的货物，并签发多式联运单据

    D. 按照规定的运达期间，及时将货物运至目的地

二、简答题

1. 危险货物道路运输从业人员管理制度包括什么？
2. 简述多式联运经营人的法律地位。
3. 简述航次租船合同、定期租船合同、光船租船合同的区别。

三、案例分析题

货主 A 委托货代公司 B 安排一批茶叶海运出口，货代公司 B 按照约定提取船公司提供的空集装箱并进行装箱后，将茶叶以整箱货状态交给船公司 C 进行装船。同时，货主 A 自行办理了货运一切险。货物到达目的港后，收货人拆箱提货时发现集装箱内异味浓重，茶叶也因受污染不能继续使用。经查，该集装箱在装运茶叶前上一航次所载货物为精萘。

    请问：1. 收货人的损失应由哪一方负责赔偿？为什么？

            2. 茶叶为何受到污染？应如何避免？

模块八
货物装卸搬运法律制度

学习目标

📖 知识目标

○ 了解货物搬运装卸的概念和特点，熟悉公路、港口、铁路货物装卸搬运作业中的相关法律规定，了解装卸搬运作业的安全操作规程。

〰 能力目标

○ 能够运用所学知识进行装卸搬运案例分析，明晰法律关系和法律责任。

📁 素质目标

○ 提升物流从业人员装卸搬运工作的合规性，提升物流从业人员学习、理解、遵守货物装卸搬运法律法规的自觉性和主动性，提升从业人员的专业素养和运用法律维护合法权益的能力。

单元一 货物装卸搬运法律关系概述

> **引导案例**
>
> 2022 年 6 月 10 日,某运输有限公司驾驶员王某与押运员张某按公司要求,驾驶一辆中型罐式货车从长沙市某油库购买 2 吨 "0 号柴油",运输到黄兴镇为其他货车加油。驾驶员王某正拿着加油枪为一辆货车加油时,被执法队员发现,现场没有配备灭火器、防静电装置、安全警示标识等,也没有采取任何安全防护措施。经第三方检测公司检测,该车 "0 号柴油" 抽样结果显示柴油闪点为 75℃,符合车用柴油标准。驾驶员与押运员均取得了相应的从业资格证,在运输过程中随车携带了道路运输经营许可证、危险货物道路运输电子运单以及安全卡,但在运输装卸过程中并没有采取安全措施,违反了《中华人民共和国安全生产法》第三十九条规定,现二人已被立案查处。
>
> 思考
> 1. 本案例中驾驶员和押运员的做法存在哪些风险?
> 2. 如何评价本案中驾驶员王某和押运员张某的行为?该行为会给运输公司和社会带来什么不利影响?
> 3. 该运输公司以后应如何加强安全管理工作?

一、物流中的装卸搬运的概念

装卸搬运是指各种运输工具上所装载商品的装卸和搬运,或仓库内保管商品的出库、入库、库内搬运,以及与上述活动有关的对商品进行处理的操作。装卸,以物品的垂直位移为主;搬运,以物品的水平方向位移为主。在生产企业物流中,装卸搬运是从上游的原材料、设备等装卸搬运开始,到终端的产品的装卸搬运为止的连续作业过程,是企业各生产工序间连接的纽带。在物流过程中,装卸与搬运经常被看作一个整体,称为"货物装卸"。

二、物流装卸搬运作业中的法律关系

物流装卸搬运作业中的法律关系,可以在运输、仓储或其他物流环节由相关当事人做出约定,也可以在一个综合性的服务合同中做出约定,还可以由单独签订的货物装卸作业合同完成。不论哪一种形式,其法律关系的基本构成相同。《民法典》关于合同的原则对物流装卸搬运作业服务类合同同样适用。

1. 装卸搬运作业合同的主体

货物装卸搬运作业合同的一方主体一般为港站经营人。港站经营人一般包括港口码头、内陆车站、机场货运中心的经营者以及经营仓储、装卸、转运工作的其他人,如道路货物运输站(场)经营者、港口经营人等。根据《港口经营管理规定》,港口经营人应依法取得经营资格，办理"港口经营许可证"，并按照港口行政管理部门许可的经营范围从事港口经营活动，其经营范围包括货物装卸服务。而港口理货业务经营人不得兼营港口货物装卸经营业务和仓储经营业务。

2. 装卸搬运作业合同的标的

货物装卸搬运作业合同应在招标或协商一致的情况下订立，其标的是无形的服务行为。服务行为直接作用于货物，服务行为的质量直接影响货物的客观状态，因此装卸搬运服务行为实施的方式必须与货物的特点相匹配，不同的货物对装卸搬运服务有不同的服务要求和服务标准，如危险货物。具体服务行为如何实施，在法律法规中很难做出统一的规定，需要当事人事先约定，否则出现纠纷时，会导致责任认定的困难。

3. 装卸搬运作业合同的内容

按照《民法典》的规定，货物装卸搬运作业合同的订立，可以采用书面形式，也可以采用口头形式，实际业务操作中基本都采用书面形式，电子资料、电子邮件等方式也被视为书面形式。

货物装卸搬运作业合同的内容由当事人约定，一般包括以下条款：作业委托人、港站经营人和货物接收人的名称、住所及联系方式；服务项目、货物的基本情况，包括货物名称、数量、质量、体积；服务报酬及结算方式；服务履行期限、地点和方式；装卸双方的其他权利和义务；违约责任；解决争议的方法等。

> **课内小案例**
>
> 2022年5月，甲物流公司与乙茶叶生产公司签订了产品的分销配送合同，约定由甲公司运输乙公司的茶叶。在合同履行期间，甲公司同时还承担其他货物的运输工作。在一次茶叶运输工作完成之后，收货人向乙公司打来投诉电话，称收到的茶叶变味，无法正常销售。乙公司对此展开调查，茶叶出厂经过质量检验，为一等品，交付运输时包装良好。于是乙公司把调查的方向转向了甲公司。经调查得知，由于为同一家超市送货，为了节省时间，甲公司在装完茶叶之后，又前往某食品加工厂装了半车的干货类海产品。但事后甲公司否认茶叶的变味与之有关。
>
> **问题**：该案例中，乙公司的损失应由谁来负责赔偿？为什么？

三、物流装卸搬运作业主体分类

装卸搬运作为物流所提供的服务之一，是现代物流的重要组成部分。我国没有单独的装卸搬运方面的法律法规，具体规定和要求散见于其他相关法律法规中。物流装卸搬运作业主体主要包括物流企业和专门从事装卸搬运活动的企业。物流企业作为合同当事人亲自完成装卸搬运作业，专门从事装卸搬运活动的企业依据装卸作业合同完成装卸搬运作业。明确不同的装卸搬运主体的法律要求，是确定该物流活动中所产生的法律责任的前提。

1. 物流企业作为合同当事人亲自完成装卸搬运作业

物流企业不可避免地会在物流过程中承担装卸搬运的活动，特别是具有装卸搬运能力的物流企业，即以自身的技术和能力完成物流过程中的装卸搬运环节。根据物流服务合同的要求亲自完成装卸搬运时，其在装卸搬运过程中处于装卸搬运经营人的地位，是物流服务合同的一方当事人，其权利义务由物流服务合同决定。在物流过程中，由于物流企业的故意或过失所造成的对方当事人的损失，则由该物流企业作为责任主体承担赔偿责任。

2. 专门从事装卸搬运活动的企业依据装卸搬运作业合同完成装卸搬运作业

装卸搬运作业合同指物流服务提供方与专门的装卸搬运企业签订的明确相互权利义务关系，以完成装卸搬运作业的协议。这里的物流服务提供方一般指提供全面物流服务的物流企业，或者是提供某一环节物流服务的企业，如运输企业、仓储企业。此时，物流服务提供方同时成为两个合同的当事人。对物流服务合同而言，它是受托人，按照物流合同完成委托事项；对装卸搬运作业合同而言，它是委托人，有权要求劳务提供者按照约定的时间和相应的标准完成装卸搬运事项。

因此，在物流过程中，由于专门的装卸搬运企业的故意或过失所造成物流服务接受方的损失，应由作为物流服务合同相对方的物流服务提供方先承担赔偿责任，然后可根据装卸搬运作业合同向实际造成该损失的专门的装卸搬运企业追偿。

单元二　公路装卸搬运法律法规

引导案例

2022年5月，个体运输从业者李某接到通达运输公司的电话，要求其将某钢材公司的一批钢管运到通达运输公司，然后通达运输公司再组织运往外地，李某的运输费用直接与通达运输公司结算。李某到钢材公司后，发现钢管长度超过了车辆的核定承载范围，但通达运输公司总经理张某指示李某继续承运，并承诺增加运费。李某按要求将货物运到指定地点后，因有事着急离开，便帮忙与通达运输公司员工一起卸货。卸货过程中，李某因操作不当导致钢管从车上滑落砸中其左腿，造成严重骨折。李某被及时送往医院，出院后向通达运输公司索赔，通达运输公司以李某操作不当为由拒不赔偿。李某将通达运输公司告上法院，希望法院判罚通达运输公司支付自己医药费、护理费、营养费、伙食补助费、误工费、伤残赔偿金及精神损害抚慰金等共13.2万元。最终法院认定双方构成帮工关系，判决通达运输公司赔偿李某各项损失12.75万元。

1. 本案例中，李某要求通达运输公司赔偿是否合理？为什么？
2. 如何评价本案中李某的行为？他错在哪里？
3. 通达运输公司应如何加强装卸作业的管理？

一、公路运输货物装卸搬运相关方的法律规定

公路货物运输相关方，一般包括托运人、收货人、装货人、公路货物运输经营者、公路货物运输站（场）经营者等。与危险货物道路运输相关的人员，包括管理者、托运人雇佣的人员、装货人员、卸货人员等，应接受与之工作职责相关的危险货物运输专业知识培训。

1. 道路货物运输活动的当事人

道路货物运输活动的当事人主要包括托运人、承运人、收货人。货物运输托运人和承运人，应当按照合同约定指派装卸管理人员；合同未予约定的，由负责装卸作业的一方指派装卸管理人员。从事危险货物运输经营的企业，应配有取得上岗资格证的驾驶人员、装卸管理人员、押运人员。承运人与托运人订立放射性物品道路运输合同前，应当查验、收存托运人提交的材料，其中包括装卸作业方法指南。

2. 道路货物运输站（场）经营者

道路货物运输站（场）经营者，应配备与其经营规模相适应的装卸设备，保证装卸机械和工具的技术状况符合货物装卸要求，并按照规定的业务操作规程进行货物的装卸搬运。不得超限、超载配货。不得违反国家有关规定，为运输车辆装卸国家禁运、限运的物品。装入公路运输车辆的货物应当符合核定的载重量，严禁超载；载物的长、宽、高不得违反装载要求。

3. 危险货物道路运输的装货人

危险货物道路运输的装货人，应当建立危险货物道路运输作业查验、记录制度，以及人员安全教育培训、设备管理和岗位操作规程等安全生产管理制度。装货人应当按照相关法律法规和《危险货物道路运输规则》（JT/T 617—2018）要求，对本单位相关从业人员进行岗前安全教育培训和定期安全教育。未经岗前安全教育培训考核合格的人员，不得上岗作业。同时，装货人应妥善保存安全教育培训及考核记录。岗前安全教育培训及考核记录保存至相关从业人员离职后 12 个月，定期安全教育记录保存期限不得少于 12 个月。

4. 危险货物道路运输从业人员

危险货物装卸管理人员和押运人员都属于危险货物道路运输从业人员，应依法取得从业资格证，持证上岗，并在从业资格证件许可的范围内从事道路运输活动，遵守国家相关法规和道路运输安全操作规程，不得违法经营、违章作业。道路运输从业人员应当在从业资格证件有效期届满 30 日前到原发证机关办理换证手续。危险货物道路运输驾驶员、装卸管理人员和押运人员均应依法取得从业资格证，并在从业资格证件许可的范围内从事道路运输活动，遵守国家相关法规和道路运输安全操作规程，不得违法经营、违章作业。

> **资料补给站**
>
> 危险货物道路运输装卸管理人员和押运人员应当符合以下基本条件：
> ① 年龄不超过 60 周岁；
> ② 初中以上学历；
> ③ 接受相关法规、安全知识、专业技术、职业卫生防护和应急救援知识的培训，了解危险货物性质、危害特征、包装容器的使用特性和发生意外时的应急措施；
> ④ 经考试合格，取得相应的从业资格证件。

从事危险货物道路运输作业相关的装卸管理人员，需要完成岗前安全教育培训和定期安全教育，培训内容包括以下几个方面：
① 危险货物道路运输有关法规；
② 危险货物分类和危险特性；
③ 危险货物标志、标记和车辆标志牌；
④ 运输车辆及相关设备的使用方法；
⑤ 运输单证要求；
⑥ 装卸作业基本知识；
⑦ 车辆或集装箱的混合装运要求；
⑧ 安全运输操作规程；
⑨ 个人防护方法、事故预防措施、应急处置程序等方面。

二、危险货物道路运输装卸搬运相关的法律规定

（一）危险货物道路运输装、卸货人应遵守的安全要求

1. 危险货物道路运输装货人应遵守的安全要求

（1）危险货物交付运输时，应当确保危险货物运输车辆按照《道路运输危险货物车辆标志》（GB 13392—2005）要求安装、悬挂标志；确保运输爆炸品和剧毒化学品的车辆安装、粘贴符合《道路运输爆炸品和剧毒化学品车辆安全技术条件》（GB 20300—2018）要求的安全标示牌。

（2）交付运输时，应当确保包装容器没有损坏或者泄漏，罐式车辆罐体、可移动罐柜、罐箱的关闭装置处于关闭状态。若包装已损坏或有泄漏风险时，不应将包件交付给承运人。

（3）充装和交付运输前，应当检查和清理每一个散装容器、集装箱或车辆以确保无下列情形的残留物：①可能与即将运输的物质发生危险的化学反应；②对散装容器、集装箱或车辆的结构完整性产生不利影响；③影响散装容器、集装箱或车辆对危险货物的适装性。

（4）应当按照相关标准进行装载作业。将危险货物装入车辆或者集装箱时，装载货物不得超过运输车辆的核定载质量，不得超出罐式车辆罐体、可移动罐柜、罐箱的允许充装量。

（5）应遵守危险货物混合装载的相关规定，以及与其他货物的隔离要求。

（6）应当建立危险货物装货制度，记录所充装或装载的危险货物类别、品名、数量、运单编号和托运人、承运人等相关信息并妥善保存，保存期不得少于12个月。

（7）建立装货查验制度，在充装或者装载货物前要做到"五必查"。

> **资料补给站**
>
> 危险货物道路运输装货人应当建立装货查验制度，在充装或者装载货物前要做到"五必查"。即查验：
> ① 车辆是否具有有效行驶证和营运证；
> ② 驾驶人、押运人员是否具有有效资质证件；
> ③ 运输车辆、罐式车辆罐体、可移动罐柜、罐箱等运输装备是否在检验合格有效期内；
> ④ 所充装或者装载的危险货物是否与运单载明的事项相一致；
> ⑤ 所充装的危险货物是否在罐式车辆罐体的适装介质列表范围内，或者满足可移动罐柜导则、罐箱适用代码的要求等。不符合要求的危险货物，不得充装或者装载。

2. 危险货物道路运输卸货人应遵守的安全作业要求

（1）卸载前，将运输单据与包件、集装箱、罐体或车辆的相关信息进行核对，确保卸载正确的货物。

（2）卸载前，应检查包件、罐体、车辆或集装箱是否已损坏或者存在安全风险，若已损坏或存在安全风险，应采取适当措施后方可卸载。

（3）卸载过程中，应遵守《危险货物道路运输规则第6部分：装卸条件及作业要求》中有关卸载的作业要求。

（4）卸载完成后，应立即清除卸载过程中粘在罐体、车辆或集装箱外侧的危险残留物，同时确保按照要求关闭阀门和辅助设备。

（5）对车辆或者集装箱进行必要的清洗和去污处理。

（6）卸货人委托其他企业或单位进行清洗、去污时，应采取措施保证其遵守《危险货物道路运输规则》（JT/T 617—2018）的要求。

（二）危险货物装卸作业的一般注意事项

在进行危险货物装卸作业时，应注意以下几点：

（1）装卸作业现场要远离火种、热源，通风良好；电器设备应符合国家有关规定要求，严禁使用明火灯具照明，照明灯应具有防爆性能；易燃易爆货物的装卸场所要有防静电和避雷装置。

（2）运输危险货物的车辆，应按装卸作业的有关安全规定驶入装卸作业区，放在容易驶离作业现场的方位上，禁止堵塞安全通道。停靠货垛时，车辆与货垛之间要留有安全距离。待装卸车辆与装卸中车辆保持足够的安全距离。

（3）装卸作业前，车辆发动机应熄火，并切断总电源（需从车辆上取得动力的除外）。装卸货物场地有坡度时，应采取防止车辆溜坡的有效措施。

（4）装卸作业前，应对照运单，核对危险货物名称、规格、数量，确保单货一致，并认真检查货物包装。货物的安全技术说明书、安全标志等与运单不符或包装破损、包装不符合有关规定的货物应拒绝装车。

（5）装卸过程中，应根据危险货物包装性质、体积、重量、件数等情况和包装储运图示标志的要求，采取相应防护措施，轻装轻卸，谨慎操作；防止混杂、撒漏、破损，不得与普通货物混合堆放；严禁有毒、易污染物品与食品混装。

（6）装车堆码时，堆码整齐，易于点数；桶口、箱盖朝上，允许横倒的桶口及袋装货物的袋口朝里；卸车堆码时，桶口、箱盖朝上，允许横倒的桶口及袋装货物的袋口朝外。堆码时，应从车厢两侧向内错位骑缝堆码，以保证装卸平衡。

（7）装车后，用绳索将货物捆扎牢固；易滑动的货物，需用防散失的网罩覆盖并用绳索捆扎牢固或用毡布覆盖严密；怕潮湿的货物应用篷布遮盖。

资料补给站

危　险　反　应

依据《中华人民共和国交通运输行业标准》（JT/T 617.1—2018）"附录 A　危险货物道路运输相关术语和定义"，危险反应指具有下列特征之一的反应：

1. 燃烧或释放大量热量；
2. 释放可燃、窒息、氧化或有毒气体；
3. 形成腐蚀性物质；
4. 形成不稳定物质；
5. 对于罐体，危险随压力升高而增加。

（8）装卸过程中需要移动车辆时，应先关上车厢门或栏板。车厢门或栏板在原地关不上时，应有人监护，在保证安全的前提下移动车辆，做到起步慢、停车稳。

（9）装卸危险货物的托盘、手推车应尽量专用。装卸前，要对装卸机具进行检查。装卸爆炸品、有机过氧化物、剧毒品时，装卸机具的最大装载量应小于其额定负荷的75%。

（10）装卸作业时，应当遵守安全作业标准、规程和制度，并在装卸管理人员的现场指挥或者监控下进行；装卸人员穿戴相应的防护用具，并采取相应的人身肌体保护措施。

（11）装卸完毕，应将作业现场清扫干净。危险货物的撒漏物和污染物应送到当地环保部门指定地点集中处理。

职业素养小讲堂

一例例安全生产事故警示我们，严格遵守安全操作规程，使用符合安全要求的工具器械及设备，严禁违章操作，对于保障危险品装卸安全、有效杜绝安全事故十分重要。

安全不光要强调，安全更是法律的要求。每一位参与者都要遵守法律法规，树立安全与法律意识，具备"安全无小事"的底线思维能力和红线意识，提高安全防范的素质和能力，才能真正确保生产安全、人身安全和财产安全。

单元三　港口装卸搬运法律法规

📖 引导案例

2015年4月23日晚11时20分左右，广东省清远市安顺运输有限公司所属"粤清远货6229"船在德庆县华鑫石料装卸码头装载石粉。由于码头不具备作业条件、货物装载不当、船岸未签订及执行安全生产管理协议、船岸未明确配（积）载要求、码头未取得"港口经营许可证"及船公司安全管理不到位等一系列原因造成船舶发生翻沉，船上4人落水，其中2人获救、2人死亡，造成直接经济损失约102万元，构成水上交通一般事故。

经调查，货物装载不当是事故的直接原因。首先，该码头的输送带、船岸通信工具以及系缆桩等设备设施均不满足设计规范要求，不具备作业条件；未按规定进行整改，超荷载作业。其次，在装货作业过程中，装完第四堆货时，船舶出现尾纵倾、左横倾的状态时，该船没有引起足够重视并及早采取措施；再次，"粤清远货6229"船发生自沉事故班次为首次到该码头装货，码头也是第一次给此类较小吨位的船舶装载。装载前，船岸双方既没有建立有效的沟通联系方式，也没有约定作业过程中可能发生的风险的防范及应急措施。装船过程中，由于船岸双方沟通联系不畅通，在船舶还没有调整好位置的情况下，码头继续装货，还偏偏装在该船货舱左舷一侧位置上，最终导致船舶横向倾斜加剧，左舷甲板浸水，机舱大量进水失去稳性，造成船舶翻沉、船员落水。

事故发生的间接原因包括：①船岸未明确配（积）载要求。装货前，船方未向码头提供船舶配（积）载图（表）资料，也没有提出该货船对配（积）载的具体要求；码头在不了解船舶配（积）载要求的情况下，给靠泊码头的"粤清远货6229"船进行装货作业。②码头在未取得"港口经营许可证"的情况下擅自从事装货作业。③货船归属单位为清远市安顺运输有限公司，在该船的日常管理、船员配备、船员培训、船员档案建立等方面均存在安全管理不到位等情况。该船货物装载过程中，船上4名人员，2人未持适任证书。

 思考
1. 分析案例中相关当事人的哪些行为导致了事故的发生？
2. 案例中相关当事人的错误行为说明了什么问题？
3. 在实际业务中，应采取哪些措施降低发生类似事故的风险？

一、港口装卸搬运法律法规概述

（一）港口装卸搬运作业相关概念

1. 港口

港口是综合交通运输枢纽，也是经济社会发展的战略资源和重要支撑。《港口装卸术语》（GB/T 8487—2010）中规定，港口（Port）指位于江、河、湖、海或水库沿岸，具备一定设备和条件，是一个由水上设施和陆上设施构成的运输综合体，供船舶出入和靠泊以进行客货运输或其他专门业务的地方。港口装卸过程是指货物从进港到出港所进行的由一个或几个操作过程组成的全部作业过程。

2. 港口经营

港口经营包括码头和其他港口设施的经营，港口旅客运输服务经营，在港区内从事货物的装卸、驳运、仓储的经营和港口拖轮经营等。

3. 港口经营人

港口经营人指依法取得经营资格从事港口经营活动的组织和个人。

4. 港口理货业务经营人

港口理货业务经营人指为委托人提供货物交接过程中的点数和检查货物表面状况的理货服务的组织和个人。

（二）港口装卸搬运作业相关的法律法规

目前，专门针对港口经营过程中装卸搬运作业的法律法规相对较少，相关条款分散在其他相关法律、行政法规条款中。

1. 有关港口经营方面的法律法规

港口经营，是指港口经营人在港口区域内为船舶、旅客和货物提供港口设施或者服务的活动，其中包括从事货物装卸（含过驳）、仓储、港区内驳运等。调整港口作业的国内法律法规主要有《中华人民共和国港口法》（以下简称《港口法》）、《港口经营管理规定》等。

我国的《港口法》主要适用于港口经营及相关活动。其第三章"港口经营"部分明确了我国港口经营人、港口理货业务经营人的法律地位和基本活动准则，但关于港口装卸作业的规定条款较少。

《港口经营管理规定》是《港口法》的重要配套规章之一，2020年12月进行第六次修正，并于2021年2月1日起正式施行。新修订的《港口经营管理规定》进一步放宽了港口的经营限制，强化了港口污染防治、风险防范、安全管理、监督管理。

2. 调整港口装卸作业的法律法规

目前，调整港口装卸作业的法律法规主要有《港口法》（2018年修订）、《港口经营管理规定》、《国内水路运输管理条例》（2022年修订）等。针对国际海上运输经营活动和相关辅助性经营活动，国际海运货物装卸业务是国际海上运输相关的辅助性经营活动之一，2019年修订的《中华人民共和国国际海运条例》《中华人民共和国国际海运条例实施细则》明确了国际海上运输及其辅助性业务的经营者的义务、责任以及从事相应经营活动的具体要求和法律责任。需要注意的是，在港口不涉及水运的作业，如货物是由铁路专线或者汽车等其他运输工具运进港口时，其装卸活动虽然发生在港口，却受制于铁路和公路方面的相关法规调整。

3. 调整危险货物水路运输装卸作业的法律法规

由于自身性质的特殊性，危险货物水路运输的装卸作业是否符合规范，直接关系到水路货物运输能否顺利进行，对参与人员、设施设备安全以及环境保护等都有重大影响。目前，在《港口法》、《危险化学品安全管理条例》（2013年修订）、《国内水路运输管理条例》、《港口危险货物安全管理规定》（2019年修订）、《危险货物水路运输从业人员考核和从业资格管理规定》（2021年修正）、《船舶载运危险货物安全监督管理规定》（2018年）等法律法规中，均有关于调整危险货物水路运输装卸作业的条款。

二、港口货物作业合同

（一）港口货物作业合同的概念

港口货物作业合同，是指港口经营人在港口对水路运输货物进行装卸、驳运、储存、装拆集装箱等作业，作业委托人支付作业费用的合同。港口作业中包含了港口货物装卸搬运作业。其中港口经营人与作业委托人双方订立港口货物作业合同，而货物接收人则是作业合同中，由作业委托人指定的从港口经营人处接收货物的人。

（二）港口货物作业合同的订立

1. 订立形式

港口货物作业合同，其实质是委托合同，是由双方在不违反法律法规的强制性规定前提下，本着公平的原则，采用书面、口头和其他形式订立的作业合同，实际业务中一般为书面合同。合同中的港口经营人称为作业受托方，另一主体称为作业委托方。这里的书面形式，指可以有形地表现所载内容的形式，有合同书、信件和数据电文（包括电报、电传、传真、电子数据交换和电子邮件）等多种形式可以选择。

（1）采用合同书形式订立作业合同的，自双方当事人签字或者盖章时合同成立。如果在签字或者盖章之前，当事人一方已经履行主要义务，对方接受的，该合同成立。

（2）采用信件、数据电文等形式订立合同的，可以在合同成立之前要求签订确认书。签订确认书时合同成立。

2. 合同的内容条款

港口货物作业合同一般包括以下条款：①作业委托人、港口经营人和货物接收人名称；②作业项目；③货物名称、件数、重量、体积（长、宽、高）；④作业费用及其结算方式；⑤货物交接的地点和时间；⑥包装方式；⑦识别标志；⑧船名、航次；⑨起运港（站、点）和到达港（站、点）；⑩违约责任；⑪解决争议的方法。

> **资料补给站**
>
> **港口货物装卸相关术语**
>
> 操作吨（Operational Ton），指每通过一个操作过程所装卸、搬运的货物数量，单位为吨。
>
> 装卸自然吨（Physical Ton），指1吨货物从进港到出港，不论经过几个操作过程，都按1吨计算，是港口装卸货物的理论数量。
>
> 操作吨与装卸自然吨的比值称为操作系数（Coefficient Cargo Handling）。操作吨与货物吞吐量的比值称为装卸工作系数（Operating Ratio）。

（三）港口货物作业合同的主体——港口经营人

港口经营人，也称为"港站经营人""运输终端经营人"，指接受作业委托人的委托，在其控制或者有权使用的场地，对海上运输的货物提供或安排堆存、装卸、驳运、储存、装拆集装箱等与运输有关的服务的人。港口经营人不是水路货物运输合同的当事人，但是由于其港口业务通常是水路货物运输中不可缺少的环节，因此港口经营人也是水路货物运输的重要利害关系方。

《港口经营管理规定》中将港口经营人定义为"依法取得经营资格从事港口经营活动的组织和个人"。此处的"港口经营活动"包含在港口区域内从事货物装卸（含过驳）、仓储、港区内驳运等活动。我国2018年修订的《港口法》中并没有港口经营人的概念，但规定了港口经营人的业务范围，明确了港口经营人的安全生产责任。港口经营人作为一个企业，依法享有经营者应当享有的一切权利，并依法履行应尽的义务。

（四）港口经营人的义务与责任

根据《港口法》《港口经营管理规定》等法律法规的规定，港口经营人应履行的义务和安全生产责任一般包括以下几个方面：

1. 实行经营许可制度

从事港口经营，应当向港口行政管理部门书面申请取得港口经营许可，并按照许可的经营范围从事港口经营活动。取得港口经营许可，应具有固定的经营场所，有与经营业务相适应的设施、设备、专业技术人员和管理人员，并应当具备法律、法规规定的其他条件。在"港口经营许可证"有效期届满之日30日以前（有效期为3年），向"港口经营许可证"发证机关申请办理延续手续。

2. 依法从事经营活动

从事经营活动，必须遵守有关法律、法规，遵守国务院交通主管部门有关港口作业规则的规定，依法履行合同约定的义务，按照核定的功能使用和维护港口经营设施、设备，并使其保持正常状态，为客户提供公平、良好的服务。按照有关规定及时足额交纳港口行政性收费。依照有关环境保护的法律、法规的规定，采取有效措施，防止对环境造成污染和危害。

遵守国家有关港口经营价格和收费的规定，并在其经营场所公布经营服务的收费项目和收费标准，使用国家规定的港口经营票据。不得实施垄断行为和不正当竞争行为，不得以任何手段强迫他人接受港口服务。

3. 加强安全生产管理

港口经营人应当建立健全安全生产责任制和安全生产规章制度，推进安全生产标准化建设，依法提取和使用安全生产费用，完善安全生产条件，建立实施安全风险分级管控和隐患排查治理制度，并严格落实治理措施；对从业人员进行安全生产教育、培训并如实记录相关情况，确保安全生产。

> **课内小案例**
>
> 2015年8月12日，天津市滨海新区发生一起特别重大生产安全责任事故。事故共造成165人遇难（其中参与救援处置的公安消防人员110人，事故企业、周边企业员工和周边居民55人）、8人失踪（其中天津港消防人员5人，周边企业员工、天津港消防人员家属3人）、798人受伤（其中58人伤情重及较重、740人轻伤）；304幢建筑物、12 428辆商品汽车、7 533个集装箱受损；直接经济损失68.66亿元人民币，给当地造成严重的经济损失和人员伤亡；对事故中心区及周边局部区域大气环境、水环境和土壤环境造成不同程度的污染。
>
> 这起事故给港口经营人敲响了警钟。港口经营人一岗双责，应切实承担起所辖范围内安全生产主体责任，防范安全生产风险。

三、港口装卸搬运作业及其法律关系

由于港口装卸业务中涉及较多当事人，所以装卸业务在法律关系方面也显得较为复杂。港口装卸业务中通常会涉及三方当事人，即港口经营人、承运人以及货方（托运人或收货人），他们之间的法律关系往往取决于签订的运输合同和港口作业合同的条款。一般有货方自理装卸船作业、港口经营人装卸作业两种情况。

1. 货方自理装卸船作业的法律关系

根据承运人与货方订立的运输合同的约定，由托运人负责在托运人专用码头或其他地点进行装船作业，或者由收货人负责在其专用码头或其他地点自理进行卸船作业时，装卸业务是由货方自理进行的。这种情况下如果发生货损货差，应当由承运人与托运人或收货人根据运输合同条款的规定来解决，与港口经营人无关，所以，这种情况下港口经营人与承运人、货方之间不存在合同法律关系。

2. 港口经营人装卸作业的法律关系

港口装卸作业由港口经营人负责时，一般会存在两种合同关系：

（1）一种是存在于货方与承运人间的运输合同关系。即承运人收取运费并负责将托运人托运的货物经海路由一港运至另一港，此时承运人应根据运输合同，履行在其责任期间内的货物的运输和保管责任；如果存在承运人将货物运输或部分运输委托给实际承运人履行，承运人与实际承运人之间需要签订另外的运输合同。承运人仍对全程运输负责，即对于实际承运人承担的运输，承运人应当对实际承运人的行为或者实际承运人的受雇人、代理人在受雇或者受委托的范围内的行为负责。

（2）另一种为承运人或货方作为作业委托人与港口经营人订立的港口作业合同。港口经营人根据港口作业合同的条款约定，履行其责任期间内的港口作业义务。此时，在装卸过程中发生的货损货差，可能会涉及承运人、货方及港口经营人的责任。涉及港口装卸搬运作业，需要大批量现场生产人员和管理人员，随着社会分工细化和现代物流业的快速发展，港口经营人会通过签订装卸搬运业务外包合同，将部分装卸搬运业务承包给专业的装卸搬运服务公司，以降低运营成本、提升核心竞争力，但同时也会存在劳务外包风险。此时的法律关系还会涉及装卸搬运作业企业，具体各方应承担的责任和履行的义务则应根据港口装卸作业合同和运输合同进行明确。

资料补给站

承运人对集装箱装运的货物的责任期间，指从装货港接收货物时起至卸货港交付货物时止，货物处于承运人掌管之下的全部期间。承运人对非集装箱装运的货物的责任期间，是指从货物装上船时起至卸下船时止，货物处于承运人掌管之下的全部期间。在承运人的责任期间，货物发生灭失或者损坏，除另有规定外，承运人应当负赔偿责任。承运人应当妥善地、谨慎地装载、搬移、积载、运输、保管、照料和卸载所运货物。

单元四 铁路装卸搬运法律法规

引导案例

2022年5月1日，A货运办理站组织两台正面吊对集装箱进行装车作业。孙某、张某作为装卸辅助人员，按值班指令，负责处理5～10位车厢里的废弃物。张某走到第5位车时，未发现孙某，使用对讲机也未联系上，在四下寻找未果的情况下，张某安排正面吊司机继续作业。直至装车作业完工，也未见孙某出现，于是A货运站组织相关人员针对5～10位车展开重点搜寻，当6位车已装好的集装箱被吊起时，发现孙某斜躺在底部，搜救人员随即拨打急救电话并报警，最终孙某抢救无效死亡。

事故调查分析表明，此次装卸作业事故是一系列原因导致的：

1. 孙某因未与正在作业的正面吊保持安全距离，导致受伤致死。

2. 因通信不及时、不通畅，张某在未寻找到孙某的情况下，主观臆测孙某去了其他地方，并安排正面吊司机继续作业。

3. 正面吊司机在没有指令和信号的情况下，凭借经验进行作业操作。

4. 作业中未执行"在垃圾清理期间不能够进行操作作业"的规定。

1. 涉及人员的行为表明了哪些深层问题？
2. 该单位应如何避免类似事故发生？
3. 我们在实际装卸作业中应该怎么做？

同其他物流环节相同，作用于铁路装卸搬运作业的法律规定也散见于各个法律法规中。在法律、行政法规层面，《民法典》《安全生产法》《铁路法》《铁路技术管理规程》《铁路安全管理条例》（2013年修订）中的相关规定都适用于铁路装卸搬运作业，如《铁路安全管理条例》（2013年修订）的第五章对铁路运输企业、托运人、承运人在铁路货物运输作业中的义务和责任进行了规范。在部门规章层面，如《铁路危险货物运输安全监督管理规定》，为促进铁路危险货物运输安全管理，保障铁路运输安全发挥了重要作用。在技术规章层面，《铁路货物装载加固规则》（TG/HY102—2015）、《铁路危险货物运输管理规则》（TG/HY 105—2017）、《铁路超限超重货物运输规则》（2017年）、《铁路鲜活货物运输规则》（TG/HY104—2018）、《铁路集装箱运输规则》（TG/HY110—2018）等分别针对货物装载加固规则以及危险货物、鲜活货物、集装箱货物等不同种类的运输对象装卸作业要求进行了明确规定。

一、铁路货物装载加固的相关规定

货物装载加固和货车满载工作技术性强，是铁路运输工作的重要组成部分，其主要任务是：保证货物、货车的完整和行车安全，充分利用货车载重力和容积，安全、迅速、合理、经济地运输货物。《铁路货物装载加固规则》便是铁路货物装载加固和货车满载工作的基本依据，适用于国内各铁路运输企业，铁路运输企业与托运人、收货人签订有关协议时要遵守规则中的相关规定。

1. 货物装载加固和货车满载工作实行分级负责制

各铁路运输企业负责安排专人负责，通过先进、成熟、经济、适用、可靠的技术和设备，提高货物装载加固和货车满载工作质量。各路局、直属货运站段、货运中心审核、组织落实货物装载加固方案，实行装车质量签认制度，保证货车满载、优化装载措施。各装车单位实行装车岗位责任制，坚持装车从严、发站从严的原则，严格按装载加固方案或相关技术要求装车，对重点货物实行装车质量签认制度。

2. 货物装载加固的基本技术要求

货物装载加固时，要遵守以下各项基本要求：

（1）货车装载时，要保证货物均衡、稳定、合理地分布在货车上，不超载、不偏载、不偏重、不集重。

（2）货物装载加固材料及装置的技术性能应符合国家标准、行业标准和《铁路货物装载加固规则》有关要求，以及有关技术条件。根据货物情况采用恰当的加固方法。对超出货车端侧墙（板）高度的成件包装货物，应用绳网或绳索串联一起捆绑牢固，也可用挡板

（壁）、支柱、镀锌铁线（盘条）等加固。袋装货物起脊部分应使用上封式绳网等进行加固。

（3）货车装载的货物重量（包括货物包装、防护物、装载加固材料及装置）不得超过其容许载重量。允许增载货车车型、适于增载货物品类及允许增载重量按《铁路货车增载规定》办理。涂打禁增标记的货车不准增载。

（4）装车前应正确选择车辆，遵守《铁路货物装载加固规则》货车使用限制表及有关规定，各类货车装载的货物不得超出货车的设计用途范围。

（5）装车后货物总重心的投影应位于货车纵、横中心线的交叉点上。必须偏离时，横向偏离量不得超过100毫米；纵向偏离时，每个车辆转向架所承受的货物重量不得超过货车容许载重量的1/2，且两转向架承受重量之差不得大于10吨。

（6）散堆装货物装车应使用货运计量安全检测设备防止超载，装车后应采取平顶等措施防止偏载偏重。装载成件包装货物时，应排列紧密、整齐。当装载高度或宽度超出货车端侧墙（板）时，应层层压缝，梯形码放，四周货物倾向中间，两侧超出侧墙（板）的宽度应一致。装载袋装货物时，袋（扎）口应朝向车内。

（7）装载货物时，应使用必要的装载加固材料及装置。

二、铁路危险货物装卸作业的相关规定

铁路货物运输中，危险货物只办理整车和集装箱运输。铁路货物运输系统中，通过实行领导负责制、专业负责制、岗位负责制、逐级负责制等制度，确保铁路危险货物运输安全。针对铁路危险货物装卸搬运作业，《铁路危险货物运输安全监督管理规定》《铁路危险货物运输管理规则》在安全评价、装卸作业等方面均做了一些规定，主要包括以下几个方面。

1. 铁路危险货物装卸作业实行安全评价制度

运输单位应当依据国家有关法律、法规、规章和标准等规定，对危险货物装卸、储存作业场所和设施等安全生产条件实行安全评价制度；新建、改建危险货物装卸、储存场所和设施，在既有作业场所增加危险货物品类，以及危险货物新品名、新包装和首次使用铁路罐车、集装箱、专用车辆装载危险货物的，都应当进行安全评价。

与装卸搬运作业有关的安全评价内容，主要包括以下几点：

（1）危险货物储运库房、装卸站台、堆场、雨棚等专用设施以及装卸机具、设备是否与所办理危险货物的品类和运量相适应。

（2）危险货物作业场所的储存、装卸、载运工具等设施、设备以及专用线接轨方式、线路作业条件等铁路运输安全基本设施、设备是否符合法律、法规、规章和标准等规定。

（3）管理人员、货运作业人员、装卸作业人员、运输经办人员和押运人员等是否经过铁路危险货物运输业务知识培训合格，是否熟悉本岗位的相关危险货物知识，是否掌握铁路危险货物运输规定。

（4）是否建立健全危险货物受理、承运、装卸、储存保管、消防、劳动安全防护等安全作业及管理制度。

（5）是否制定完善的铁路危险货物运输事故应急预案，是否配备应急救援人员和必要

的救援器材、设备。

2. 铁路危险货物装卸作业一般要求

为保证装卸作业的安全,铁路危险货物装卸作业应遵守以下几点要求:

(1)铁路危险货物运输的从业人员实行培训合格上岗制度。押运员、装卸作业人员等从业人员依法参加安全教育和岗位技术培训,考核合格后上岗作业。

(2)危险货物装卸场所和安全设施设备实行封闭管理,并设立明显的安全警示标志。设施设备布局、作业区域划分、安全防护距离等符合规定;装卸设备符合安全要求,易燃、易爆的危险货物装卸设备应当采取防爆措施;罐车装运危险货物应当使用栈桥、鹤管等专用装卸设施;危险货物集装箱装卸作业应当使用集装箱专用装卸机械。

(3)危险货物装卸作业应当遵守安全作业标准、规程和制度,做到轻起轻放,不得冲撞、拖拉、刮碰。装卸作业必须在装卸管理人员的现场指挥或者监控下进行。危险货物限使用棚车装运(铁路危险货物品名表"特殊规定"栏有特殊规定的除外)。装运时,同一车限同一品名、同一铁危编号。危险货物罐车装卸作业应在专用线内办理。

(4)具有易燃易爆性质的危险货物装卸作业使用的照明设备及装卸机具应具有防爆性能,并能防止由于装卸作业摩擦、碰撞产生火花。

> **职业素养小讲堂**
>
> 装卸搬运作业关系到物流作业整体的质量和效率,很多企业选择在搬运时不断地提升搬运速度以提升效率。如此一来就会导致很多管理者和从业人员忽视了安全方面的管控,容易酿成悲剧。操作人员缺乏装卸安全意识所导致的问题足以警示我们,装卸搬运企业在追求高效的同时,切不可忽略安全的重要性。

3. 铁路危险货物装车作业要求

(1)装车前注意事项。应对车辆和仓库进行必要的通风和检查,货运员应向装卸工组说明货物品名、性质、作业安全事项,并准备好消防器材和安全防护用品。对车辆采取防溜、防护措施;应当检查车辆的车种车型与规定装运货物相符,查看门窗状态、进行透光检查,确认车辆状况良好;应当检查货物的品名、包装、件数与货物运单填写是否一致,以及货物包装是否符合规定。

(2)装车时注意事项。要传达安全注意事项及装载方案,检查消防器材和安全防护用品。装载货物(含国际联运换装货物)不得超过车辆(含集装箱)标记载重量及罐车允许充装量,严禁增载和超装、超载;危险货物装车时,要轻拿轻放,堆码整齐、稳固,防止倒塌,严禁倒放、卧装(钢瓶等特殊容器除外)。

(3)装车后注意事项。检查堆码及装载状态,查验门窗是否关闭良好,做好施封加锁工作等。

4. 铁路危险货物卸车作业要求

(1)卸车前,检查车辆状态及施封情况,核对票据与现车,确定卸车及堆码方法。

（2）卸车时，传达安全作业注意事项及卸车方案，检查消防器材和安全防护用品。

（3）卸车后，清理车辆残存废弃物交由收货人负责处理，在收货人清理车辆残存废弃物后，对受到污染的车辆，及时回送洗刷所洗刷除污。因污染、腐蚀造成车辆损坏的，要按规定索赔。

三、铁路集装箱货物装卸作业的相关规定

集装箱运输是铁路货物运输的一种方式。铁路货物装卸作业的相关规定是指导铁路站场的人员规范组织装卸作业的依据，相关作业人员应严格按照规定规范作业，避免出现因装卸作业引起的货损货差事故。

铁路集装箱货物装卸作业的相关规定主要包括以下几点：

（1）集装箱装车前，必须清扫干净车地板，确认箱体、车体上无杂物。使用集装箱专用平车或共用平车时，装车前必须确认锁头齐全、状态良好；装车后必须确认锁头完全入位，箱门处的集装箱专用平车门挡或共用平车端板立起。

（2）装卸和搬运集装箱应使用集装箱专用装卸搬运机械，稳起轻放，防止剐蹭、冲撞集装箱和货车。集装箱装车时，应填制货车装载清单，记明箱号、车号等信息。不得采用在货车上焊接、钉固等损坏车辆的加固方式。

（3）集装箱应使用集装箱专用平车或共用平车装运，禁止使用普通平车装运。使用铁路货车装运集装箱时，全车集装箱总重不得超过货车标记载重，且应符合货车装载技术条件要求，保证货车不出现超载、偏载、偏重等问题。集装箱不得与其他货物装入同一辆货车内。

（4）集装箱装车和卸车时，应核对箱号，检查箱体和施封情况。使用特种货物箱和专用箱的，还应检查附属件。车站应根据货源情况等对发送集装箱进行开箱抽查并留存记录，防止出现匿报货物品名、夹带危险货物、装载加固不良等问题。

四、铁路鲜活货物装卸作业的相关规定

鲜活货物的装载与加固应符合《铁路货物装载加固规则》《铁路超限超重货物运输规则》等有关技术要求，其对运输车辆、装卸作业等都有十分严格的要求。

> **资料补给站**
>
> 鲜活货物是指在铁路运输过程中需要采取制冷、加温、保温、通风、上水、加冰等特殊措施，以防止出现腐烂、变质、冻损、生理病害、病残死亡等问题的货物，包括易腐货物和活动物两类。
>
> 1. 易腐货物，包括肉、蛋、乳制品、速冻食品、冻水产品、鲜蔬菜、鲜水果、花卉植物等，按其热状态分为冻结货物、冷却货物和未冷却货物。冻结货物是指经过冷冻加工成为冻结状态的易腐货物。冷却货物是指经过冷却处理，温度在冻结点以上的易腐货物。未冷却货物是指未经过任何冷处理，完全处于自然状态的易腐货物。
>
> 2. 活动物包括禽、畜、兽、蜜蜂、水产品等。

1. 铁路鲜活货物装车作业要求

（1）托运人要落实货源，备齐单证，准备好必要的货物安全防护用品。在装车（箱）前必须检查车辆（集装箱）状况，发现状态不良不能保证货物安全和运输质量的，应及时提出，承运人应予调换。按规定需要对车辆进行消毒的，由托运人按卫生部门和动物卫生监督部门要求办理。

（2）车站、托运人、收货人应密切配合，及时做好装车、卸车和搬运工作，并采取必要的防护措施，防止货物在装卸、搬运过程中出现腐烂、变质、冻损、污染、生理病害、病残死亡等问题。

（3）承运人应调配技术状态良好、干净清洁的铁路货车（集装箱）用于鲜活货物运输。车站要组织对不清洁的车辆（集装箱）进行清扫、洗刷。

（4）使用机械冷藏车运输时，货物的质量、温度、包装和选用车辆、装运方法，均应符合《铁路鲜活货物运输规则》的相关规定。使用机械冷藏车运输易腐货物时，在装车前必须预冷，待车内温度降低到规定温度后（协议运输从其约定），方可装车。经过预冷的冷藏车装车时，应采取措施保持车内温度。在装卸车作业中应使用不致损坏车内设备的工具。

（5）冷藏车、铁路冷藏集装箱严禁用于装运易污染、腐蚀和损坏车辆或箱体的非易腐货物。无包装的水果、蔬菜（西瓜、哈密瓜、南瓜、冬瓜除外）等易污染、损坏车内设备或箱体的易腐货物不得用冷藏车、铁路冷藏集装箱装运。

2. 铁路鲜活货物卸车作业要求

（1）收货人领取货物时，必须将货物的装车备品、防护用品、衬垫物品等全部搬出。不得以对到达货物有异议为由，拒绝卸车或中途停止卸车，否则因此造成的扩大损失由收货人承担。

（2）易腐货物装卸车作业时，应轻拿轻放。冷藏集装箱装卸和搬运时，应稳起轻放，避免冲撞，防止损坏。铁路集装箱掏空后，掏箱单位应将集装箱清扫干净，将箱门关闭良好，撤除无关标记。

（3）到达货物出现腐烂、变质、冻损、污染、病残死亡等问题时，到站应立即组织卸车并按规定编制货运记录，使用机械冷藏车的应会同乘务组组织卸车。

（4）被动物、动物产品等污染的车辆（铁路箱）、货位，卸车（掏箱）单位要彻底洗刷除污，保证没有残留的污水、秽物。按规定需要消毒的，由收货人按卫生部门和动物卫生监督部门要求办理。车辆（铁路箱）洗刷除污、消毒后适当通风，晾干后再关门。

（5）卸车单位负责将卸后的车辆和货位清扫干净。卸车单位没有货车洗刷除污条件的，车站应根据调度命令填写"特殊货车及运送用具回送清单"，向铁路局集团公司指定的洗刷除污站回送。清扫、洗刷除污费用由收货人承担。

（6）机械冷藏车洗刷除污、消毒后须经车站和乘务组检查验收，棚、敞车和铁路箱洗刷除污、消毒后须经车站检查验收。

> **课内小案例**
>
> 2022年夏，安徽省某铁路货运场3名装卸工卸危险化学品硫酸。由于之前装运液碱，出料管清洗不到位导致槽车出料管堵塞，无法按正常程序完成卸车作业。3人将法兰拆开，用钢管插入出料管进行疏通。出料管被疏通时，管内硫酸喷出溅到3人身上和面部。由于3人当时均未佩戴防护面罩，液体溅入眼睛，导致3人视力和泪腺受损。
>
> 问题：1. 事故是什么原因导致的？
> 　　　2. 从职业规范角度分析，应如何避免类似事故发生？

复习思考题

一、选择题

1. 危险货物道路运输的装货人应当建立（　　）制度。
   A. 装货查验记录制度　　　　　　B. 从业人员进行安全教育培训制度
   C. 安全生产管理制度　　　　　　D. 危险货物装货制度

2. 下列属于港口经营人应履行的义务和安全生产责任的是（　　）。
   A. 依法取得港口经营许可，并在许可的经营范围内从事港口经营活动
   B. 建立健全安全生产制度，制定危险货物事故应急预案、重大生产安全事故的救援预案，完善安全生产条件，确保安全生产
   C. 依照有关环境保护的法律、法规的规定，采取有效措施，防止对环境造成污染和危害
   D. 按照核定的功能使用和维护港口经营设施、设备，并使其保持正常状态

3. 铁路危险货物运输应对（　　）进行安全评价。
   A. 危险货物装卸、储存作业场所和设施等安全生产条件
   B. 新建、改建危险货物装卸、储存场所和设施
   C. 在既有作业场所增加危险货物品类，以及危险货物新品名、新包装
   D. 首次使用铁路罐车、集装箱、专用车辆装载危险货物

4. 港口安全生产事故多发的两大主要因素是（　　）。
   A. 人的不安全行为　　　　　　　B. 港口的现代化程度
   C. 物的不安全状态　　　　　　　D. 管理制度不健全

5. 铁路货物装载加固的基本技术要求描述正确的是（　　）。
   A. 货物装载均衡、稳定地分布在货车上，不超载、不偏载、不偏重、不集重
   B. 货物的装载高度、宽度和计算宽度，除超限货物外，不得超过机车车辆限界基本轮廓和特定区段装载限制

C. 装载货物时，应使用必要的装载加固材料及装置，可适当采用篷布、篷布绳网、篷布支架等作为装载加固材料
D. 根据货物情况采用恰当的加固方法

二、简答题

1. 简述装卸搬运在物流中的地位表现在哪些方面？
2. 从事危险货物道路运输作业相关的装卸管理人员，岗前安全教育培训和定期安全教育培训的内容主要有哪些？
3. 与铁路装卸搬运作业有关的法律法规有哪些？

三、案例分析题

2017年5月15日凌晨，某码头"塞尔"号货轮在装货过程中进行船用燃料油转驳，因工作人员疏忽，负责燃料油转驳的二管轮未按照原计划操作，也没有按照公司文件要求实时监控燃料油舱内液位，导致燃料油冒舱。船长在发觉冒舱后，风险估计不足，未及时采取清污措施，导致大约10千克燃料油从透气管围壁和甲板溢出入海。

请问：1. 本次事故的原因和存在的主要问题是什么？
2. 本案例当事人的行为会带来哪些不利影响？应承担哪些法律责任？
3. 为避免类似事故发生，你有哪些安全管理建议？

模块九
保险合同概述

学习目标

📖 知识目标

○ 掌握保险合同的基本原则、构成,理解保险合同的法律特征;掌握海上货物运输保险的险别、除外责任和责任期限;掌握陆上货物运输的险种与责任范围;掌握航空货物运输的险种与责任范围。

能力目标

○ 通过实践充分了解物流相关保险类型;通过法律实践,加强对物流保险具体条款认知,逐步形成保险意识,有效转移企业风险。

素质目标

○ 培养保险意识、诚信意识和社会责任感,强化学生对货物运输保险的意义和价值的理解,提升为企业通过购买保险抵御风险的意识。

单元一 物流保险法律制度概述

引导案例

北京某物流公司 2021 年 11 月 11 日与某财产保险公司的代理人签订了包括自燃、水淹、失窃等保险事故在内的货物财产保险合同。根据保险合同，该公司将自有的固定资产和流动资产全部投入保险，保险费 3 万元，保险期限一年。保险合同中约定：当投保的标的发生保险合同中承保的保险事故而造成损失时可以要求保险公司给予补偿。同时，在保险合同、保险单及所附财产明细表中，均写明投保的流动资产包括产成品、原材料和产品均存放在上海厂区库房，并在地图上标明了实际位置。投保后，物流公司先后于 2022 年 7 月 8 日、12 日两次将产成品发往其驻南京的销售部，共计 2 000 件，价值 35 万元。2022 年 8 月 10 日，南京连日持续高温，引起南京库房的货物自燃，全部被毁。对此损失，保险公司拒绝赔偿。

1. 本案例物流保险合同关系中的主体、客体和内容分别是什么？
2. 本案例中引起物流保险法律关系产生、变更和终止的法律事实是什么？

一、保险合同的概念和法律特征

（一）保险合同的概念

从法律的角度看，保险合同是一种以合同为其表现形式的商业行为。保险合同又称保险契约，是指保险双方当事人为了实现经济保障的目的，明确双方权利与义务关系的协议。在保险关系中，投保人与保险人是保险双方当事人。因此，《中华人民共和国保险法》（以下简称《保险法》）第十条规定，保险合同是投保人与保险人约定保险权利义务关系的协议。投保人是指与保险人订立保险合同，并按照合同约定负有支付保险费义务的人。保险人是指与投保人订立保险合同，并按照合同约定承担赔偿或者给付保险金责任的保险公司。

保险合同应采用书面形式，实践中主要有保险单、保险凭证、投保单、暂保单等。

资料补给站

《中华人民共和国保险法》第二条规定，本法所称保险，是指投保人根据合同约定，向保险人支付保险费，保险人对于合同约定的可能发生的事故因其发生所造成的财产损失承担赔偿保险金责任，或者当被保险人死亡、伤残、疾病或者达到合同约定的年龄、期限等条件时承担给付保险金责任的商业保险行为。

（二）保险合同的法律特征

从合同制度角度讲，保险合同是一种独立的合同类型，因此它必须具有合同的一般法律属性。同时，保险合同作为独立的合同类型，又具有自身的诸多法律特点，以区别于其他各种合同。这些法律特征表现如下：

1. 保险合同是典型的保障性合同

保障性合同是指此类合同的根本作用是向社会公众和社会经济生活提供保障手段。保险合同其保障性表现在：保险合同双方当事人一经达成协议，保险合同从约定生效时起到终止时的整个期间，保险标的的风险都受到保险人的保障。保险标的一旦发生保险事故，保险人承担经济赔偿或给付保险金义务。

2. 保险合同是一种最大诚信合同

由于保险合同具有的提供保险保障的偶然性，所以法律对于诚实信用原则在保险合同制度中的适用更为强调，以致在长期的保险实务过程中形成了一条公认的最大诚信原则。

由于保险经营是具有特殊风险的行业，保险人只能是对投保人或被保险人予以极大的信任，根据其提供的情况来决定是否承保和所适用的保险费率。

3. 保险合同是射幸合同

射幸就是侥幸、碰运气的意思。保险合同之所以是射幸合同，原因在于保险事故发生的不确定性，或者说因为保险合同履行的结果是建立在保险事故可能发生，也可能不发生的基础上的。这主要是就单个保险合同而言，在订立保险合同之时，投保人交纳保险费换取的只是保险人的承诺，而保险人是否履行赔偿或给付保险金的义务，取决于约定的保险事故是否发生。

4. 保险合同是附和合同和典型的格式合同

在签订保险合同的过程中，保险人一方将其所拟订的保险合同格式条款提供给投保人，投保人处于被动的地位，对于格式条款一般情况下仅仅表示是否接受。所以，法律上称保险合同为附和合同。

5. 保险合同是诺成合同

保险合同作为诺成合同，是基于投保人和保险人双方意思表示一致而成立的，并非实践性合同。

6. 保险合同是双务合同

保险合同是典型的双务合同。投保人有按照合同约定支付保险费的义务，被保险人在保险事故发生时享有请求保险人赔偿或者给付保险金的权利；保险人应承担保险合同约定的保险事故发生时赔付保险金的义务，享有收取保险费的权利。

二、保险合同的基本原则

（一）最大诚信原则

最大诚信原则是指保险双方当事人在签订和履行保险合同时，必须保持最大的诚意，互不欺骗和隐瞒，恪守合同的承诺，全面履行自己应尽的义务。否则，将导致保险合同无效，或承担其他法律后果。《保险法》第五条规定，保险活动当事人行使权利、履行义务应当遵循诚实信用原则。诚实信用，互不隐瞒和欺骗，双方进行充分沟通、解释和正确披露。《保险法》第十六条规定，订立保险合同，保险人就保险标的或者被保险人的有关情况提出询问的，投保人应当如实告知。《保险法》第十七条规定，订立保险合同，采用保险人提供的格式条款的，保险人向投保人提供的投保单应当附格式条款，保险人应当向投保人说明合同的内容。

最大诚信原则主要包括告知、保证、弃权与禁止反言。

1. 告知

告知也称披露或陈述，是指合同订立前、订立时及在合同有效期内，要求当事人按照法律实事求是、尽自己所知、毫无保留地向对方所做的口头或书面的陈述。

2. 保证

保证是保险人签发保险单或承担保险责任的条件，其目的在于控制风险，确保保险标的及其周围环境处于良好的状态中。保证属于保险合同的重要内容，其表现形式可分为明示保证和默示保证两种。

3. 弃权与禁止反言

弃权是保险合同一方当事人放弃他在保险合同中可以主张的某种权利，通常是指保险人放弃合同解除权与抗辩权。禁止反言也称禁止抗辩，是指保险合同一方既然已放弃他在合同中的某种权利，将来不得再向他方主张这种权利。在保险实践中，它主要用于约束保险人。

（二）代位追偿原则

代位追偿原则是指在保险中，由于第三人的责任而导致保险标的受损，保险人按照保险合同的约定履行赔偿责任后，依法取得代替被保险人向第三人请求赔偿的权利。《保险法》第六十条规定，因第三者对保险标的的损害而造成保险事故的，保险人自向被保险人赔偿保险金之日起，在赔偿金额范围内代位行使被保险人对第三者请求赔偿的权利。《保险法》第六十一条规定，保险事故发生后，保险人未赔偿保险金之前，被保险人放弃对第三者请求赔偿的权利的，保险人不承担赔偿保险金的责任。

（三）损失补偿原则

损失补偿原则是指在财产保险中被保险人和保险人签订保险合同，将特定的风险转由保险人承担，当保险标的发生了承保责任范围内的损失时，保险人应当按照保险合同条款的规定履行全部赔偿责任。

（四）近因原则

近因原则是指保险人对于承保范围的保险事故作为直接的、最接近的原因所引起的损失承担保险责任，而对于承保范围以外的原因造成的损失，不负赔偿责任。

三、保险合同的构成

（一）保险合同的主体

保险合同的主体是指参与保险关系的各方当事人，是保险合同得以构成的首要条件。

1. 保险人

保险人又称承保人，是指与投保人订立保险合同，并按照保险合同的约定享有收取保险费的权利，并承担赔偿或者给付保险金责任的一方当事人。我国《保险法》第十条规定，保险人是指与投保人订立保险合同，并按照合同约定承担赔偿或者给付保险金责任的保险公司。保险人的主要义务包括：①按照约定的时间开始承担保险责任的义务；②向投保人说明合同内容的义务；③以书面或者口头形式向投保人明确说明免责条款的义务；④按照约定支付保险金的义务等。

2. 投保人

投保人又称要保人，是保险合同的另一方当事人，是指与保险人订立保险合同，并按照保险合同约定负有支付保险费义务的人。在实践中，投保人可以是公民个人、法人组织或者其他组织。投保人可以是为自己的利益与保险人订立保险合同，也可以是为他人的利益与保险人订立保险合同。

3. 被保险人

被保险人是在保险合同中直接享受保险保障的一方当事人。投保人可以同时就是被保险人，也可以分别为不同的民事主体。被保险人的主要义务包括：①投保前进行如实告知的义务；②知悉保险事故后尽快通知保险公司的义务；③提供保险事故理赔相关证明、资料的义务；④被保险人对职业发生变化或保险标的风险因素增加或减少的通知义务。

（二）保险合同的客体

保险合同保障的对象是被保险人对其财产或者生命、健康所享有的利益，即保险利益。所以保险利益是保险合同当事人的权利义务所共同指向的对象，是保险合同的客体。在保险合同的履行过程中，如果投保人对保险标的丧失了保险利益，则保险合同无效。

（三）保险合同的保险标的

保险标的在财产保险中是指作为保险对象的财产及其有关利益，在人身保险中是指人的生命和身体。它既是确定危险程度和保险利益的重要依据，也是决定保险种类、确定保险金额和保险费率的依据。

四、保险条款的解释原则

当发生保险索赔时，保险人和投保人可能发生各种争议纠纷，而争议纠纷的产生有相当部分是由于双方当事人对保险合同某些条款的理解不同所造成的。这就需要法院或仲裁机构对有争议的保险合同条款做出解释。

1. 文义解释原则

文义解释原则是指按照保险合同条款通常的文字含义并结合上下文解释的原则。同一词语出现在不同地方，前后解释应一致，专业术语应按本行业的通用含义解释。

2. 意图解释原则

意图解释原则是指按照双方当事人在订约时的真实意图进行解释的原则。一般只能适用于文义不清,条款用词不准确、混乱模糊的情形。解释时要根据保险合同的文字、订约时的背景、客观实际情况进行分析推定。

3. 有利于被保险人的解释原则

由于保险合同条款大多是由保险人拟定的,当保险条款出现含糊不清的意思时,应作有利于被保险人的解释。但这种解释应有一定的规则,不能随意滥用,只能用于合同所用语言、文字不清或一词多义时。

4. 尊重保险惯例

保险业务有其特殊性,是一种专业性极强的业务。在长期的业务经营活动中,保险业产生了许多专业用语和行业习惯用语,这些用语的含义常常有别于一般的生活用语,并为世界各国保险经营者所接受和承认,成为国际保险市场上的通行用语。为此,在解释保险合同时,对某些条款所用词句,不仅要考虑该词句的一般含义,而且还要考虑其在保险合同中的特殊含义。

五、保险合同的成立、变更和解除

(一)保险合同的成立与生效

1. 保险合同的成立

保险合同成立是投保人向保险人发出要约,保险人对投保人的要约表示承诺后,签发保单,保险合同即为成立。订立保险合同,同订立其他合同一样,要经过要约和承诺两个步骤。

2. 保险合同的生效

保险合同的生效,是指合同条款对当事人双方已发生法律效力,要求当事人双方恪守合同,全面履行合同规定的义务。保险合同成立与生效的关系有两种:一是合同一经成立立即生效,双方便开始享有权利,承担义务;二是合同成立后不立即生效,而是等到合同生效的附属条件成立或附属期限到达才生效。

(二)保险合同的变更

投保人和保险人可以协商变更合同内容。《保险法》第二十条规定,投保人和保险人可以协商变更合同内容。变更保险合同的,应当由保险人在保险单或者其他保险凭证上批注或者附贴批单,或者由投保人和保险人订立变更的书面协议。根据实际情况,原保险合同中的必要之点,如危险程度、标的种类或数量、保险金额、存放地点、保险期间、被保险人名称、受益人等发生变化,被保险人都必须提出申请,经保险人同意后签发批改单(批单)。

(三)保险合同的解除

保险合同的解除是指根据法律规定或根据当事人双方协商一致,解除保险合同的一种法律行为。一旦双方当事人行使解除权,保险合同即宣告中止。保险合同解除的形式包括法定解除和协议解除。

1. 法定解除

法定解除是法律赋予合同当事人的一种单方解除权，下列情况可以法定解除保险合同：

（1）保险标的发生部分损失的，自保险人赔偿之日起 30 日内，投保人可以解除合同；除合同另有约定外，保险人也可以解除合同，但应当提前 15 日通知投保人。

（2）投保人故意或者因重大过失未履行法律规定的如实告知义务，足以影响保险人决定是否同意承保或者提高保险费率的，保险人有权解除合同。

（3）因保险标的转让导致危险程度显著增加的，保险人自收到通知之日起 30 日内，可以按照合同约定增加保险费或者解除合同。

（4）投保人、被保险人未按照约定履行其对保险标的的安全应尽责任的，保险人有权要求增加保险费或者解除合同。

（5）未发生保险事故，被保险人或者受益人谎称发生了保险事故，向保险人提出赔偿或者给付保险金请求的，保险人有权解除合同，并不退还保险费。

（6）投保人、被保险人故意制造保险事故的，保险人有权解除合同，不承担赔偿或者给付保险金的责任；除《保险法》第四十三条规定外，不退还保险费。

《保险法》第五十条规定，货物运输保险合同和运输工具航程保险合同，保险责任开始后，合同当事人不得解除合同。

2. 协议解除

协议解除又称约定解除，是指合同当事人经协商同意解除保险合同的一种法律行为。保险合同的协议解除要采取书面的形式。

> **职业素养小讲堂**
>
> 诚信是一个道德范畴，是公民的第二张"身份证"。诚信包括两个方面：一是诚，指为人处事真诚诚实；二是信，指信守承诺。以下这些保险条款充分体现了诚信原则。
>
> 《保险法》第十六条规定，投保人故意不履行如实告知义务的，保险人对于合同解除前发生的保险事故，不承担赔偿或者给付保险金的责任，并不退还保险费。
>
> 投保人因重大过失未履行如实告知义务，对保险事故的发生有严重影响的，保险人对于合同解除前发生的保险事故，不承担赔偿或者给付保险金的责任，但应当退还保险费。

单元二　海上货物运输保险

引导案例

一艘载货船舶在航行途中不慎搁浅，事后船长下令强行起浮，但船上轮机受损并且船底划破，海水渗进货仓，造成船上货物部分受损。该船驶至附近的一个港口修理并暂卸大部分货物,共花费一周时间,增加了各项费用支出,包括船员工资。货船修复完毕装上原货重新启航后不久,A舱起火,船长下令灌水灭火。A舱载有儿童玩具、茶叶等,灭火后发现儿童玩具部分被焚毁,余下的儿童玩具和茶叶全部被水浸湿。

> **思考** 试分析上述各项损失的性质,并说明在投保何种险别的情况下,保险公司方负责赔偿。

一、海上保险概述

(一)海上保险的概念

海上保险是保险人和被保险人通过协商,对船舶、货物及其他海上标的所可能遭遇的风险进行约定,被保险人在交纳约定的保险费后,保险人承诺一旦上述风险在约定的时间内发生并对被保险人造成损失,保险人将按约定给予被保险人经济补偿的商务活动。海上保险属于财产保险的范畴,是对由于海上自然灾害和意外事故给人们造成的财产损失给予经济补偿的一项法律制度。

(二)海上保险的种类

1. 按照保险标的分类

海上保险按照保险标的的不同,可以分为以下几类:

(1)船舶保险。这是以各类船舶作为保险标的的海上保险。船舶包括船体、船机和船舶属具,各种海上作业船也归入此类予以承保。在国际海上保险市场上,船舶保险不仅承保营运船舶,还有建造的船舶、修理的船舶、停航的船舶等,同时,往往兼保船舶碰撞责任和费用。

(2)货物运输保险。这是以海上运输的货物作为保险标的的海上保险。所谓货物,在海上保险中主要是指具有商品性质的贸易货物。

(3)船舶营运收入保险。此类海上保险是以运费、租金、旅客票款作为保险标的的,不同于船舶和货物等有形物,是保险人所承保的一种无形利益。

(4)海上责任保险。其保险标的是对第三人的责任。比如船舶碰撞中的损害赔偿责任、海洋污染责任等。依法承担上述责任的当事人(船东、货主)或其他利害关系人可以将其向保险人投保。

(5)保障与赔偿责任保险。其保险标的是由于发生保险事故可能受到损失的其他财产和产生的责任、费用。诸如保险人在船舶保险中不予承保的碰撞责任、货损货差责任、人身伤亡赔偿责任、油污责任及清除费用、航道清理费用、船员遣返费用等。船东可以将其向船东保赔协会投保此类海上保险。

2. 按照保险期间分类

海上保险按照保险期间不同,可以分为以下几类:

(1)航程保险。这是以船舶航程为单位确定保险期间的海上保险。即保险人仅按合同约定的港口之间的一次航程、往返航程或多次航程确定保险责任起止期间。

(2)定期保险。此类保险是按保险人和被保险人所约定的某一时间过程规定保险期间,如 3 个月、6 个月或 1 年。船舶保险多采用此类保险。

（3）混合保险。混合保险一方面对规定的保险期限内发生的损失承担赔偿责任，因而具有定期保险的特征；另一方面又有航程的限制，即保单上所载航程以外的区域所发生的损失，即使发生在保险期限内保险人也无责任赔偿。

3. 按保险价值分类

海上保险按保险价值不同，可以分为以下几类：

（1）定值保险。定值保险是指保险人和投保人双方事先对保险标的约定一个价值并载明于保险合同或保险单，双方按照约定价值确定保险金额，并以此作为保险人收取保险费和保险标的发生保险责任范围规定的事故损失时计算赔款的依据，故又被称为约定价值保险。

（2）不定值保险。不定值保险是指保险人和投保人双方订立保险合同时，对保险标的不约定保险价值，而是由投保人自行确定保险金额予以投保，并将其载明于保险合同或保险单的保险。

> **资料补给站**
>
> 《中华人民共和国海商法》已由中华人民共和国第七届全国人民代表大会常务委员会第二十八次会议于 1992 年 11 月 7 日通过，自 1993 年 7 月 1 日起施行，现行有效。《中华人民共和国海商法》中涉及海上保险合同的条款体现在第十二章和第十三章。

二、海上货物运输保险的保障范围

海上货物运输保险的保障范围主要包括风险和损失两个方面。

（一）海上货物运输保险保障的风险

1. 海上风险

海上风险也称海难，是指船舶、货物在海上运输过程中所发生的固有风险。然而，国际货物运输保险业务中的海上风险并不包括发生在海上的一切风险，同时又不局限于在航海中所发生的风险。从风险的性质上分，保险人所承保的海上风险主要有自然灾害和意外事故两种。

（1）自然灾害。根据《中国人民保险公司海洋运输货物保险条款》（以下简称《海洋运输货物保险条款》）的规定，自然灾害指恶劣气候、雷电、海啸、地震、洪水等人力不可抗拒的灾害。根据《伦敦保险协会海运货物保险条款》，属于自然灾害性质的风险为雷电、地震、火山爆发以及海水、湖水、河水进入船舶、驳船、运输工具、集装箱、大型海运箱或储存处所等。

（2）意外事故。在海上货物运输保险业务中，意外事故并不专指海上意外事故，也有可能发生在陆上。例如，《伦敦保险协会海运货物保险条款》规定，除了船舶或驳船触礁、搁浅、沉没或倾覆、火灾、爆炸等意外事故外，陆上运输工具倾覆或出轨，也属意外事故。同时，也不限于在海上发生的事故，如火灾、爆炸可能发生在海上，也可能发生在陆上。

2. 外来风险

外来风险是指海上风险以外的其他外来原因所造成的风险，包括一般外来风险和特殊外来风险两种。

（1）一般外来风险。一般外来风险主要包括偷窃、渗漏、短量、碰损、破碎、钩损、生锈、沾污、串味、淡水雨淋、受热受潮等。

（2）特殊外来风险。特殊外来风险是指由于社会政治原因所造成的风险，主要包括战争、罢工、拒收以及交货不到等。

（二）海上货物运输保险保障的损失

海上货物运输保险所保障的损失，按损失的程度可以分为全部损失和部分损失两类。

1. 全部损失

全部损失简称全损，是指保险货物由于保险责任范围内的风险而全部灭失或可以视同为全部灭失的损害。根据全损情况的不同，可分为实际全损和推定全损。

（1）实际全损。实际全损又称绝对全损。凡有下列情况下之一者即可构成实际全损：①被保险货物已经完全灭失。这是指保险事故发生后造成被保险标的全部毁灭或沉没并无法打捞。②被保险货物遭受严重损害丧失原有用途，已不具有任何使用价值。如水泥遇水而变成硬块，茶叶、大豆等食品受海水湿损而无使用价值。③被保险货物丧失已无可挽回。这是指标的物的所有权已无可挽回地被完全剥夺，并且不能再归还。如货物被没收等。④载货船舶失踪。我国《海商法》第二百四十八条规定，船舶在合理时间内未从被获知最后消息的地点抵达目的地，除合同另有约定外，满两个月后仍没有获知其消息的，为船舶失踪。船舶失踪视为实际全损。

（2）推定全损。被保险货物在海上运输中遭遇承保风险后，认为实际全损已经不可避免，或者为避免发生实际全损所需支付的费用与继续将货物运抵目的地的费用之和超过保险价值的，为推定全损。

2. 部分损失

部分损失是指被保险货物的损失没有达到全部损失的程度，部分损失包括共同海损和单独海损两种。

（1）共同海损。共同海损是指载货船舶在海上运输途中遇到危难时，船方为了维护船舶和所有货物的共同安全或使航程得以继续完成，有意和合理地做出的特殊牺牲或支出的特殊费用。

共同海损的成立应具备下列条件：

1）必须确有危及船、货共同安全的危险存在。

2）做出的牺牲和支出的费用必须是有意的，所谓有意乃指共同海损的发生必须是人为的、有意识的行为的结果，而非某种意外损失。

3）所做出的牺牲是特殊性质的，支出的费用是额外支出的，且必须有效果。

4）处置必须合理。

共同海损的牺牲及费用均是使船舶、货物和运费免于遭受损失而支出的，因此应由幸存的船舶、货物和运费按其获救后的价值按比例进行分摊。这种分摊称为共同海损分摊。为了计算共同海损的牺牲和费用金额，需要进行共同海损理算，目前国际上大都按照

《2016年约克—安特卫普规则》来进行这项工作。

船舶在海上航行遇难,其他经过船舶按惯例有自动给予救助的义务,若救助获有成效,遇难船舶负责付给一定的救助报酬,称为救助费用。该项费用亦列入共同海损。

(2)单独海损。单独海损是由意外发生的事故而非人的有意行为所引起的,此种损失只能由遭受损失的一方单独负担。例如,载货船舶在海上航行遭遇暴风巨浪,海水进入船舱致使部分货物受损,该受损货物即属货方的单独海损。

三、海上货物运输保险的险别

(一)基本险

基本险又叫主险,是可以独立投保、不必依附于其他险别项下的险别。同国际保险市场的习惯做法一样,我国海洋运输货物保险的基本险分平安险、水渍险和一切险三种。

1. 平安险

根据我国《海洋运输货物保险条款》的规定,平安险的承保责任范围包括:

(1)在运输过程中,由于恶劣气候、雷电、海啸、地震等自然灾害造成的整批货物的全部损失,包括实际全损或推定全损。

(2)由于运输工具遭遇搁浅、触礁、沉没、互撞、与流冰或其他物体碰撞以及失火、爆炸等意外事故造成被保险货物的全部或部分损失。

(3)在运输工具已经发生搁浅、触礁、沉没、焚毁等意外事故的情况下,货物在此前后又在海上遭受恶劣气候、雷电、海啸等自然灾害造成的部分损失。

(4)在装卸或转运过程中,被保险货物一件或数件落海所造成的全部损失或部分损失。

(5)被保险人对遭受承保责任内危险的货物采取抢救措施,防止或减少货损而支付的合理费用,但以不超过该批被救货物的保险金额为限。

(6)运输工具遭遇海难后,在避难港由于卸货所引起的损失以及在中途港、避难港由于卸货、存仓以及运送货物所产生的特别费用。

(7)共同海损的牺牲、分摊和救助费用。

(8)运输合同中订有"船舶互撞责任"条款的,按该条款规定应由货主偿还船方的损失。

2. 水渍险

水渍险的承保责任范围包括:

(1)平安险所承保的全部责任。

(2)被保险货物在运输途中,由于恶劣气候、雷电、海啸、地震、洪水等自然灾害所造成的部分损失。

水渍险的责任范围要大于平安险,其保险费率也高于平安险的保险费率。

3. 一切险

一切险是三个基本险中责任范围最大的险种,根据现行《海洋运输货物保险条款》的规定,一切险除包括平安险和水渍险的责任外,还包括被保险货物在运输途中由于一般外来原因所造成的全部或部分损失。

具体来说，一切险是平安险、水渍险和一般附加险的总和。它对于那些确定的损失、预期的损失、必然会发生的损失，如被保险人的故意行为导致的损失、自然损耗等是不负责任的。一切险适用于价值较高、可能遭受损失因素较多的货物投保，如粮油、食品、纺织品、工艺品、精密仪器等。一切险的保险费率也是最高的。

（二）附加险

附加险是指投保人在投保基本险时，为保障基本险范围以外可能发生的某些危险所附加投保的保险。附加险可分为一般附加险、特别附加险和特殊附加险三大类。附加险不能单独承保，它必须附于基本险项下。如果已经投保了一切险，就不必再投保一般附加险，因为一切险包括了所有一般附加险承保的责任。在投保平安险和水渍险时，可依货物的具体情况加保附加险。

1. 一般附加险

一般附加险包括：①偷窃、提货不着险；②淡水雨淋险；③短量险；④混杂、沾污险；⑤渗漏险；⑥碰损、破碎险；⑦串味险；⑧受潮、受热险；⑨钩损险；⑩包装破裂险；⑪锈损险。

2. 特别附加险

特别附加险是指由于外来原因引起特殊风险而造成损失的险别。它与一般附加险不同，不包括在一切险中，它必须附于主要险别项下，该险对因特殊风险造成的保险标的损失负赔偿责任。

3. 特殊附加险

与特别附加险一样，特殊附加险也不属于一切险的范围。它主要承保战争和罢工等风险。

（1）战争险。该险别不能独立承保，必须附于主要险别项下。海运战争险是保险人承保由于战争或战争引起的捕获、拘留、禁制、扣押等造成的损失以及由于上述行为引起的共同海损分摊和救助费用。

（2）罢工险。该险别可以附于各种货物运输保险项下，是指保险人承保由于罢工者、被迫停工的工人或参加工潮、暴动的人员的行动或任何人在罢工期间的恶意行为所造成的货物的直接损失以及上述行为所引起的共同海损牺牲、分摊和救助费用。

四、海上货物运输保险的除外责任

除外责任是保险合同中的重要组成部分，是指保险人不予承担责任的风险项目及损失费用，即除外不保的项目。我国《海洋运输货物保险条款》规定的三种基本险的除外责任主要包括下列五项内容：

（1）被保险人的故意行为或过失所造成的损失。

（2）属于发货人责任所引起的损失。最常见的是货物包装不足、不当、标志不清，发货人发错货物等。

（3）在保险责任开始前，被保险货物已存在的品质不良或数量短差所造成的损失，如散装货物的实际装船重量不足或装船前有缺陷等。

（4）被保险货物的自然损耗、本质缺陷、特性以及市价跌落、运输延迟所引起的损失或费用。

（5）海洋货物运输战争险条款和海洋货物运输罢工险条款规定的责任范围和除外责任。

五、海上货物运输保险的责任期限

我国海上货物运输基本险的保险期限一般采取"仓至仓"的原则。它的含义是，保险责任自被保险货物运离保险单所载起运地仓库或储存处所时开始，在正常运输过程中继续有效，直至货物运交保险单所载目的地收货人的最后仓库或储存处所时为止。如被保险货物在最后卸货港全部卸离海轮后 60 天内未完成最后交货，则保险责任以 60 天届满终止。

保险索赔时效从被保险货物在最后卸载港全部卸离海轮后起算，最多不超过两年。

职业素养小讲堂

保险从业人员应具有高度的社会责任感，推出价格合理、保障适度的保险产品，提供周到的保险服务，使客户能通过保险提升生活品质。此外，保险从业人员还应具备良好的职业操守，做到诚实守信、奉公守法；具有良好的职业素养，掌握丰富的保险专业知识；具有积极进取、无私奉献、团结协助、创新图变的职业精神。

《保险法》第四条规定，从事保险活动必须遵守法律、行政法规，尊重社会公德，不得损害社会公共利益。

《保险法》第五条规定，保险活动当事人行使权利、履行义务应当遵循诚实信用原则。

单元三　陆上货物运输保险

引导案例

2022 年 12 月，A 甘鲜果品有限责任公司与 B 商贸有限责任公司签订了一份柑橘购销合同，共计 5 000 篓，价值 90 000 元，采用铁路运输，共 2 车皮。A 甘鲜果品有限责任公司通过铁路承运部门投保了货物运输综合险，保费 3 500 元。2022 年 12 月 25 日，保险公司出具了保险单。2023 年 1 月，货物到达目的地以后，收货人发现一节车厢门被撬开，保温棉被被掀开 2 米，货物丢失 120 篓，冻坏变质 240 篓，直接损失 6 480 元。当时气温为零下 20 摄氏度，A 甘鲜果品有限责任公司向保险公司索赔，保险公司同意赔偿丢失的货物 120 篓，拒绝赔偿被冻坏的 240 篓，认为造成该 240 篓损失的原因是天气寒冷，不在货物运输综合险的保险责任范围内。

思考　1. 本案例中造成货物损害的原因有几种？

2. 针对案例中的情况，保险公司应如何理赔？

一、陆上货物运输保险概述

陆上货物运输保险是指以火车和汽车等陆地运输工具承运的货物为保险标的的保险。

陆上运输主要包括铁路运输和公路运输两种，其运输工具主要是火车和汽车。我国现行的陆上货物运输条款也明确规定以火车、汽车为限。

陆上货物运输保险基本险别分为陆运险和陆运一切险两种。此外，还有适用于陆运冷藏货物的专门保险——陆上运输冷藏货物保险，其性质也属于基本险。在附加险中，除仅适用于火车运输的陆上货物运输战争险条款外，海上货物运输保险中也均适用。

二、陆上货物运输保险的险种与责任范围

（一）陆运险与陆运一切险

1. 陆运险的责任范围

陆运险的承保责任范围与海上货物运输保险条款中的"水渍险"相似，保险人负责赔偿被保险货物在运输途中遭受暴风、雷电、洪水、地震等自然灾害或由于运输工具遭受碰撞、倾覆、出轨或在驳运过程中因驳运工具遭受搁浅、触礁、沉没、碰撞，或由于遭受隧道塌陷、崖崩或失火、爆炸等意外事故所造成的全部或部分损失。此外，被保险人对遭受承保责任内危险的货物采取抢救、防止或减少货物损失的措施而支付的合理费用，保险人也应赔偿，但以不超过该批被救货物的保险金额为限。

另外，被保险货物遭受保险责任范围的事故时，为了使其脱离危险，减少和避免损失的发生，在紧急抢救过程中，保险货物遭受碰损、散失、雨淋、水渍、盗窃所致的损失，保险人承担赔偿责任。但是，如果被保险货物外包装完好而内部货物短少，则不属于抢救所致的损失，保险人不予赔偿。如果在抢救过程中致使外包装有明显损坏而引起的损失，只要不能证明是发货人的责任，而又难以分清是自然损耗还是意外事故造成的损失，保险人应承担赔偿责任。

2. 陆运一切险的责任范围

陆运一切险的承保责任范围与海上货物运输保险条款中的"一切险"相似，保险人除承担上述陆运险的赔偿责任外，还负责赔偿保险货物在运输途中由于外来原因所致的全部或部分损失。陆运一切险的责任范围主要包括：

（1）保险货物因受震动、碰撞或挤压而造成破碎、弯曲、凹瘪、折断、开裂等损伤，以及由此引起包装破裂所造成的损失。

（2）凡属液体、半流体或者需要用液体储藏的保险货物，在运输途中因受震动、碰撞或压力致使所装容器（包括封口）损坏发生渗漏所造成的损失，或因液体渗漏而致货物腐烂变质的损失。

（3）保险货物因遭受偷窃或者提货不当的损失。

（4）在装货、卸货和地面运输过程中，因遭受不可抗力的意外事故及淡水雨淋所造成的货物损失。

3. 陆运险与陆运一切险的责任免除

陆运险与陆运一切险的责任免除有以下方面：

（1）被保险人的故意行为或过失所造成的损失。
（2）属于发货人责任所引起的损失。
（3）在保险责任开始前，被保险货物已存在的品质不良或数量短差所造成的损失。
（4）被保险货物的自然损耗、本质缺陷、特性以及市价跌落、运输延迟所引起的损失或费用。
（5）陆上货物运输战争险条款和货物运输罢工险条款规定的责任范围和除外责任。

4. 陆运险与陆运一切险的保险期限

陆上货物运输保险的责任起讫采用"仓至仓"责任条款，保险期限自被保险货物运离保险单所载明的起运地仓库或储存处所开始运输时生效，至该项货物运达保险单所载明目的地仓库或者存放地为止，如没有运抵目的地仓库或存放地，则以被保险货物运抵最后卸载车站满60天为止。产生纠纷时，索赔时效最多不超过两年。

（二）陆上货物运输战争险和罢工险

1. 陆上货物运输战争险

陆上货物运输战争险是陆上货物运输险的一种附加险，只有在投保了陆运险或陆运一切险的基础上经过投保人与保险人协商方可加保。这种陆运战争险，国外私营保险公司大都是不保的，我国为适应外贸业务需要，保险公司接受加保，但目前只限于火车运输。

（1）陆运战争险的责任范围包括直接由于战争、类似战争行为和敌对行为、武装冲突所致的损失，各种常规武器包括地雷、炸弹所致的损失。

（2）陆运战争险的除外责任有以下方面：①由于敌对行为使用原子或热核制造的武器所致的损失和费用；②根据执政者、当权者或其他武装集团的扣押、拘留引起的承保运程的丧失和挫折而提出的任何索赔要求。

2. 陆上货物运输罢工险

陆上货物运输保险的附加险，除战争险外，还可加保罢工险。如在投保了战争险的前提下，加保罢工险不另收保险费。如仅要求加保罢工险，则按战争险费率收取保险费。

（1）陆上货物运输罢工险的责任范围。保险人对被保险货物由于罢工者、被迫停工工人或参加工潮、暴动、民众斗争的人员的行动，或任何人的恶意行为所造成的直接损失负赔偿责任。

（2）陆上货物运输罢工险的责任免除，是指在罢工期间由于劳动力短缺或不能履行正常职责所致的保险货物的损失，包括因此而引起的动力或燃料缺乏使冷藏机停止工作所致的冷藏货物的损失。

> **职业素养小讲堂**
>
> 生命安全、生命至上是我们一直追求的理念。消除安全隐患，化解重大风险，不仅是一项工作任务，更是一项政治任务。陆上货物运输从业人员要强化社会责任担当，树立良好的职业道德，始终把人民群众生命财产安全放在第一位。

单元四　航空货物运输保险

引导案例

某企业出售精密仪器一批，采用航空运输，卖方在装机前投保了一切险加战争险，自南美内陆仓库起，直至英国伦敦的买方仓库为止。货物从卖方仓库运往机场装运途中，发生了承保范围内的货物损失。当卖方凭保险单向保险公司提出索赔时，保险公司以货物未装运，货物损失不在承保范围内为由，拒绝给予赔偿。

思考　在上述情况下，卖方有无权利向保险公司索赔？为什么？

一、航空货物运输保险概述

国内航空货物运输保险用于承保在国内航线上用飞机运输的货物。凡是向民航部门托运货物的单位和个人均可将其需要空运的货物投保该保险。但是，鲜、活物品和动物不能投保航空货物运输保险，而必须经双方当事人特别约定，投保国内航空运输鲜、活货物和动物腐烂、死亡保险附加险。

国际航空货物运输保险则是用于承保在国际航线上用飞机运输货物的保险。参与国际贸易及其他涉外经济活动的法人、经济组织和个人均可以就其需要空运的货物投保该保险。

资料补给站

《国内航空货物运输保险条款（试行）》（1984 年 10 月 31 日中国人民保险公司发布，现行有效）总则第一条规定，为补偿保险货物在空运过程中遭受保险责任范围内的自然灾害或意外事故造成的损失，以利生产的发展和经营的稳定，特举办国内航空货物运输保险。凡是向民航部门（以下简称承运人）托运货物的单位和个人（以下简称被保险人或托运人）都可以依照本条款规定，将其空运货物（鲜、活物品和动物除外）向本公司（以下简称保险人）投保。

二、航空货物运输保险的条款

（一）航空货物运输保险的责任范围

航空货物运输保险分为航空运输险和航空运输一切险两种。被保险货物遭受损失时，保险人按保险单上订明承保险别的航空货物运输保险条款负赔偿责任。

1. 航空运输险

本保险负责赔偿：

（1）被保险货物在运输途中遭受雷电、火灾、爆炸所造成的损失；或由于飞机遭碰撞、倾覆、坠落、失踪，在危难中发生卸载以及遭受恶劣气候或其他危难事故发生抛弃行为所造成的损失。

（2）被保险人对遭受承保责任内危险的货物采取抢救，防止或减少货损的措施而支付的合理费用，但以不超过该批被救货物的保险金额为限。

2. 航空运输一切险

除包括航空运输险责任条款外，航空运输一切险还负责被保险货物由于外来原因所致的全部或部分损失。

（二）航空货物运输保险的除外责任

航空货物运输保险对下列损失不负赔偿责任：
（1）被保险人的故意行为或过失所造成的损失。
（2）属于发货人责任所引起的损失。
（3）航空货物运输保险条款保险责任开始前，被保险货物已存在的品质不良或数量短差所造成的损失。
（4）被保险货物的自然损耗、本质缺陷、特性以及市价跌落、运输延迟所引起的损失或费用。
（5）航空货物运输战争险条款和货物运输罢工险条款规定的责任范围和除外责任。

（三）航空货物运输保险的责任起讫

（1）航空货物运输保险负"仓至仓"责任。自被保险货物运离保险单所载明的起运地仓库或储存处所开始运输时生效，包括正常运输过程中的运输工具在内，直至该项货物运达保险单所载明目的地收货人的最后仓库或储存处所或被保险人用作分配、分派或非正常运输的其他储存处所为止。如未运抵上述仓库或储存处所，则以被保险货物在最后卸载地卸离飞机后满30天为止。如在上述30天内被保险的货物需转送到非保险单所载明的目的地时，则以该项货物开始转运时终止。

（2）由于被保险人无法控制的运输延迟、绕道、被迫卸货、重行装载、转载或承运人运用运输契约赋予的权限所做的任何航行上的变更或终止运输契约，致使被保险货物运到非保险单所载目的地时，在被保险人及时将获知的情况通知保险人，并在必要时加缴保险费的情况下，航空货物运输保险仍继续有效，保险责任按下述规定终止：

1）被保险货物如在非保险单所载目的地出售，保险责任至交货时为止。但不论任何情况，均以被保险的货物在卸载地卸离飞机后满30天为止。

2）被保险货物在上述30天期限内继续运往保险单所载原目的地或其他目的地时，保险责任仍按上述第（1）条的规定终止。

三、航空货物运输附加险

1. 航空货物运输战争险

航空货物运输战争险是航空货物运输险的一种附加险，只有在投保了航空运输险或航空运输一切险的基础上，经过投保人和保险人协商方可加保，加保时须另加付一定的保险费。

保险人承担由于战争、类似战争行为和敌对行为、武装冲突所致的损失，或由于上述情况所引起的捕获、拘留、扣留、禁制、扣押所造成的损失以及各种常规武器，包括炸弹所致的损失，但不包括因使用原子或热核武器所造成的损失和根据执政者、当权者或其他武装集团的扣押、拘留引起的承保航程的丧失和挫折而提出的任何索赔。

责任期限为自被保险货物装上保险单所载起运地飞机时开始，到卸离保险单所载目的地的飞机时止。

2. 航空货物运输罢工险

航空运输罢工险的责任范围与海上运输罢工险责任范围相同。保险人对下列原因所造成的被保险货物的损失，负赔偿责任：由于罢工者、被迫停工工人或参加工潮、暴动、民众斗争的人员的行动，或任何人的恶意行为所造成的直接损失。

航空运输罢工险的责任免除：①在罢工期间由于劳动力短缺或不能履行正常职责所致的保险货物的损失；②在罢工期间由于劳动力短缺或不能履行正常职责所引起的动力或燃料缺乏使冷藏机停止工作所致的冷藏货物的损失。

复习思考题

一、选择题

1. 保险合同是指（　　）为了实现保险经济保障的目的，明确双方权利与义务关系的协议。

  A. 保险双方当事人　　　　　　B. 保险公司
  C. 政府　　　　　　　　　　　D. 承运人

2. 陆上货物运输保险基本险别分为（　　）和（　　）两种。

  A. 陆运险　　B. 陆运一切险　　C. 战争险　　D. 罢工险

3. 有一批出口服装在海上运输途中因船体触礁被海水浸湿，将这批服装漂洗后再运至原定目的港所花费的费用已超过服装的保险价值，这批服装应属于（　　）。

  A. 共同海损　　B. 实际全损　　C. 推定全损　　D. 单独海损

4. 平安险不赔偿（　　）。

  A. 自然灾害造成的实际全损　　　　B. 自然灾害造成的推定全损
  C. 意外事故造成的全部损失和部分损失　　D. 仅由自然灾害造成的单独海损

5. （　　）是海上货物运输保险三个基本险中责任范围最大的险种。

  A. 平安险　　B. 水渍险　　C. 一切险　　D. 战争险

二、简答题

1. 什么是保险利益？
2. 我国现行航空货物运输保险的基本险别有哪些？

3. 什么是共同海损？构成共同海损的条件有哪些？
4. 什么是实际全损？构成实际全损的情况有哪些？

三、案例分析题

K 轮从美国港口装运杂货去日本港口，该货应在东京港交付。2022 年 4 月 20 日该轮抵达横滨，计划 5 月 4 日驶往东京，4 月 24 日该轮主机发生严重损坏。5 月 9 日，承运人经共同海损理算师通知托运人，修理工作估计需要一个半月。承运人提出，为了减少延滞，改用其他工具把货物从横滨转运至东京，除了共同海损分摊保证书外，托运人还需另外提供一个"不可分割协议"做担保。托运人以共同海损分摊保证书形式提供了担保，但拒绝提供不可分割协议，并要求在横滨提货。承运人拒绝在横滨而只愿在东京交货，并声称要对货物行使留置权，以确保其对共损分摊的索赔权。托运人向日本法院上诉申请强制执行令，指令承运人在得到不包括不可分割协议的共损分摊担保后，在横滨交货。

至此，托运人提供了共损分摊担保，在横滨提取了货物，在所有共同海损费用发生之前，承运人已向托运人交付了货物。承运人提起诉讼，要求向托运人追偿在货物实际卸船之后，但在船舶抵达目的港前发生的共损分摊费用。

请问： 托运人是否应承担共同海损分摊费用？

模块十
物流信息管理法律制度

学习目标

📖 知识目标

○ 了解物流信息的含义和分类,理解物流信息管理,掌握我国互联网信息法律体系;了解电子商务的含义和构成要素,理解电子商务的特点,熟悉常见的电商类型,掌握我国电子商务法律体系;了解电子合同的含义及分类,掌握电子合同的法律效力、订立及履行规则。

〰 能力目标

○ 能在互联网信息主管机构网站自主了解最新政策和法律法规;能够合理运用法律法规制度对相关案例进行分析,并能够学以致用、学用结合以解决实际问题;能够基于法律素养正确认识社会事件。

📂 素质目标

○ 培养严谨的学习态度,树立正确的学习观;能够着眼国家安全和经济社会发展,树立科技强国的使命感;建立个人发展与社会发展相一致的理念,树立正确的发展观;增强物流信息法律意识和法律素养,做人行事遵纪守法。

单元一　物流信息及互联网信息管理概述

 引导案例

海尔经历了资源重组、供应链管理和物流产业化三个阶段的物流革命，成功建立了现代物流体系，最终得以适应全球化发展并在国际市场占据一席之地，实现了从品牌战略到多元化战略再到国际化战略的层层跨越。

海尔建成的现代物流信息系统，创新性地实施了"一流三网"同步模式，即以订单信息流为核心，建立全球供应链网络、全球配送网络、计算机网络，三网同步流动，为订单信息提供增值，实现物流系统的信息化和网络化，为企业不断增强核心竞争力、激发新的经济增长点奠定了坚实的基础。

思考 1. 建立现代物流信息系统的价值和意义是什么？
2. 评析海尔在物流革命中的举措。

一、物流信息概述

（一）物流信息的含义

物流信息是指与物流活动（商品包装、运输、储存、装卸等）有关的一切信息。物流信息是反映物流各种活动内容的知识、资料、图像、数据、文件的总称。

（二）物流信息的分类

物流的分类有很多种，信息的分类更是有很多种，因此物流信息的分类方法也就很多。

（1）按功能分类。按信息产生和作用所涉及的不同功能领域分类，物流信息包括仓储信息、运输信息、加工信息、包装信息、装卸信息等。对于某个功能领域还可以进行进一步细化，例如，仓储信息分成入库信息、库存信息、搬运信息、出库信息等。

（2）按信息来源分类。根据信息来源，物流信息可分为物流系统内信息和物流系统外信息。物流系统内信息是伴随物流活动而发生的信息，包括物料流转信息、物流作业层信息，具体为运输信息、储存信息、物流加工信息、配送信息、定价信息等，以及物流控制层信息和物流管理层信息。物流系统外信息是在物流活动以外发生，但提供给物流活动使用的信息，包括供货人信息、顾客信息、订货合同信息、社会可用运输资源信息、交通和地理信息、市场信息、政策信息，还有来自企业内生产、财务等部门的与物流有关的信息。

（3）按作用层次分类。根据信息作用的层次，物流信息可分为基础信息、作业信息、协调控制信息和决策支持信息。基础信息是物流活动的基础，是最初的信息源，如物品基本信息、货位基本信息等。作业信息是物流作业过程中发生的信息，信息的波动性大，具有动态性，如库存信息、到货信息等。协调控制信息主要是指物流活动的调度信息和计划信息。

决策支持信息是指能对物流计划、决策、战略具有影响或有关的统计信息或有关的宏观信息，如科技、产品、法律等方面的信息。

（4）按加工程度的不同分类。按加工程度的不同，物流信息可以分为原始信息和加工信息。原始信息是指未加工的信息，是信息工作的基础，也是最有权威性的凭证性信息。加工信息是对原始信息进行各种方式和各个层次处理后的信息，这种信息是原始信息的提炼、简化和综合，利用各种分析工作在海量数据中发现潜在的、有用的信息和知识。

二、物流信息管理

物流信息管理是对物流信息进行采集、处理、分析、应用、存储和传播的过程，也是将物流信息从分散到集中、从无序到有序的过程。物流信息管理具有以下几个方面的要求：

（1）可得性。保证大量分散、动态的物流信息在需要的时候能够容易获得，并且以适当形式加以表现，如二维码和视觉识别技术等。

（2）及时性。随着社会化大生产的发展和面向客户的市场策略变化，社会对物流服务的及时性要求也更加强烈。物流服务的快速、及时，要求物流信息必须及时提供、快速反馈。及时的信息可以减少不确定性，增加决策的客观性和准确性。

（3）集成性。物流信息的基本特点就是信息量大，每个环节都需要信息输入，并产生新的信息进入下一环节。所涉及的信息需要集成，并使其产生互动，实现资源共享、减少重复操作、减少差错，从而使得信息更加准确和全面。

物流信息及互联网信息管理

（4）适应性。适应性包含两个方面的内容：一是指适应不同的使用环境、对象和方法；二是指能够描述突发或非正常情况的事件，如运输途中的事故、货损、出库货物的异常变更、退货、临时订单补充等。

（5）易用性。信息的表示要明确、容易理解和方便应用，针对不同的需求和应用要有不同的表示方式。

 职业素养小讲堂

牵住核心技术自主创新的"牛鼻子"

北斗卫星导航系统（以下简称北斗系统）是我国着眼于国家安全和经济社会发展需要，自主建设运行的全球卫星导航系统，是为全球用户提供全天候、全天时、高精度的定位、导航和授时服务的国家重要时空基础设施。基于北斗系统的导航服务已被电子商务、移动智能终端制造、位置服务等厂商采用，广泛进入我国大众消费、共享经济和民生领域，应用的新模式、新业态、新经济不断涌现，深刻改变着人们的生产生活方式，产生了显著的经济效益和社会效益。

北斗系统是我国践行科技强国、自主创新、实现中国梦的创举，是我国贡献给世界的全球公共服务产品。我国将一如既往地坚持"自主、开放、兼容、渐进"的原则建设和发展北斗系统。坚持为全球服务的中国特色发展路径，提高全球卫星导航系统的综合应用效益。

三、我国互联网信息立法体系

（一）法律

2016 年 11 月 7 日，全国人民代表大会常务委员会通过并发布《中华人民共和国网络安全法》（以下简称《网络安全法》），该法案以总体国家安全观为指导，就保障网络安全，维护网络空间主权和国家安全、社会公共利益，保护公民、法人和其他组织的合法权益，促进经济社会信息化健康发展等问题制定了具体规则，构建了我国网络安全的基本制度。

《中华人民共和国电子签名法》（2019 修订）（以下简称《电子签名法》）是我国专门的关于物流信息、计算机与互联网信息方面的法律，广义上与互联网信息有关的法律还有《中华人民共和国著作权法》（2020 修正）、《中华人民共和国反不正当竞争法》（2019 修正）、《中华人民共和国保守国家秘密法》（2010 修订）、《全国人大常务委员会关于维护互联网安全的决定》（2000）等。

2021 年 6 月 10 日，全国人大常委会通过《中华人民共和国数据安全法》（以下简称《数据安全法》），规范数据处理活动，保障数据安全，促进数据开发利用，保护个人、组织的合法权益，维护国家主权、安全和发展利益。同年 8 月 20 日，发布《中华人民共和国个人信息保护法》，规范个人信息处理活动，促进个人信息合理利用，保护个人信息权益。

（二）行政法规

2015 年 7 月 1 日，国务院发布《关于积极推进"互联网+"行动的指导意见》，指出要加快推动互联网与各领域深入融合和创新发展，充分发挥"互联网+"对稳增长、促改革、调结构、惠民生、防风险的重要作用。

2016 年 4 月 15 日，国务院办公厅发布《关于深入实施"互联网+流通"行动计划的意见》，提出要实施"互联网+流通"行动计划，推进流通创新发展，加强智慧流通基础设施建设，在农村电商、线上线下融合以及跨境电商等方面创新流通方式，释放消费潜力，解决电商"最后一公里"和"最后一百米"的问题。

此外，国家还颁布了《关于促进跨境电子商务健康快速发展的指导意见》《关于大力发展电子商务加快培育经济新动力的意见》等政策文件，助力"互联网+电子商务"快速发展。

（三）部门规章

2015 年，为进一步加强对互联网危险物品信息的管理，规范危险物品从业单位信息发布行为，依法查处、打击涉及危险物品违法犯罪活动，净化网络环境，保障公共安全，公安部、国家互联网信息办公室、工业和信息化部等联合印发《互联网危险物品信息发布管理规定》。

2016 年 9 月 7 日，工业和信息化部办公厅印发《互联网信息安全管理系统使用及运行维护管理办法（试行）》，规范互联网信息安全管理系统使用及运行维护工作，保障系统安全可靠运行；2018 年 11 月 15 日，国家互联网信息办公室、公安部印发《具有舆论属性或社会动员能力的互联网信息服务安全评估规定》，加强对具有舆论属性或社会动员能力的互联网信息服务和相关新技术新应用的安全管理。

2021年12月31日,为了规范互联网信息服务算法推荐活动,维护国家安全和社会公共利益,保护公民、法人和其他组织的合法权益,促进互联网信息服务健康有序发展,国家互联网信息办公室、工业和信息化部、公安部等联合发布《互联网信息服务算法推荐管理规定》。

(四)行业规定

2016年1月5日,中国质量检验协会为深入贯彻落实国务院颁布印发的《质量发展纲要(2011—2020年)》《国务院关于积极推进"互联网+"行动的指导意见》《国务院关于推进国内贸易流通现代化建设法治化营商环境的意见》等要求,发布《中国质量检验协会关于继续对"中国质量检验协会防伪溯源和物流管理服务系统"入网和服务工作进行推广的通知》,提出组建集数码防伪查询、防伪溯源、物流管理服务等多功能于一体的中国质量检验协会防伪溯源和物流管理服务系统,向广大消费者提供权威可靠的质量信息和消费信息查询和验证服务,切实维护广大企业和消费者的合法权益,同时为政府相关部门提供打假案源和数据等信息服务。

职业素养小讲堂

　　互联网技术的迅速发展在为国家和人民生活带来产业变革和极大便利的同时,也带来前所未有的挑战。企业和个人在网络环境下合法权益极易受到侵害,网络和信息安全立法亟待加强。近年来,随着《网络安全法》的正式施行,我国网络安全相关立法及配套制度日趋完善,网络和信息安全法治领域立法成效显著,基础法律框架初步形成。

　　互联网信息法律法规的制定既是立法开放性的体现,又充分体现了立法主体的责任感,是我国在立法路上的一次有益尝试,更是理论自信的成功实践,表明中国社会正朝着健康、自信、理性的方向发展。

四、互联网信息管理主要相关机构及职责

(一)中华人民共和国工业和信息化部

中华人民共和国工业和信息化部(http://www.miit.gov.cn)简称工信部,是根据2008年3月11日公布的国务院机构改革方案组建的国务院直属部门。

工信部主要职责为:拟订实施行业规划、产业政策和标准,监测工业行业日常运行,推动重大技术装备发展和自主创新,管理通信业,指导推进信息化建设,协调维护国家信息安全等。作为行业管理部门,主要是管规划、管政策、管标准,指导行业发展,但不干预企业生产经营活动。

(二)中华人民共和国国家互联网信息办公室

中华人民共和国国家互联网信息办公室(http://www.cac.gov.cn)简称网信办,成立于2011年5月。2018年3月,按照国务院关于机构设置的调整,国家互联网信息办公室与中

央网络安全和信息化委员会办公室,一个机构两块牌子,列入中共中央直属机构序列。

网信办主要职责为:落实互联网信息传播方针政策和推动互联网信息传播法制建设,指导、协调、督促有关部门加强互联网信息内容管理,依法查处违法违规网站等。

(三)中国互联网络信息中心

中国互联网络信息中心(CNNIC)是经国家主管部门批准,于1997年6月3日组建的管理和服务机构,现为工业和信息化部直属事业单位,行使国家互联网络信息中心的职责。

作为中国信息社会重要的基础设施建设者、运行者和管理者,中国互联网络信息中心(http://www.cnnic.net.cn)负责国家网络基础资源的运行管理和服务,承担国家网络基础资源的技术研发并保障安全,开展互联网发展研究并提供咨询,促进全球互联网开放合作和技术交流,不断追求成为"专业、责任、服务"的世界一流互联网络信息中心。

单元二 电子商务法律法规

引导案例

2020年4月,吴某通过平时的业务往来,联合并指使成都某供应链公司经理韩某、业务主管冯某和普通员工江某,利用公司可从事跨境贸易电子商务业务的便利,将对外承揽一般贸易的进口货物以跨境电商贸易形式伪报为个人海外购进口商品,从而逃避缴纳或少缴税款;同时,吴某指使被告人刘某为成都祥云软件科技有限公司申请跨境贸易电子商务业务海关备案、开发正路货网,用于协助供应链公司跨境贸易制作虚假订单等资料。

1. 吴某触犯了哪些法律法规?
2. 如何才能促进电子商务行业规范、健康、有序发展?

一、电子商务概述

1. 电子商务的含义

电子商务(Electronic Commerce,EC)在各国或不同的领域有不同的定义。电子商务是以信息技术为手段,以商品交换为中心的一种商业模式,实现了传统贸易的电子化、网络化和信息化。简言之,电子商务是用电子工具从事商务贸易活动的行为。随着电子商务的高速发展,它已不仅仅包括其购物的主要内涵,还包括了物流配送等附带服务。

2. 电子商务的构成要素

电子商务基于各大网络平台,通过吸引商家入驻和与物流公司建立合作关系,为消费者提供质优价廉的商品和有保障的购买服务,从而实

电子商务法律法规

现再一次的交易，同时吸引更多的消费者参与。

电子商务的构成要素如下：

（1）商流。商品在购、销之间进行交易和商品所有权转移的运动过程，是商品价值的运动。商流体现出物流活动彼此之间的影响与联系，推动其他活动的开展。

（2）物流。物质实体（商品或服务）的流动过程，具体指运输、储存、配送、装卸、包装、保管、物流信息管理等各种活动。物流的作用主要包括服务商流、保障日常生产以及便利生活等。

（3）资金流。资金的转移过程，包括付款、转账、兑换等过程。资金流是一个重要的构成要素，也是电子商务交易活动必不可缺的关键途径。

（4）信息流。信息流既包括商品信息提供、促销营销、技术支持、售后服务等内容，也包括诸如报价单、付款通知单等商业贸易单证，同时还包括交易方的支付能力和支付信誉等。信息流的主要功能在于决策、调控、连接。

3. 电子商务关联对象

电子商务的形成与交易离不开以下四方面的关系：

（1）交易平台。第三方电子商务平台是指在电子商务活动中为交易双方或多方提供交易撮合及相关服务的信息网络系统总和。

（2）平台经营者。第三方交易平台经营者是指在工商行政管理部门登记注册并领取营业执照，从事第三方交易平台运营并为交易双方提供服务的自然人、法人和其他组织。

（3）站内经营者。第三方交易平台站内经营者是指在电子商务交易平台上从事交易及有关服务活动的自然人、法人和其他组织。

（4）支付系统。支付系统是由提供支付清算服务的中介机构和实现支付指令传送及资金清算的专业技术手段共同组成，用以实现债权债务清偿及资金转移的一种金融安排，有时也称为清算系统。

二、电子商务的特点

（1）以现代信息技术服务为支撑体系。现代社会对信息技术的依赖程度越来越高，现代信息技术服务业已经成为电子商务的技术支撑体系。主要体现在：①电子商务的进行需要依靠技术服务，即电子商务的实施要依靠互联网、企业内部网络等计算机网络技术来完成信息的交流和传输，这就需要计算机硬件与软件技术的支持。②电子商务的完善也要依靠技术服务。企业只有对电子商务所对应的软件和信息处理程序不断优化，才能更加适应市场的需要。在这个动态的发展过程中，信息技术服务成为电子商务发展完善的强有力支撑。

（2）以电子虚拟市场为运作空间。电子虚拟市场是指商务活动中的生产者、中间商和消费者在某种程度上以数字方式进行交互式商业活动的市场。电子虚拟市场从广义上来讲就是电子商务的运作空间，将市场经营主体、市场经营客体和市场经营活动的实现形式，全部或一部分地进行电子化、数字化或虚拟化，从而创造数字化经济。

（3）以全球市场为市场范围。电子商务的市场范围超越了传统意义上的市场范围，不再具有国内市场与国际市场之间的明显标志。其重要的技术基础——国际互联网，为企业提供了全球范围的商务空间，同时，个人将可以跨越国界进行交易。因此世界正在形成虚拟的电子社区和电子社会，需求将在这样的虚拟的电子社会中形成。

（4）以全球消费者为服务范围。电子商务的渗透范围包括全社会的参与，其参与者已不仅仅限于提供高科技产品的公司，如软件公司、娱乐和信息产业的工商企业等。当今信息时代，电子商务数字化的革命将影响到我们每一个人，并改变着人们的消费习惯与工作方式。电子商务实际是一种新的生产与生活方式，网络消费者实现了跨越时空界限在更大的范围内购物，不用离开家或办公室，人们就可以通过网络电子杂志、报纸获取新闻与信息，了解天下大事。

（5）以高效互动的信息反馈方式为运营保证。通过电子信箱、FTP、网站等媒介，电子商务中的信息传递，告别了以往迟缓、单向的特点，迈出了通向信息时代、网络时代的重要步伐。在这样的情形下，原有的商业销售与消费模式正在发生变化。

（6）以新的商务规则为安全保证。由于结算中的信用瓶颈始终是电子商务发展进程中的障碍性问题，参与交易的双方、金融机构都应当维护电子商务的安全、通畅与便利，制订合适的商务规则就成了十分重要的考虑。各方之间的协议与基础设施的配合，能够保证资金与商品的转移。

三、电子商务的类型

1. 农村电子商务

农村电子商务（简称农村电商）通过网络平台嫁接各种服务于农村的资源，拓展农村信息服务业务、服务领域，使之成为遍布县、镇、村的三农信息服务站。作为农村电商平台的实体终端直接扎根于农村，服务于三农，真正使三农服务落地，使农民成为平台的最大受益者。

> **课内小案例**
>
> 我国农村电商凭借线上化、非接触、供需快速匹配、产销高效衔接等优势，在稳产保供、复工复产和民生保障等方面的功能作用凸显。农村电商促进了农产品上行和工业品下乡，开辟出了一条方便、快捷，促进城乡商品"双向流通"的重要渠道。农村电商从流通端切入，逐步向农业产业链上游延伸，渗透到农业生产、加工、流通等环节，提升全要素生产率，节本增效，优化资源配置，促进农业全产业链数字化转型。
>
> 农村电商极大增强了农产品供应链的稳定性，促进了农民收入较快增长，尤其是特色农产品电商在脱贫县持续快速发展，为脱贫攻坚取得全面胜利做出了独特的历史性贡献。服务线上化、产品线上化的"宅经济"需求持续增长，电子商务成为激活县域消费潜力的重要引擎。直播电商、社区团购、生鲜电商、跨境电商、订单农业、众筹农业等新业态新模式蓬勃发展，为拉动农产品上行、促进乡村消费升级、扩大农民就业、带动农业数字化转型、促进电商脱贫长效机制建设等提供了坚实保障。
>
> 问题：请通过互联网等方式了解知名农食电商品牌发展史，了解国家"电商扶贫"政策，深入理解我国农村电商的发展现状及存在的问题。

2. 跨境电子商务

跨境电子商务是指分属不同关境的交易主体，通过电子商务平台达成交易、进行电子支付结算，并通过跨境电商物流及异地仓储送达商品，从而完成交易的一种国际商业活动。

跨境电子商务作为推动经济一体化、贸易全球化的技术基础，具有非常重要的战略意义。跨境电子商务不仅冲破了国家间的障碍，使国际贸易走向无国界贸易，同时它也正在引起世界经济贸易的巨大变革。对企业来说，跨境电子商务构建的开放、多维、立体的多边经贸合作模式，极大地拓宽了进入国际市场的路径，大大促进了多边资源的优化配置与企业间的互利共赢；对于消费者来说，跨境电子商务使他们非常容易地获取其他国家的信息并买到物美价廉的商品。

跨境电子商务是经济全球化的结果，也是国内电子商务发展到一定阶段的产物。近年来，随着国际贸易的发展，我国跨境电子商务交易总额逐年增加，随着物流和供应链的逐渐完善，未来市场将进一步扩大。

资料补给站

"一带一路"倡议是"丝绸之路经济带"和"21世纪海上丝绸之路"的简称，2013年9月和10月由中国国家主席习近平分别提出建设"丝绸之路经济带"和"21世纪海上丝绸之路"的合作倡议。"一带一路"旨在践行以"和平合作、开放包容、互学互鉴、互利共赢"为核心的丝路精神，通过国际合作新平台，各方秉持共商、共建、共享原则，携手应对世界经济面临的挑战，开创发展新机遇，谋求发展新动力，拓展发展新空间，实现优势互补、互利共赢，不断朝着人类命运共同体方向迈进。

3. 丝路电商

丝路电商是指我国与"一带一路"沿线国家之间发展的跨境电子商务方面的合作。2016年底，我国商务部与智利外交部签署了首个双边电子商务合作的谅解备忘录。截至2021年4月，我国已经与22个国家建立了双边电子商务合作机制；与巴西、新西兰、俄罗斯、越南、爱沙尼亚等伙伴国分别召开了电子商务工作组会议。

4. 社交电商

社交电商就是依托社交关系而进行交易的电商。社交电商和传统电商的区别在于流量的获取/分发方式。例如，依托微信等社交网络做营销，都可以理解为社交电商，微商也是社交电商。未来，在零售端的跨境电商将以互动式、娱乐式的商业模式来吸引买家，实现流量导入。

5. 直播电商

直播电商是指线下的实体卖家通过网络直播平台或直播软件来推销自己的产品，使客户在了解产品各项性能的同时通过平台下单购买的商业活动。在智能手机和移动互联网广泛应用的背景下，快手、抖音等社交视频平台快速成长，近年来逐渐开始渗透电商领域。同时各大主流跨境电商平台，在产品展示、首页推荐等环节也大量使用视频。随着5G时代的到来，图文时代向视频时代发展，可能引发新一轮贸易各环节的创新发展。

四、我国电子商务立法概述

（一）电子商务法的特性

电子商务法是一个非常庞杂的法律体系，这些法律规范总体上属于商法范畴，它既涉及传统的民法领域，如《民法典》；又涉及新的领域，如《电子签名法》等。

电子商务法具有两个基本特征：
（1）它以商人的行业惯例为其规范标准。
（2）它具有跨越国界、地域的全球化的天然特性。

（二）立法体系

2021年10月9日，商务部、中央网信办、发展改革委三部门联合发布《"十四五"电子商务发展规划》，为"十四五"时期电子商务发展做出全面安排，指引我国电子商务发展方向、推动电子商务实现快速健康发展。

1. 法律

2018年8月31日，为了保障电子商务各方主体的合法权益，规范电子商务行为，维护市场秩序，促进电子商务持续健康发展，第十三届全国人民代表大会常务委员会第五次会议通过了《中华人民共和国电子商务法》。

2019年4月23日，第十三届全国人民代表大会常务委员会第十次会议发布《中华人民共和国电子签名法》（2019修正），规范电子签名行为，确立电子签名的法律效力，维护有关各方的合法权益。

2. 行政法规

2015年5月4日，国务院发布《关于大力发展电子商务 加快培育经济新动力的意见》；2015年6月16日和2015年10月31日，国务院办公厅先后发布《关于促进跨境电子商务健康快速发展的指导意见》《关于促进农村电子商务加快发展的指导意见》这三部规范性文件指导推动电子商务产业转变。

2018年1月2日，国务院办公厅发布《关于推进电子商务与快递物流协同发展的意见》，深入实施"互联网＋流通"行动计划，提高电子商务与快递物流协同发展水平。

2022年1月22日，国务院发布《关于同意在鄂尔多斯等27个城市和地区设立跨境电子商务综合试验区的批复》（国函〔2022〕8号），同意在鄂尔多斯市、扬州市、镇江市、泰州市等27个城市和地区设立跨境电子商务综合试验区。截至2022年3月，我国跨境电商综合试验区数量达132个。

此次跨境电商综合试验区扩围，有利于促进"稳外贸"目标实现。鼓励跨境电商综合试验区扩围，支持其开展先行先试，充分利用线上线下相结合的渠道，有利于拓展多元市场空间，促进外贸稳中提质。

3. 部门规章

2018年9月28日，为进一步促进跨境电子商务健康快速发展，培育贸易新业态新模式，财政部、税务总局、商务部联合发布《关于跨境电子商务综合试验区零售出口货物税收政策的通知》。

2018年11月29日，为促进跨境电子商务零售进口行业的健康发展，营造公平竞争的市场环境，财政部、海关总署、税务总局三部门联合印发《关于完善跨境电子商务零售进口税收政策的通知》。

2019年6月12日，为贯彻落实国务院办公厅《关于推进电子商务与快递物流协同发展的意见》，国家邮政局和商务部联合发布《关于规范快递与电子商务数据互联共享的指导意见》，旨在建立完善电子商务与快递数据互联共享规则，促进电子商务经营者、经营快递业务的企业数据管理和自身治理能力的全面升级。

2020年，为有效推动农村电子商务发展，促进农产品流通，完善农村市场体系，商务部办公厅、财政部办公厅联合印发《积极发展农村电子商务 拓宽农产品销售渠道工作督查激励措施实施办法》，激励各地创先争优、担当作为，以有效推动农村电子商务发展。

五、电子商务主要相关机构

1. 行政主管部门

电子商务行业的行政主管部门主要包括商务部（http://www.mofcom.gov.cn）及工信部。其中，商务部主要负责拟订电子商务相关标准和规则，其下属的电子商务和信息化司负责制定我国电子商务发展规划、拟订电子商务相关政策措施并组织实施、支持中小企业电子商务应用、促进网络购物等；工信部主要负责互联网行业管理（含移动互联网），协调电信网、互联网、专用通信网的建设，拟订相关政策并组织实施，指导电信和互联网相关行业自律和相关行业组织发展等。

中国国际电子商务中心（https://ciecc.ec.com.cn）成立于1996年2月，作为商务部直属事业单位，主要职责是负责商务部信息化建设服务支撑工作。中心承建、承运商务部网站、业务系统统一平台、商务大数据平台、办公自动化平台等国家级重要信息系统，拥有安全可靠的IT基础环境和设备设施、专业的人才队伍、先进的信息技术和丰富的信息化建设服务经验，是国内第一家同时获得ISO9001、ISO20000、ISO27001和ISO22301等四项资质的政府信息化服务机构。

2. 自律组织

电子商务行业自律组织主要包括中国互联网协会和中国电子商务协会。其中，中国互联网协会的主要职责包括团结互联网行业相关企业、事业单位和社会组织，向政府主管部门反映会员和业界的愿望及合理要求，维护会员合法权益，促进互联网行业交流与合作，发挥互联网对我国经济、文化、社会以及生态文明建设的积极作用，开展法规、管理、技术、人才等专业培训，提高从业人员业务素质等。中国电子商务协会的主要职责是辅助政府决策，推动电子商务的发展，进行与电子商务相关业务的调查和研究，协助政府部门制定相关法律法规和政策，开展电子商务国际交流与合作，进行电子商务立法研究，推进信用体系建设等，为会员提供电子商务相关法律与法规指导等。

单元三 电子合同

引导案例

2022年12月10日，深圳某互联网公司通过邮件方式向佛山某办公家具公司表达购买办公家具的意愿，电子邮件中对办公桌椅的尺寸、式样、颜色做了说明，并附了样图，同时，电子邮件还明确了办公家具的种类、数量、价款和履行方式等内容。佛山办公家具公司在收到电子邮件后，通过对邮件需求进行现实分析，确认可行后迅速回复深圳互联网公司，同时开始进行备货。

三天后，佛山办公家具公司依约将办公家具装车并运送至深圳互联网公司。彼时，深圳互联网公司已经于前一天以较低的价格购买了另一家本地公司生产的办公家具。深圳互联网公司以双方没有订立书面合同为由拒收佛山办公家具公司送达的办公家具。双方协商不成，佛山办公家具公司起诉至法院。

思考 本案中的合同是否有效？请说明理由。

一、电子合同的含义

合同是民事主体之间设立、变更、终止民事法律关系的协议。电子合同是指用电、磁、光或相关技术手段生成的数据电文表达意思，以产生、变更和消灭权利义务关系的协议。通俗地说，通过电子手段订立的合同即是电子合同。

二、电子合同的分类

对电子合同进行科学的分类，一方面有利于法学研究，使研究更加深入；另一方面也可以使电子合同法律制度的建设更具针对性和全面性。电子合同作为合同的一种，也可以按照传统合同的分类方式进行划分，但基于其特殊性，还可以将其分为以下几种类型：

（1）从电子合同订立的具体方式的角度，可分为利用电子数据交换订立的合同和利用电子邮件订立的合同。

（2）从电子合同标的物的属性的角度，可分为网络服务合同、软件授权合同、需要物流配送的合同等。

（3）从电子合同当事人的性质的角度，可分为电子代理人订立的合同和合同当事人亲自订立的合同。

（4）从电子合同当事人之间的关系的角度，可分为 BtoC 合同，即企业与个人在电子商务活动中所形成的合同；BtoB 合同，即企业之间从事电子商务活动所形成的合同；BtoG 合同，即企业与政府进行电子商务活动所形成的合同；CtoC 合同，即个人用户之间从事电子商务活动所形成的合同。

三、电子合同的法律效力

1. 合同形式

《民法典》第四百六十九条规定，以电子数据交换、电子邮件等方式能够有形地表现所载内容，并可以随时调取查用的数据电文，视为书面形式。这进一步确立了数据电文形式或电子合同的法律地位，而且认为电子合同是一种书面形式。因此，电子合同作为一种合同形式，是合法有效的。

2. 证据效力

电子合同在合同形式上有效，但形式有效和证据效力不是一回事。在证据法上，一份有效的书证，必须同时具备两个要件：一是存在有效的签名或有其他证据表明该文书归属于某人或认可该内容；二是必须是原件或未经篡改、改动。如果仅仅是复制件，电子合同形式的合法性还必须与证据效力的合法性相配合，才能真正彻底解决电子合同的法律地位和效力。

在数据电文证据效力方面，《联合国国际贸易法委员会电子商务示范法》分别界定了数据电文的书面、签字和原件后，就数据电文的可接受性和证据价值，做了总结性规定。总结起来，具备直接证据效力的数据电文应当具备以下条件：

（1）生成、储存或传递该数据电文的办法的可靠性，达到"可以调取以备日后查用"的条件。

（2）保持信息完整性的办法的可靠性，达到初次形成时的状态。

（3）具有安全的签字或类似鉴别发端人的办法。

实际上，只要数据电文具备了纸面文书的功能、符合电子签字和原件标准，那么，数据电文当然具有原件性的书面文件的证据效力，即这种数据电文具有直接证据效力。

四、电子合同的订立

1. 要约和承诺

要约是希望与他人订立合同的意思表示，承诺是受要约人同意要约的意思表示。合同的订立一般经过要约和承诺两个阶段，通过网络达成的电子合同也遵循这一基本规则。

2. 合同成立时间

我国《民法典》第一百三十七条规定，以对话方式作出的意思表示，相对人知道其内容时生效。以非对话方式作出的意思表示，到达相对人时生效。以非对话方式作出的采用数据电文形式的意思表示，相对人指定特定系统接收数据电文的，该数据电文进入该特定系统时生效；未指定特定系统的，相对人知道或者应当知道该数据电文进入其系统时生效。同时，《民法典》第四百九十一条规定，当事人采用信件、数据电文等形式订立合同要求签订确认书的，签订确认书时合同成立。

3. 合同成立地点

《民法典》第四百九十二条规定，承诺生效地点为合同成立地点。采用数据电文形式订立合同的，收件人的主营业地为合同成立的地点；没有主营业地的，其住所地为合同成立的地点。当事人另有约定的，按照其约定。当事人采用合同书形式订立合同的，最后签名、盖章或者按指印的地点为合同成立的地点，但是当事人另有约定的除外。

4. 合同的履行

通过互联网等信息网络订立的电子合同的标的为交付商品并采用快递物流方式交付的，收货人的签收时间为交付时间。

电子合同的标的为提供服务的，生成的电子凭证或者实物凭证中载明的时间为提供服务时间。前述凭证没有载明时间或者载明时间与实际提供服务时间不一致的，以实际提供服务的时间为准。

电子合同的标的物为采用在线传输方式交付的，合同标的物进入对方当事人指定的特定系统且能够检索识别的时间为交付时间。

电子合同当事人对交付商品或者提供服务的方式、时间另有约定的，按照其约定。

职业素养小讲堂

合同是民事主体之间设立、变更、终止民事法律关系的协议。要约是希望与他人订立合同的意思表示，承诺是受要约人同意要约的意思表示。

《民法典》第七条规定，民事主体从事民事活动，应当遵循诚信原则，秉持诚实，恪守承诺。

信守合同约定、履行合同义务是合同顺利履行的必要条件。当事人在合同从订立到终止的全过程中，都需要秉持诚实守信的原则。"诚信"是每个人的立身之本，人与人之间的交往需要一定的诚实与信任。只有足够的信赖，诚实守信，双方才能够一路同行，开出合作之花。

5. 电子合同订立的特殊法律问题

（1）电子自动交易及相关问题

电子自动交易是指当事人通过事先设置的程序，根据需求状况自动发出和接收信息，并做出判断而订立合同。电子自动交易的应用大致有两种情况：

1）当事人双方各自拥有自己的交易系统，合同约定两家公司计算机自动通过 EDI 订货、发货，无须人力干预。

2）自动竞价系统。例如，在网络证券买卖中，当事人向证券自动交易系统发出要约，由系统寻找相同报价的买方和卖方，达成交易。此自动交易系统即是当事人双方共同的电子代理人。

电子自动交易系统的最大特点是智能化，能完全或部分地独立进行判断，自动完成交易，不需要当事人的干预。但它不具有独立的思维能力，仅仅是一种智能化工具，功能类似于自动售货机，其行为即是当事人的行为。电子自动交易过程中所发出的数据电文应归属于对该程序的使用有最终决定权，并享有相应权利和义务的设立人，信息的发出人不得以所发送的信息未经自己审查为由而对之否认。

从表面上看，在电子自动交易系统中似乎只有当事人的要约而没有承诺，承诺是由系统完成的。实际上这种要约在理论上称为交叉要约，只要双方当事人互为意思表示，且意思表示内容一致即可，要约和承诺的区分意义已经不大了。

（2）点击合同及相关问题

点击合同是指由商品或服务的提供人通过计算机程序预先设定合同条款的一部分或全部，以规定其与对方当事人之间的权利义务关系，对方必须点击"同意"后才能订立的合同。点击合同具有附和性，是网络环境下的格式合同。

所谓格式合同，也叫标准合同，是指由一方当事人事先制定的，并适用于不特定第三人，第三人不得加以改变的合同。格式合同较多体现了提供方的意志，合同使用人的意志被提供人的意志吸收，在这个意义上，格式合同也被称为附和合同。格式合同的条款也叫作一般交易条款、格式条款或定型化条款。从性质上来说，虽然格式合同具有强烈的附和性，但仍然是合同。在订约过程中，要约和承诺被简化了，当事人的真实意思很难得到真实反映，从民商法尤其是合同法发展的历史来看，合同自由受到较多限制，格式合同得到广泛应用，一方面这是追求效率的必然结果；另一方面，也需要对格式合同加以规范，以维护当事各方利益。

拆封合同是指合同提供人将其与不特定第三人之间权利义务关系的相关条款印在标的物的包装上面，并在合同中声明只要消费者在购买后拆开包装，即视为接受的格式合同。在交易电子化之后，信息类产品可以直接从网上购买，不再具有传统的包装形式，这样，拆封合同也就随之电子化了。在从网上购买并下载安装软件时，用户仍然可以看到类似于拆封合同的痕迹。

点击合同并非仅仅是电子版的拆封合同，点击合同的应用有了以下变化：

1）应用范围大大拓展。拆封合同局限于买卖法律关系中，而点击合同从信息产品的使用许可到免费邮箱的申请，从买卖关系扩展到非买卖关系。

2）点击合同具有部分可选择性。某些点击合同的条款可供使用人选择，使用人的选择不同，权利义务关系会有所不同，而拆封合同的任何条款都是使用人无法选择或改动的。

这些变化并未对点击合同与拆封合同本质上的一致性产生影响。

点击合同具有如下特点：

1）点击合同由一方当事人预先拟定，其条款是定型化的，相对人的意思具有附和性。

2）点击合同可以广泛、重复使用，其相对人是不确定的。

3）点击合同具有互动性。

> **课内小案例**
>
> 在上海读大二的小侯收到一条"校园贷"的短信,称可以为学生族提供分期贷款。因恰好手头紧,小侯动了借款的心思。没想到的是,正是这条短信让他走上了一条不归路。小侯联系到了 A 借款公司的李某、冯某、欧阳某等人,第一次通过网上交易借款 5 万元。小侯说,"实际到手只有 4 万元,交易借条却打了 9 万元。"5 万元的借款,李某等人要求扣除 1 万元手续费。至于 9 万元的交易借条,李某等人告知小侯,若按时还款无须按借条还。根据约定,小侯每半个月按约定还款 2 000 多元,一共还了 3 期。但到了第 4 期,李某等人突然提出,要求立刻还清所有借款。小侯不知如何是好,他联系到欧阳某,欧阳某称可以帮小侯"平账"。这次需要重新借款 1 万元,并被要求一个月后还款 1.3 万元,而需要打 6 万元的交易借条。在新借的 1 万元借款中,A 借款公司和中间人欧阳某分别抽取了 1 500 元手续费和 2 000 元中介费,小侯到手的资金只有 6 500 元。为吸取第一次借款的教训,第二次借款后的第 15 天,小侯凑齐 1.3 万元完成一次性线上还钱,却被告知提前还款属于违约,要求他偿还 6 万元的违约金。走投无路的小侯只能再次找到欧阳某。欧阳某再次让他出具了一张 12 万元的交易借条,并要求每月偿还利息 1.2 万元。一次次的借新还旧,已将小侯拖入一个还款的"深渊"。此后,小侯多次借新款、平旧账。最初 4 万元的借款滚到了 100 多万元,小侯的生活已受到严重影响。
>
> 问题:作为一名当代大学生,应该如何正确认识"校园贷"?

复习思考题

一、选择题

1. 物流信息管理是将物流信息从分散到集中、从无序到有序的过程。物流信息管理具备的要求是(　　)。

    A. 可得性　　　　B. 及时性　　　　C. 集成性　　　　D. 适应性
    E. 易用性

2. 电子商务是用电子工具从事商务贸易活动的行为,其构成要素包括(　　)。

    A. 商流　　　　　B. 物流　　　　　C. 资金流　　　　D. 信息流

3. 电子商务的关联对象涉及的关系包括(　　)。

    A. 交易平台　　　B. 平台经营者　　C. 站内经营者　　D. 支付系统

4. 下列不属于点击合同特点的是(　　)。

    A. 附和性　　　　B. 协商性　　　　C. 格式化　　　　D. 定型化

5. 电子合同成立的时间可以是(　　)。

    A. 以对话方式作出的意思表示,相对人知道其内容时生效

B. 以非对话方式作出的意思表示，到达相对人时生效
C. 以非对话方式作出的采用数据电文形式的意思表示，相对人指定特定系统接收数据电文的，该数据电文进入该特定系统时生效
D. 未指定特定系统的，相对人知道或者应当知道该数据电文进入其系统时生效

二、简答题

1. 简述我国互联网信息立法体系。
2. 简述电子商务的特点和类型。
3. 试述电子合同成立时间、成立地点的基本原则。
4. 简述互联网信息服务管理制度。

三、案例分析题

薛某在某网站无意间发现一个拍卖二手帕萨特汽车的链接，而起拍价只有 10 元人民币。一开始薛某不以为意，后来看到大家都在跟拍，他想可能是网站在搞促销活动，于是就参与了竞拍。几轮下来，薛某以 116 元的成交价竞拍成功。随后，该网站通过电子邮件进行了确认，并给他发来了电子合同，同时也给二手车经销公司发送了邮件。薛某根据网站提供的电话，与二手车经销公司取得联系，但是该二手车经销公司坚决不同意交车。

二手车经销公司的理由是这份合同无效。首先，汽车的底拍价是 10 万元而不是 10 元，网站上显示的 10 元底拍价是由于其工作人员输入失误造成的；其次，他们认为 116 元就把车卖了，这样一个合同是不公平的。

薛某认为该合同有效，理由是他手上的三份证据：一份是网站给他发来的电子确认书，第二份是电子合同，另外还有一份整个交易过程的证据。

经多次交涉无果，薛某最后只好把二手车经销公司告到法院。

请问：

1. 这个网上竞拍的电子合同是否有效？为什么？
2. 本案例反映出电子商务活动中的法律规范存在哪些问题？

模块十一
报关与检验检疫法律制度

学习目标

📖 知识目标

○ 理解海关监管政策，掌握检验检疫法律制度。

〰 能力目标

○ 能查阅和运用相关报关和检验检疫法律知识；提升结合有关法律理论和方法，分析解决问题的能力；能根据海关监管政策和检验检疫法律制度相关知识，解析相关案例。

📂 素质目标

○ 培养爱岗敬业精神、懂法守法职业精神、严谨认真的工作态度，提升岗位业务能力，提高学习者的法律意识及政策知识水平，提升处理报关与检验检疫纠纷事件的能力、合理规避风险的能力。

单元一　报关法律法规

引导案例

刘先生在浙江宁波开设了 A、B 两家床上用品公司，为降低企业成本，刘先生有以下两点设想：一是只对 A 公司向海关办理注册登记，取得报关权，B 公司需要报关时直接委托 A 公司办理；二是对 A、B 两家公司都向海关办理注册登记，取得报关权，聘用一名报关员办理两家公司的报关业务。

思考　刘先生降低企业成本的两种设想是否可行，为什么？

一、海关监管的法律法规

《中华人民共和国海关法》（以下简称《海关法》）第二条规定，中华人民共和国海关是国家的进出关境（以下简称进出境）监督管理机关。海关依照本法和其他有关法律、行政法规，监管进出境的运输工具、货物、行李物品、邮递物品和其他物品（以下简称进出境运输工具、货物、物品），征收关税和其他税、费，查缉走私，并编制海关统计和办理其他海关业务。

该规定表明了海关的性质和任务，也表明了海关的法律法规综合性强、内容繁杂、层次分明、相互协调，各层次的海关法规既相互区分又相互联系，构成了独立、完整、严密、规范的海关法律体系。

根据制定法规的主体和效力的不同，海关法律体系既包括专门的《海关法》，也包括所有的海关行政法规、海关规章、海关规范性文件，还包括各种法律、行政法规中涉及海关管理的所有规定。

（一）海关监管的法律

《海关法》由最高国家权力机关全国人民代表大会及其常务委员会制定、以中华人民共和国主席令的形式颁布实施。《海关法》共九章一百零二条，是我国现行法律体系的一个重要组成部分，是管理海关事务的基本法律规范。《海关法》中对进出口货物监管的主要内容如下：

（1）进口货物自进境起到办结海关手续止，出口货物自向海关申报起到出境止，过境、转运和通运货物自进境起到出境止，应当接受海关监管。

进口货物的收货人、出口货物的发货人应当向海关如实申报，交验进出口许可证件和有关单证。国家限制进出口的货物，没有进出口许可证件的，不予放行，具体处理办法由国务院规定。

进口货物的收货人应当自运输工具申报进境之日起 14 日内，出口货物的发货人除海关特准的外应当在货物运抵海关监管区后、装货的 24 小时以前，向海关申报。

进口货物的收货人超过前款规定期限向海关申报的，由海关征收滞报金。

（2）进出口货物应当接受海关查验。海关查验货物时，进口货物的收货人、出口货物的发货人应当到场，并负责搬移货物，开拆和重封货物的包装。海关认为必要时，可以径行开验、复验或者提取货样。

海关在特殊情况下对进出口货物予以免验，具体办法由海关总署制定。

除海关特准的外，进出口货物在收发货人缴清税款或者提供担保后，由海关签印放行。

（3）进口货物的收货人自运输工具申报进境之日起超过 3 个月未向海关申报的，其进口货物由海关提取依法变卖处理，所得价款在扣除运输、装卸、储存等费用和税款后，尚有余款的，自货物依法变卖之日起 1 年内，经收货人申请，予以发还；其中属于国家对进口有限制性规定，应当提交许可证件而不能提供的，不予发还。逾期无人申请或者不予发还的，上缴国库。

确属误卸或者溢卸的进境货物，经海关审定，由原运输工具负责人或者货物的收发货人自该运输工具卸货之日起 3 个月内，办理退运或者进口手续；必要时，经海关批准，可以延期 3 个月。逾期未办手续的，由海关按规定处理。

货物不宜长期保存的，海关可以根据实际情况提前处理。

收货人或者货物所有人声明放弃的进口货物，由海关提取依法变卖处理；所得价款在扣除运输、装卸、储存等费用后，上缴国库。

（4）按照法律、行政法规、国务院或者海关总署规定暂时进口或者暂时出口的货物，应当在 6 个月内复运出境或者复运进境；需要延长复运出境或者复运进境期限的，应当根据海关总署的规定办理延期手续。

（5）进口货物应当由收货人在货物的进境地海关办理海关手续，出口货物应当由发货人在货物的出境地海关办理海关手续。

经收发货人申请，海关同意，进口货物的收货人可以在设有海关的指运地、出口货物的发货人可以在设有海关的启运地办理海关手续。上述货物的转关运输，应当符合海关监管要求；必要时，海关可以派员押运。

（6）海关监管货物，未经海关许可，不得开拆、提取、交付、发运、调换、改装、抵押、质押、留置、转让、更换标记、移作他用或者进行其他处置。

在海关监管区外存放海关监管货物，应经海关同意后接受海关监管。

资料补给站

《海关法》第八十六条规定，违反本法及有关法律、行政法规，逃避海关监管，偷逃应纳税款、逃避国家有关进出境的禁止性或者限制性管理，有下列情形之一的，是走私行为：

（一）运输、携带、邮寄国家禁止或者限制进出境货物、物品或者依法应当缴纳税款的货物、物品进出境的；

（二）未经海关许可并且未缴纳应纳税款、交验有关许可证件，擅自将保税货物、特

定减免税货物以及其他海关监管货物、物品、进境的境外运输工具,在境内销售的;

(三)有逃避海关监管,构成走私的其他行为的。

走私扰乱经济秩序,冲击民族工业,腐蚀干部群众,败坏社会风气,诱发违法犯罪,对国家危害性极大,必须予以严厉打击。

(二)海关监管的行政法规

1. 《中华人民共和国进出口关税条例》

《中华人民共和国进出口关税条例》(以下简称《进出口关税条例》)2003年公布,2004年1月1日施行,根据2017年3月1日《国务院关于修改和废止部分行政法规的决定》第四次修订。此条例规定,进出口货物在取得海关放行前,如属于应税货物,应由海关的税收部门按照《进出口关税条例》和《中华人民共和国进出口税则(2022)》的规定,并根据一票一证的方式,对这些货物的收发货人征收有关关税和代征税,然后签印放行。

在征税环节,海关做出的征税决定,对纳税义务人具有强制性。因此,纳税义务人必须按规定缴纳,不得拖延。

海关征税的依据是货物的"完税价格"。通常情况下,进口货物的CIF价、出口货物的FOB价即可作为海关征税的依据价格,但对CIF价或FOB价明显低于同期货物进口价格,或买卖双方存在特殊经济关系影响了进口成交价格的情况,海关有权规定"完税价格"。

2. 《中华人民共和国海关稽查条例》

海关稽查是促进国际贸易便利化、确保海关有效监管的重要手段。国务院1997年发布施行的《中华人民共和国海关稽查条例》(以下简称《海关稽查条例》),确立了我国的海关稽查制度。随着对外贸易发展对口岸通关便利化要求的不断提高,亟须总结实践经验,修改完善现行条例。

《中华人民共和国海关稽查条例》1997年1月3日中华人民共和国国务院令第209号发布;根据2011年1月8日《国务院关于废止和修改部分行政法规的决定》第一次修订;根据2016年6月19日《国务院关于修改〈中华人民共和国海关稽查条例〉的决定》第二次修订;根据2022年3月29日《国务院关于修改和废止部分行政法规的决定》第三次修订。

稽查制度是一项高效动态监管模式,能通过后置的非实时性监管方式,实现海关监管空间及时间的延伸,提升通关效率。修改后的条例增加了对海关实施稽查具有保障和支撑作用的基础性措施,有利于全面提升海关履职能力。

第二次修订共做出19项修改,包括一些与上位法进行衔接的内容。例如:

将第二条修改为:"本条例所称海关稽查,是指海关自进出口货物放行之日起3年内或者在保税货物、减免税进口货物的海关监管期限内及其后的3年内,对与进出口货物直接有关的企业、单位的会计账簿、会计凭证、报关单证以及其他有关资料(以下统称账簿、单证等有关资料)和有关进出口货物进行核查,监督其进出口活动的真实性和合法性。"

将第十四条中的"经海关关长批准"修改为"经直属海关关长或者其授权的隶属海关关长批准"。

本次修订还增加一条,作为第四条:"海关根据稽查工作需要,可以向有关行业协会、政府部门和相关企业等收集特定商品、行业与进出口活动有关的信息。收集的信息涉及商业秘密的,海关应当予以保密。"

第三次修订将第三十条、第三十一条中的"撤销其报关注册登记"修改为"禁止其从事报关活动"。

3.《关于调整进出境个人邮递物品管理措施的有关事宜》

海关总署公告 2010 年第 43 号(关于调整进出境个人邮递物品管理措施的有关事宜)(以下简称《公告》)自 2010 年 9 月 1 日实行。该《公告》旨在进一步规范对进出境个人邮递物品的监管,照顾收件人、寄件人合理需要。

《公告》规定如下:

(1)个人邮寄进境物品,海关依法征收进口税,但应征进口税税额在人民币 50 元(含 50 元)以下的,海关予以免征。

(2)个人寄自或寄往港、澳、台地区的物品,每次限值为 800 元人民币;寄自或寄往其他国家和地区的物品,每次限值为 1000 元人民币。

(3)个人邮寄进出境物品超出规定限值的,应办理退运手续或者按照货物规定办理通关手续。但邮包内仅有一件物品且不可分割的,虽超出规定限值,经海关审核确属个人自用的,可以按照个人物品规定办理通关手续。

(4)邮运进出口的商业性邮件,应按照货物规定办理通关手续。

4.《中华人民共和国知识产权海关保护条例》

《中华人民共和国知识产权海关保护条例》根据《海关法》制定,由国务院于 2003 年 12 月 2 日发布,自 2004 年 3 月 1 日起施行;根据 2010 年 3 月 24 日《国务院关于修改〈中华人民共和国知识产权海关保护条例〉的决定》第一次修订;根据 2018 年 3 月 19 日《国务院关于修改和废止部分行政法规的决定》第二次修订。

修订后,原条例第二十七条第三款修改为:"被没收的侵犯知识产权货物可以用于社会公益事业的,海关应当转交给有关公益机构用于社会公益事业;知识产权权利人有收购意愿的,海关可以有偿转让给知识产权权利人。被没收的侵犯知识产权货物无法用于社会公益事业且知识产权权利人无收购意愿的,海关可以在消除侵权特征后依法拍卖,但对进口假冒商标货物,除特殊情况外,不能仅清除货物上的商标标识即允许其进入商业渠道;侵权特征无法消除的,海关应当予以销毁。"

原条例第二十八条改为第三十一条,内容为:"个人携带或者邮寄进出境的物品,超出自用、合理数量,并侵犯本条例第二条规定的知识产权的,按照侵权货物处理。"

5.《中华人民共和国海关行政处罚实施条例》

《中华人民共和国海关行政处罚实施条例》(根据 2022 年 3 月 29 日《国务院关于修改和废止部分行政法规的决定》修订,以下简称《海关行政处罚实施条例》)第二条规定,"依法不追究刑事责任的走私行为和违反海关监管规定的行为,以及法律、行政法规规定由海关实施行政处罚的行为的处理，适用本实施条例。"

海关有权对尚未构成走私罪的违法当事人处以行政处罚，包括对走私货物、物品及违法所得处以没收，对有走私行为和违反海关监管规定行为的当事人处以罚款，对有违法行为的报关企业和报关员处以暂停或取消报关资格的处罚等。

（1）海关行政强制措施。

海关行政强制措施是指海关依法对公民的人身自由实施暂时性限制，或者对公民、法人或者其他组织的财物实施暂时性控制的行为。具体包括以下几方面：

1）限制公民人身自由。《海关行政处罚实施条例》第三十七条规定，海关依法扣留走私犯罪嫌疑人，应当制发扣留走私犯罪嫌疑人决定书。对走私犯罪嫌疑人，扣留时间不超过24小时，在特殊情况下可以延长至48小时。

《海关行政处罚实施条例》第五十九条规定，受海关处罚的当事人或者其法定代表人、主要负责人应当在出境前缴清罚款、违法所得和依法追缴的货物、物品、走私运输工具的等值价款。在出境前未缴清上述款项的，应当向海关提供相当于上述款项的担保。未提供担保，当事人是自然人的，海关可以通知出境管理机关阻止其出境；当事人是法人或者其他组织的，海关可以通知出境管理机关阻止其法定代表人或者主要负责人出境。

2）扣留财物。《海关行政处罚实施条例》第三十八条规定，下列货物、物品、运输工具及有关账册、单据等资料，海关可以依法扣留：①有走私嫌疑的货物、物品、运输工具；②违反海关法或者其他有关法律、行政法规的货物、物品、运输工具；③与违反海关法或者其他有关法律、行政法规的货物、物品、运输工具有牵连的账册、单据等资料；④法律、行政法规规定可以扣留的其他货物、物品、运输工具及有关账册、单据等资料。

《海关行政处罚实施条例》第三十九条规定，有违法嫌疑的货物、物品、运输工具无法或者不便扣留的，当事人或者运输工具负责人应当向海关提供等值的担保，未提供等值担保的，海关可以扣留当事人等值的其他财产。

3）冻结存款、汇款。进出口货物的纳税义务人在规定的纳税期限内，有明显的转移、藏匿其应税货物及其他财产迹象，不能提供纳税担保的，经直属海关关长或其授权的隶属海关关长批准，海关可以通知纳税义务人开户银行或者其他金融机构暂停支付纳税义务人相当于应纳税款的存款。

4）封存货物或账簿、单证。《中华人民共和国海关稽查条例》（根据2022年3月29日《国务院关于修改和废止部分行政法规的决定》第三次修订，以下简称《海关稽查条例》）第十五条规定，海关进行稽查时，发现被稽查人有可能转移、隐匿、篡改、毁弃账簿、单证等有关资料的，经直属海关关长或者其授权的隶属海关关长批准，可以查封、扣押其账簿、单证等有关资料以及相关电子数据存储介质。采取该项措施时，不得妨碍被稽查人正常的生产经营活动。

《海关稽查条例》第十六条规定，海关进行稽查时，发现被稽查人的进出口货物有违反海关法和其他有关法律、行政法规规定的嫌疑的，经直属海关关长或者其授权的隶属海关关长批准，可以查封、扣押有关进出口货物。

5）其他强制措施。《海关法》第六条第（六）项规定，进出境运输工具或者个人违抗海关监管逃逸的，海关可以连续追至海关监管区和海关附近沿海沿边规定地区以外，将其带回处理。

对于海关监管货物，海关可以加施封志。

（2）海关行政强制执行。

海关行政强制执行是指在有关当事人不依法履行义务的前提下，为实现海关的有效行政管理，依法强制当事人履行法定义务的行为。具体包括：

1）处以罚款，加收滞纳金。《海关行政处罚实施条例》第六十条第（一）项规定，到期不缴纳罚款的，每日按罚款数额的3%加处罚款。

《海关法》第六十条规定，进出口货物的纳税义务人，应当自海关填发税款缴款书之日起15日内缴纳税款；逾期缴纳的，由海关征收滞纳金。

2）扣缴税款。根据《海关法》第六十条的规定，进出口货物的纳税义务人、担保人自规定的纳税期限届满之日起超过3个月未缴纳税款的，经直属海关关长或者其授权的隶属海关关长批准，海关可以书面通知其开户银行或者其他金融机构从其暂停支付的存款中扣缴税款。

3）抵缴、变价抵缴。《海关法》第九十三条规定，当事人逾期不履行海关的处罚决定又不申请复议或者向人民法院提起诉讼的，做出处罚决定的海关可以将其保证金抵缴或者将其被扣留的货物、物品、运输工具依法变价抵缴，也可以申请人民法院强制执行。

> **课内小案例**
>
> 大连某船务公司报关员小李在从事报关业务中遇到这样一件事情。一家公司从日本进口了一种人造纤维纱线，报关时，海关要求验货，开箱后发现不是人造纤维纱线，而是一种关税比人造纤维纱线高出很多的氨纶丝。海关认为是小李所在公司与外商串通想逃税。经进一步调查发现是日本商人有意隐瞒，以逃避巨额关税。
>
> 问题：在这个案例中，小李作为报关员有没有责任？

6.《中华人民共和国海关统计条例》

《中华人民共和国海关统计条例》（以下简称《海关统计条例》）2005年12月25日公布，2006年3月1日施行，根据2022年3月29日《国务院关于修改和废止部分行政法规的决定》修订。此条例规定了四方面内容，即：统计调查、统计分析和统计监督，进行进出口监测预警，编制、管理和公布海关统计资料，提供统计服务。

海关统计工作由海关总署负责组织、管理。海关统计机构、统计人员应当依法履行职责。《海关统计条例》第四条规定，实际进出境并引起境内物质存量增加或者减少的货物，列入海关统计。进出境物品超过自用、合理数量的，列入海关统计。

《海关统计条例》第十六条规定，海关总署应当分别定期、无偿地向国务院有关部门提供有关综合统计资料；直属海关应当定期、无偿地向所在地省、自治区、直辖市人民政府提供有关综合统计资料。海关应当建立统计资料定期公布制度，向社会公布海关统计信息。

当事人有权在保存期限内查询自己申报的海关统计原始资料及相关信息，对查询结果有疑问的，可以向海关申请核实，海关应当予以核实，并解答有关问题；海关对当事人依法应当申报的项目有疑问的,可以向当事人提出查询,当事人应当及时做出答复;当事人依法应当申报的项目未申报或者申报不实影响海关统计准确性的,海关应当责令当事人予以更正,需要予以行政处罚的,依法处罚。

7. 《中华人民共和国进出口货物原产地条例》

《中华人民共和国进出口货物原产地条例》(以下简称《进出口货物原产地条例》)2004年公布,2005年1月1日施行,根据2019年3月2日《国务院关于修改部分行政法规的决定》修订。这是我国为履行入世承诺,根据WTO《原产地规则协议》的要求,在总结进口货物原产地暂行规定和出口货物原产地规则实施经验的基础上,所制定的统一的进出口货物原产地规则。

随着对外经贸的不断发展,有关货物原产地、原产地规则等方面的问题,越来越受到社会各界的普遍关注。因此,深入了解和运用WTO有关原产地规则的规定和我国《进出口货物原产地条例》,正确认识国际贸易中货物原产地的概念,重视原产地规则的运用,将有利于企业按照国际规则调整自身产品结构和经营策略,在参与国际物流活动方面具有重要意义。

原产地规则有利于大多数国家根据进口产品的不同来源,分别给予不同的待遇。在实行差别关税的国家,进口货物的原产地是决定其是否享受一定关税优惠待遇的重要依据之一。在采取禁运、反倾销、进出口数量限额、贸易制裁、联合抵制、卫生防疫管制、外汇管制等贸易措施的过程中,只有在对进口货物的原产地能够做出准确的判定时,其贸易措施才能真正发挥作用。

8. 《中华人民共和国海关暂时进出境货物管理办法》

《中华人民共和国海关暂时进出境货物管理办法》(以下简称《暂时进出境货物管理办法》)于2017年11月20日经海关总署署务会议审议通过,自2018年2月1日起施行。2007年3月1日海关总署令第157号公布的《中华人民共和国海关暂时进出境货物管理办法》、2013年12月25日海关总署令第212号公布的《海关总署关于修改〈中华人民共和国海关暂时进出境货物管理办法〉的决定》同时废止。

《暂时进出境货物管理办法》第十条规定,暂时进出境货物应当在进出境之日起6个月内复运出境或者复运进境。因特殊情况需要延长期限的,持证人、收发货人应当向主管地海关办理延期手续,延期最多不超过3次,每次延长期限不超过6个月。延长期届满应当复运出境、复运进境或者办理进出口手续。

国家重点工程、国家科研项目使用的暂时进出境货物以及参加展期在24个月以上展览会的展览品,在前款所规定的延长期届满后仍需要延期的,由主管地直属海关批准。

《暂时进出境货物管理办法》第十一条规定,暂时进出境货物需要延长复运进境、复运出境期限的,持证人、收发货人应当在规定期限届满前向主管地海关办理延期手续,并且提交《货物暂时进/出境延期办理单》以及相关材料。

《暂时进出境货物管理办法》第十二条规定,暂时进出境货物可以异地复运出境、复运进境,由复运出境、复运进境地海关调取原暂时进出境货物报关单电子数据办理有关手续。

ATA 单证册持证人应当持 ATA 单证册向复运出境、复运进境地海关办理有关手续。

二、报关单位的法律责任

（一）报关单位

报关单位是指依法在海关备案的进出口货物收发货人、报关企业。

进出口货物收发货人指在我国境内从事对外贸易经营活动的企业、组织和个人；报关企业指经进出口货物收发货人的委托，帮助其代理报关的企业。

报关单位可以在中华人民共和国关境内办理报关业务。

（二）报关单位的管理制度

随着"放管服"改革深入推进，国务院于 2021 年 4 月取消了"报关企业注册登记"行政许可事项，经全国人大常委会对《海关法》做出相应修订，进出口货物收发货人、报关企业已由"注册登记管理"改为"备案管理"。

2021 年 11 月 19 日，海关总署公布了《中华人民共和国海关报关单位备案管理规定》（海关总署令第 253 号，以下简称《海关报关单位备案管理规定》），于 2022 年 1 月 1 日起施行。

《海关报关单位备案管理规定》对报关单位备案条件、材料以及禁止性行为、备案时效、注销情形等进行了明确。

1. 报关单位备案条件、材料

《海关报关单位备案管理规定》规定，进出口货物收发货人、报关企业申请备案的，应当取得市场主体资格；其中进出口货物收发货人申请备案的，还应当取得对外贸易经营者备案。报关单位申请备案时，应当向海关提交"报关单位备案信息表"。

2. 禁止性行为

《海关报关单位备案管理规定》规定了应予以处罚的行为，主要包括：

（1）报关单位名称、市场主体类型、住所（主要经营场所）、法定代表人（负责人）、报关人员等发生变更，未按照规定向海关办理变更的。

（2）向海关提交的备案信息隐瞒真实情况、弄虚作假的。

（3）拒不配合海关监督和实地检查的。

3. 备案时效

《海关报关单位备案管理规定》规定报关单位备案长期有效，并规定了临时备案政策。

临时备案政策规定，一些单位按照国家有关规定需要从事非贸易性进出口活动的，应当办理临时备案。这些单位主要包括：

（1）境外企业、新闻、经贸机构、文化团体等依法在中国境内设立的常驻代表机构。

（2）少量货样进出境的单位。

（3）国家机关、学校、科研院所、红十字会、基金会等组织机构。

（4）接受捐赠、礼品、国际援助或者对外实施捐赠、国际援助的单位。

（5）其他可以从事非贸易性进出口活动的单位。

办理临时备案的，应当向所在地海关提交"报关单位备案信息表"，并随附主体资格证明材料、非贸易性进出口活动证明材料。

临时备案有效期为1年，届满后可以重新申请备案。

4. 注销情形

虽然备案是长期有效的，但在一定情形下也是可以注销备案的，《海关报关单位备案管理规定》明确了当报关单位出现如下情形时，应当向所在地海关办理备案注销手续：

（1）因解散、被宣告破产或者其他法定事由终止的。

（2）被市场监督管理部门注销或者撤销登记、吊销营业执照的。

（3）进出口货物收发货人对外贸易经营者备案失效的。

（4）临时备案单位丧失主体资格的。

（5）其他依法应当注销的情形。

报关单位已在海关备案注销的，其所属分支机构应当办理备案注销手续。报关单位未按照上述规定办理备案注销手续的，海关发现后应当依法注销。报关单位备案注销前，应当办结海关有关手续。

（三）报关单位的法律责任

报关单位法律责任，是指报关单位违反海关法律规范所应承担的法律后果，并由海关及有关司法机关对其违法行为依法予以追究，实施法律制裁。《海关法》《海关行政处罚实施条例》和有关海关行政规章等，都对报关单位的法律责任进行了规定。《中华人民共和国刑法》关于走私犯罪的规定，《中华人民共和国行政处罚法》关于行政处罚的原则、程序、时效、管辖等规定，也都适用于对报关单位法律责任的追究。

《海关行政处罚实施条例》第三章规定了报关单位违反海关监管规定的行为及其处罚，主要内容如下：

（1）报关单位对进出口货物的品名、税则号列、数量、规格、价格、贸易方式、原产地、启运地、运抵地、最终目的地或者其他应当申报的项目未申报或者申报不实的，海关分别依照下列规定，对报关单位予以处罚，有违法所得的，没收违法所得：

1）影响海关统计准确性的，予以警告或者处1 000元以上1万元以下罚款。

2）影响海关监管秩序的，予以警告或者处1 000元以上3万元以下罚款。

3）影响国家许可证件管理的，处货物价值5%以上30%以下罚款。

4）影响国家税款征收的，处漏缴税款30%以上2倍以下罚款。

5）影响国家外汇、出口退税管理的，处申报价格10%以上50%以下罚款。

（2）进出口货物收发货人未按照规定向报关企业提供所委托报关事项的真实情况，致使发生上述第（1）条情形的，对委托人依照上述第（1）条规定予以处罚。

（3）报关企业、报关人员对委托人所提供情况的真实性未进行合理审查，或者因工作疏忽致使发生上述第（1）条情形的，可以对报关企业处货物价值10%以下罚款，暂停其6

个月以内从事报关活动；情节严重的，禁止其从事报关活动。

（4）报关企业、报关人员非法代理他人报关的，责令改正，处 5 万元以下罚款；情节严重的，禁止其从事报关活动。

（5）进出口货物收发货人、报关企业、报关人员向海关工作人员行贿的，由海关禁止其从事报关活动，并处 10 万元以下罚款；构成犯罪的，依法追究刑事责任。

（6）未经海关备案从事报关活动的，责令改正，没收违法所得，可以并处 10 万元以下罚款。

职业素养小讲堂

报关员是连接海关与报关单位的纽带，是报关信息在海关与报关企业之间传递的联络员，能够让进出口货物顺利通关，是报关员应具有的基本职业素质。报关员要规范填写报关单，不虚报、瞒报货物，在单据不被受理时要细心、认真、耐心地查找错误并及时纠正，要耐心地解答客户的问题，不私自收取客户的酬金及其他财物，要合理、公正、符合事实地进行报关。好的职业素质是报关员基本能力的重要组成部分，是提高通关速度的助推器，每个在职的报关员都应尽心尽职地做到。

单元二　检验检疫法律法规

引导案例

某合同商品检验条款中约定以装船地商检报告为准。但在目的港交付货物时，买方委托的商检机构经检验发现货物的品质与约定不符。买方凭当地商检机构出具的检验证书向卖方索赔，卖方却以合同中约定"以装船地商检报告为准"为由拒赔。

思考　1. 卖方拒赔是否合理？
　　　　2. 本案例中买方和卖方从业人员应具备什么样的职业素养，才可以快速解决纠纷？

一、国际货物进出境检验检疫法规

（一）商品检验的概念

商品检验是指在国际贸易活动中由国家商检部门或商检机构对卖方交付给买方货物的品质、数量和包装进行检验，以确定合同中的标的是否符合买卖合同规定。

商品检验还包括依据一国法律或行政法规对某些进出口货物实施的强制检验或食品、动植物及其相关产品的检疫，是买卖合同中必须订明的一项内容。

（二）商品检验的地点

1. 在出口国检验

在出口国检验又可以分为产地检验、装运前或装运时检验，一般对买方不利。

（1）产地检验。即在货物离开生产地点之前，由卖方或其委托的检验机构人员对货物进行检验或验收。

（2）装运前或装运时检验。货物在装运港装运前或装运时，以双方约定的商检证明作为依据进行检验。货物运抵后，买方如再对货物进行检验，即使发现问题，也无权再向卖方表示拒收或提出异议和索赔。

2. 在进口国检验

在进口国检验是指货物运抵目的港或目的地卸货后，由双方约定的目的地检验机构验货并出具检验证明作为最后依据，一般对卖方不利。对于技术密集型商品或卸货后不宜拆开包装的商品，也可在买方营业地或最终用户的所在地进行检验。

3. 在出口国检验、进口国复验

货物在出口国装船前进行检验鉴定，但此时出具的装运港检验证明不能作为卖方交货质量和重量的最后依据，只是作为卖方向银行议付货款的一种单据。货物到达目的港后，在双方约定的时间内，买方有权对货物进行复验，复验后若发现货物与合同不符，可根据复验的结果向卖方索赔。

这种做法避免了上述两类方法对卖方或买方单方面有利的矛盾，兼顾了双方权益，比较公平合理，因而在国际贸易中被广泛采用。我国进出口业务中也多用此类规定方法来约定检验时间和检验方法。

（三）商品检验机构与商品检验的法律法规

1. 商品检验机构

中华人民共和国海关总署（以下简称"海关总署"）是国务院直属机构，负责全国海关工作、组织推动口岸"大通关"建设、海关监管工作、进出口关税及其他税费征收管理、出入境卫生检疫和出入境动植物及其产品检验检疫、进出口商品法定检验、海关风险管理、国家进出口货物贸易等海关统计、全国打击走私综合治理工作、制定并组织实施海关科技发展规划以及实验室建设和技术保障规划、海关领域国际合作与交流、垂直管理全国海关、完成党中央国务院交办的其他任务。

2018年3月，根据第十三届全国人民代表大会第一次会议批准的国务院机构改革方案，国家质量监督检验检疫总局的出入境检验检疫管理职责和队伍被划入海关总署。之前由国家质检总局局务会议审议通过，自2016年5月1日起施行的《进出口商品检验鉴定机构管理办法（2016）》依然有效。

《进出口商品检验鉴定机构管理办法（2016）》从6个方面宽松准入、接轨改革，包括：

①降低了准入门槛。删除对检验鉴定从业人员的资质要求；进出口商品检验鉴定机构实施"注册资本认缴登记制"，取消"注册资本不少于相当35万美元的人民币"注册资本最低限额，降低市场准入限制条件。②增加了申请主体。将自然人作为申请设立检验鉴定机构主体，使个人申请设立检验鉴定机构成为可能。③缩短了行政审批时限。从原90天减至20天。④简化了许可流程。按照"先照后证"的原则，将进出口商品检验鉴定业务的检验许可调整为后置审批。⑤规范了许可程序和要求。将原由商务部审批的"外商投资进出口商品检验鉴定机构设立及变更审批"下放至省级人民政府商务行政部门；明确了各有关审批部门的行政要求。⑥延长了证书时限。"进出口商品检验鉴定机构资格证书"有效期从3年延长到6年。进出口商品检验鉴定机构应当在证书有效期满前3个月内向质检总局（现为通过直属海关向海关总署）申请换发证书。

2. 商品检验的法律法规

为了加强进出口商品检验工作，规范进出口商品检验行为，维护社会公共利益和进出口贸易有关各方的合法权益，促进对外经济贸易关系的顺利发展，1989年2月21日第七届全国人民代表大会常务委员会第六次会议通过《中华人民共和国进出口商品检验法》（以下简称《商检法》），并于1989年8月1日施行。

2021年4月29日，在第十三届全国人民代表大会常务委员会第二十八次会议通过的《全国人民代表大会常务委员会关于修改〈中华人民共和国道路交通安全法〉等八部法律的决定》第五次修正中，对《商检法》进行了最新修订。

《商检法》规定，进出口商品的报检人对商检机构做出的检验结果有异议的，可以向原商检机构或者其上级商检机构以至国家商检部门申请复验，由受理复验的商检机构或者国家商检部门及时做出复验结论。当事人对商检机构、国家商检部门做出的复验结论不服或者对商检机构做出的处罚决定不服的，可以依法申请行政复议，也可以依法向人民法院提起诉讼。任何单位和个人均有权对国家商检部门、商检机构及其工作人员的违法、违纪行为进行控告、检举。

国家商检部门依照《商检法》及其实施条例的有关规定，先后制定发布了《出入境检验检疫行政处罚办法》《出入境检验检疫行政复议办法》和《出入境检验检疫系统受理司法调查规定》等一系列规范商检行为的规章和规范性文件，使商检工作基本做到有法可依，有章可循，实现了我国商检法律制度与WTO《技术性贸易壁垒协定》的衔接，是新时期我国商检工作的法律准绳。

资料补给站

《中华人民共和国进出口商品检验法实施条例》规定，具有以下情形的，将负法律责任：

（1）擅自销售、使用未报检或者未经检验的属于法定检验目录的进口商品，或者擅自销售、使用应当申请进口验证而未申请的进口商品的，由出入境检验检疫机构没收违法所得，并处商品货值金额5%以上20%以下罚款；构成犯罪的，依法追究刑事责任。

（2）擅自出口未报检或者未经检验的属于法定检验的出口商品，或者擅自出口应当申请出口验证而未申请的出口商品的,由出入境检验检疫机构没收违法所得,并处商品货值金额 5% 以上 20% 以下罚款;构成犯罪的,依法追究刑事责任。

(3)销售、使用经法定检验、抽查检验或者验证不合格的进口商品,或者出口经法定检验、抽查检验或者验证不合格的商品的,由出入境检验检疫机构责令停止销售、使用或者出口,没收违法所得和违法销售、使用或者出口的商品,并处违法销售、使用或者出口的商品货值金额等值以上 3 倍以下罚款;构成犯罪的,依法追究刑事责任。

(4)进出口商品的收货人、发货人、代理报检企业或者出入境快件运营企业、报检人员不如实提供进出口商品的真实情况,取得出入境检验检疫机构的有关证单,或者对法定检验的进出口商品不予报检,逃避进出口商品检验的,由出入境检验检疫机构没收违法所得,并处商品货值金额 5% 以上 20% 以下罚款。

进出口商品的收货人或者发货人委托代理报检企业、出入境快件运营企业办理报检手续,未按照规定向代理报检企业、出入境快件运营企业提供所委托报检事项的真实情况,取得出入境检验检疫机构的有关证单的,对委托人依照上述规定予以处罚。

代理报检企业、出入境快件运营企业、报检人员对委托人所提供情况的真实性未进行合理审查或者因工作疏忽,导致骗取出入境检验检疫机构有关证单的结果的,由出入境检验检疫机构对代理报检企业、出入境快件运营企业处 2 万元以上 20 万元以下罚款。

(四)商品检验的程序及内容

我国从 2000 年 1 月 1 日起实施"先报检,后报关,再检验"的货物通关制度,将原卫检局、动植物局、商检局进行的检验"三检合一",全面推行"一次报检、一次取样、一次检验检疫、一次卫生除害处理、一次收费、一次发证放行"的工作规定和"一口对外"的国际通用的检验检疫模式。

1. 商品的检验程序

进出口商品的检验程序主要包括报检、抽样、检验和签发证书。

(1)报检。

1)报检的范围包括:①国家法律法规规定必须由出入境检验检疫机构检验检疫的商品,如列入《出入境检验检疫机构实施检验检疫的进出境商品目录》的商品。②输入国家或地区规定必须凭检验检疫机构出具的证书才准入境的。③有关国际条约规定必须检验检疫的。④申请签发原产地证明书或普惠制原产地证明书的。

2)报检时限和地点。对入境货物,应在入境前或入境时向入境口岸、指定的或到达站的检验检疫机构办理报检手续;入境的运输工具及人员应在入境前或入境时申报。

(2)抽样。常用的抽样方式有:登轮抽样,甩包抽样,翻垛抽样,出厂、进仓时抽样,包装前抽样,生产过程中抽样,装货时抽样,开沟抽样,流动间隔抽样。

(3)检验。内地省市的出口商品需要内地检验机构进行检验,经检验合格后,签发"出口商品检验换证凭单";当商品的装运条件确定后,外贸经营单位持内地检验机构签发的"出口商品检验换证凭单",向口岸检验机构申请查验放行。

（4）签发证书。

1）商检证书的种类主要有品质证书、数量或重量证书、卫生证书或健康证书、消毒证书、熏蒸证书、价值证书、测温证书等。

2）出口商品检验换证凭单是出口商品经发运地的检验机构检验合格后对内签发的，商品出口时申请人凭此单向口岸检验机构申请出口检验换证。

2. 商品检验业务内容

商品检验业务按检验项目主要分为以下几类：

（1）品质检验。品质检验是对进出口商品的质量指标、规格等级、外观要求等进行检验以确定其是否符合技术标准或合同规定的要求。

（2）数量、重量检验。数量检验是按照合同规定的计价单位对某批货物的件数、长度、面积、体积等进行清点和丈量。重量检验可根据商品的不同物理状态采用容量计重、水尺计重、衡器鉴重、流量计计重等方式确定其重量，作为贸易结算的依据。

（3）包装检验。包装检验是对进出口商品内、外包装的标记、包装材料、包装方法、衬垫物料进行检查，对运输包装和危险货物包装进行性能鉴定和使用鉴定，以确定其是否符合相关规定的要求。

（4）安全性能检验。安全性能检验是指对进出口商品的安全性能指标符合性的检验，如家用电器的防止触电、爆炸、燃烧性能，各种玩具、儿童用品防止损害儿童的器件性能和有毒元素含量，各种机动车辆制动部件的灵敏度和可靠性，各种锅炉、压力容器的防爆、防炸性能，各种织物的阻燃性和偶氮染料含量等。

（5）卫生检验。卫生检验是对进出口食品是否符合食用卫生条件的检验，包括感官检验、微生物检验、生物毒素检验、农兽药残留检验、食品添加剂检验、重金属等有毒有害元素检验等，还包括食品容器如包装材料、食用器具及设备的检验。

（6）与进出口商品有关的外商投资财产的价值、品种、质量、数量和损失鉴定。

（7）船舶、集装箱等运载工具装运技术条件鉴定。船舶、集装箱等运载工具装运技术条件鉴定包括对船舱、集装箱等进出口商品运载工具的清洁、卫生、密固、冷藏效能等的适载性检验；出口商品的积载鉴定等。

（8）残损鉴定。残损鉴定包括进出口商品的舱口检视、载损鉴定、海损鉴定和验残等。

（9）集装箱货物检验。集装箱货物检验包括出口集装箱的监视装箱和封箱，进口集装箱的启封、拆箱和监视卸箱等。

（10）其他鉴定业务。其他鉴定业务包括进出口商品的抽样、封样鉴定，监视装载和监视卸载，船舶货舱、阀门的施封和启封等。

上述第（2）项和第（6）～（10）项在我国习惯上称为进出口商品鉴定业务，在过去曾称对外贸易公证鉴定。

2019年为贯彻落实国务院"放管服"改革要求，进一步优化营商环境，促进贸易便利化，海关总署决定在部分海关开展进口货物"两步申报"改革试点：第一步，企业概要申报后经海关同意即可提离货物；第二步，企业在规定时间内完成完整申报。

对应税货物，企业需提前向注册地直属海关关税职能部门提交税收担保备案申请；担保额度可根据企业税款缴纳情况循环使用。

第一步概要申报。企业向海关申报进口货物是否属于禁限管制、是否依法需要检验或检疫（是否属法检目录内商品及法律法规规定需检验或检疫的商品）、是否需要缴纳税款。不属于禁限管制且不属于依法需检验或检疫的，申报9个项目，并确认涉及物流的两个项目，应税的须选择符合要求的担保备案编号；属于禁限管制的需增加申报两个项目；依法需检验或检疫的需增加申报5个项目。

第二步完整申报。企业自运输工具申报进境之日起14日内完成完整申报，办理缴纳税款等其他通关手续。税款缴库后，企业担保额度自动恢复。如概要申报时选择不需要缴纳税款，完整申报时经确认为需要缴纳税款的，企业应当按照进出口货物报关单撤销的相关规定办理。

加工贸易和海关特殊监管区域内企业以及保税监管场所的货物申报在使用金关二期系统开展"两步申报"时，第一步概要申报环节不使用保税核注清单，第二步完整申报环节报关单按原有模式，由保税核注清单生成。

报关单申报项目填制要求按照《海关总署关于修订〈中华人民共和国海关进出口货物报关单填制规范〉的公告》（海关总署公告2019年第18号）执行。

启动"两步申报"试点同时保留现有申报模式，企业可自行选择上述两种模式之一进行申报。转关业务暂不适用"两步申报"模式。

（五）商品检验证书

商品检验证书是进出口商品经出入境检验检疫机构检验，鉴定后出具的证明文件。检验证书具有以下作用：

（1）检验证书是证明卖方行为符合合同的依据。

（2）检验证书是海关验关放行的依据。

（3）检验证书是卖方办理货款结算的依据。

（4）检验证书是办理索赔和理赔的依据。

（5）检验证书是解决争议的依据。

（6）检验证书是计算关税的依据。

（7）检验证书是计算运输、仓储等费用的依据。

（六）买卖合同中检验条款应注意的事项

为了在商品检验中始终占据有利的地位，从事国际物流的企业制定合同条款时必须注意，检验条款中的索赔有效期限和复验时间不宜过长，通常视商品性质而言，为货到目的港后30～180天不等。除此之外还要注意：

（1）合同的品质条款和包装条款应该明确、具体，否则商品检验便无法进行。

（2）明确双方对进出口商品进行检验检疫的机构，以确立其合法性。

（3）可以根据业务需要规定检验标准、抽样方法和检验方法。

（4）出口食品和动物产品的卫生检验检疫，一般均按我国标准和有关法律规定办理。

（5）对于一些规格复杂的商品和机器设备等进口合同，应根据商品的不同特点，在条款中加列一些特殊规定。

> **资料补给站**
>
> 天津海关优化通关模式，全面实施进口"船边直提"和出口"抵港直装"，并同步启动关港"集疏港智慧平台"建设，取得积极成效。"船边直提"模式下，船舶自境外启运后，企业就可以利用船舶在途运输时间进行提前报关，无须海关查验的货物，在船舶抵港后即可放行，企业车辆可直接船边接卸、提货。同时，应用海关和港口公司联合开发的"集疏港智慧平台"，货物进口运输需要操作的订舱、预约提箱、交费事项都可以一站式完成办理。"抵港直装"也为出口企业提供了更便捷的运抵直装通道。在"抵港直装"模式下，企业可以提前申报，在集港时间将货物直接送进码头，码头自动传输运抵报告，无须等待便可放行并装船，实现"从工厂直达码头"，企业出口集港预期时间由5天压缩至1～2天。

二、动植物检疫

进出境动植物检验检疫可有效防止动物传染病、寄生虫病和植物危险性病、虫、杂草以及其他有害生物（以下简称病虫害）传入、传出国境，保护农、林、牧、渔业生产和人体健康，促进对外经济贸易的发展。国务院设立动植物检疫机关，统一管理全国进出境动植物检疫工作。国家动植物检疫机关在对外开放的口岸和进出境动植物检疫业务集中的地点设立的口岸动植物检疫机关，依法实施进出境动植物检疫。动植物检疫机关应健全生物安全监管预警防控体系，筑牢国门生物安全屏障。

（一）进出境动植物检疫范围

（1）"动物"是指饲养、野生的活动物，如畜、禽、兽、蛇、龟、鱼、虾、蟹、贝、蚕、蜂等。

（2）"动物产品"是指来源于动物未经加工或者虽经加工但仍有可能传播疫病的产品，如生皮张、毛类、肉类、脏器、油脂、动物水产品、奶制品、蛋类、血液、精液、胚胎、骨、蹄、角等。

（3）"植物"是指栽培植物、野生植物及其种子、种苗及其他繁殖材料等。

（4）"植物产品"是指来源于植物未经加工或者虽经加工但仍有可能传播病虫害的产品，如粮食、豆、棉花、油、麻、烟草、籽仁、干果、鲜果、蔬菜、生药材、木材、饲料等。

（5）"其他检疫物"是指动物疫苗、血清、诊断液、动植物性废弃物等。

动植物病原体（包括菌种、毒种等）、害虫及其他有害生物，动植物疫情流行的国家和地区的有关动植物、动植物产品和其他检疫物，动物尸体，土壤是严禁入境的。口岸动植物检疫机关如发现有规定的禁止进境物的，做退回或者销毁处理。因科学研究等特殊需要引进动植物病原体（包括菌种、毒种等）、害虫及其他有害生物的，必须事先提出申请，经国家动植物检疫机关批准。

（二）动植物进境检疫

输入动物、动物产品、植物种子、种苗及其他繁殖材料的，必须事先提出申请，办理检疫审批手续。通过贸易、科技合作、交换、赠送、援助等方式输入动植物、动植物产品和其他检疫物的，应当在合同或者协议中订明我国法定的检疫要求，并订明必须附有输出国家或者地区政府动植物检疫机关出具的检疫证书。

货主或者其代理人应当在动植物、动植物产品和其他检疫物进境前或者进境时持输出国家或者地区的检疫证书、贸易合同等单证，向进境口岸动植物检疫机关报检。装载动物的运输工具抵达口岸时，口岸动植物检疫机关应当采取现场预防措施，对上下运输工具或者接近动物的人员、装载动物的运输工具和被污染的场地做防疫消毒处理。

输入动植物、动植物产品和其他检疫物，应当在进境口岸实施检疫。未经口岸动植物检疫机关同意，不得卸离运输工具。输入动植物，需隔离检疫的，在口岸动植物检疫机关指定的隔离场所检疫。

因口岸条件限制等原因，可以由国家动植物检疫机关决定将动植物、动植物产品和其他检疫物运往指定地点检疫。在运输、装卸过程中，货主或者其代理人应当采取防疫措施。指定的存放、加工和隔离饲养或者隔离种植的场所，应当符合动植物检疫和防疫的规定。

输入动植物、动植物产品和其他检疫物，经检疫合格的，准予进境；海关凭口岸动植物检疫机关签发的检疫单证或者在报关单上加盖的印章验放。输入动植物、动植物产品和其他检疫物，需调离海关监管区检疫的，海关凭口岸动植物检疫机关签发的"检疫调离通知单"验放。

输入动物产品和其他检疫物经检疫不合格的，由口岸动植物检疫机关签发"检疫处理通知单"，通知货主或者其代理人做除害、退回或者销毁处理。经除害处理合格的，准予进境。

输入植物、植物产品和其他检疫物，经检疫发现有植物危险性病、虫、杂草的，由口岸动植物检疫机关签发"检疫处理通知单"，通知货主或者其代理人做除害、退回或者销毁处理。经除害处理合格的，准予进境。

（三）动植物出境检疫

货主或者其代理人在动植物、动植物产品和其他检疫物出境前，向口岸动植物检疫机关报检。出境前需经隔离检疫的动物，在口岸动植物检疫机关指定的隔离场所检疫。

输出动植物、动植物产品和其他检疫物，由口岸动植物检疫机关实施检疫，经检疫合格或者经除害处理合格的，准予出境；海关凭口岸动植物检疫机关签发的检疫证书或者在报关单上加盖的印章验放。检疫不合格又无有效方法做除害处理的，不准出境。

经检疫合格的动植物、动植物产品和其他检疫物，有下列情形之一的，货主或者其代理人应当重新报检：

（1）更改输入国家或者地区，更改后的输入国家或者地区又有不同检疫要求的。

（2）改换包装或者原未拼装后来拼装的。

（3）超过检疫规定有效期限的。

复习思考题

一、选择题

1. （　　）避免了对卖方或买方单方面有利，兼顾了双方权益，比较公平合理。
   A. 出口国检验
   B. 进口国检验
   C. 出口国检验、进口国复验
   D. 进口国检验、出口国复验

2. 下列属于报关员权利的是（　　）。
   A. 根据海关规定，代表所属报关单位办理进出口货物报关纳税等海关事务
   B. 拒绝办理所属企业交办的单证不真实、手续不齐全的报关业务
   C. 对海关工作进行监督，并有权对海关工作人员的违法、违纪行为进行检举揭发和控告
   D. 有权举报报关活动中的违规走私行为

3. 下列属于海关行政强制措施的是（　　）。
   A. 限制公民人身自由
   B. 扣留财物
   C. 冻结存款、汇款
   D. 封存货物或账簿、单证

4. 在海关监管区和海关附近沿海沿边规定地区，对走私犯罪嫌疑人，经直属海关关长或者其授权的隶属海关关长批准，可以扣留，扣留时间不得超过（　　）小时，在特殊情况下可以延长至（　　）小时。
   A. 12
   B. 24
   C. 36
   D. 48

5. 进出口商品的检验程序主要包括（　　）、（　　）、检验和签发证书。
   A. 报关
   B. 报检
   C. 抽样
   D. 核对文件

二、简答题

1. 简述中华人民共和国海关总署的职责。
2. 简述海关行政强制措施。
3. 简述商品检验证书的作用。

三、案例分析题

2022年10月19日，有人举报大连忠海进出口贸易有限公司向海关申报出口的毛衣、帽子等货物中夹藏有70余箱1 400件14 000只蜘蛛和其他昆虫标本，未经报检私自出口。执法人员得知情况后，马上来到现场，经检查发现：大连忠海进出口贸易有限公司向海关申报出口的毛衣、帽子等货物属非法检商品，不属法定必须检验对象，因而大连忠海进出口贸易有限公司未报检；但蜘蛛和其他昆虫标本属动植物产品类，该公司却将其夹藏在非法检商品中想蒙混过关。

请问：
1. 海关应采取什么措施？
2. 大连忠海进出口贸易有限公司的行为是否违法？为什么？如果违法应受到何种处罚？
3. 谈谈你从该案件中得到的启示。

模块十二
物流争议解决法律制度

学习目标

知识目标

- 掌握解决物流争议的基本途径;掌握仲裁的概念、特征和具体制度;掌握诉讼的概念、种类和相关制度。

能力目标

- 掌握仲裁制度和诉讼制度在处理物流争议时的适用情况和区别;能够选择经济、有效的争议解决途径;提升运用法律知识,灵活、冷静处理物流争议的业务能力。

素质目标

- 培养懂法守法、公道正派、廉洁负责的职业精神,提高学习者的法律知识水平、政策水平和文化水平,培养面对纠纷时依法解决问题的意识,提升解决物流争议的业务水平。

物流参与当事人在运输、仓储、包装、装卸搬运、流通加工、配送等物流活动过程中引起的纠纷和争议统称为物流争议。物流争议情况复杂多样，争议程度不同，不同的情况诉求也不尽相同。物流经济活动前或发生争议后，相关当事人必须考虑依靠什么人，用什么方式，在什么地方解决争议。目前，物流争议解决的基本途径大致有以下几种：当事人协商、申请调解、申请仲裁和提起民事诉讼。

单元一 调解

引导案例

2022年8月6日，村民张某到司法所反映，村边一在建工地的工作人员将建筑垃圾倒在村里的田间道路上阻碍了道路的通行，虽然向该工地多次反映，但都没有解决，于是寻求司法所解决。司法所工作人员获悉情况后，赶往现场查看。发现村东头的路边有很多在建工地倾倒的建筑垃圾，阻碍了村民们的必经之路，而且其他垃圾散发的异味也影响了村民们的生产生活，村里的村民怨声载道，不满情绪强烈。司法所工作人员将此情况向镇政府做了汇报，镇调解委员会迅速介入。调解员一方面安抚村民情绪，另一方面与建筑施工单位相关负责人沟通，说明了事情的严重程度，宣传了《中华人民共和国道路交通安全法》《中华人民共和国环境保护法》等相关法律法规。建筑施工单位负责人表示认识到了错误，表示一周内会把建筑垃圾和周边垃圾清理干净，并不再胡乱倾倒和堆放。建筑施工单位和村民双方签订了调解协议。

1. 请分别评价此案例中村民、施工企业和调解委员会的做法。
2. 本案例带给我们的启示有哪些？

一、调解的概念和特征

调解是指人民调解委员会、人民法院或其他有关第三方组织，以法律、法规、政策以及公序良俗等为依据，针对争议双方或多方当事人的实体权利、义务，进行疏导、劝说，促成他们达成谅解，形成协议、解决纠纷的活动。

调解活动具有的普遍性特征包括：调解以双方或多方自愿为前提；调解应坚持合法性原则；调解具有高效性和解决问题的彻底性。

调解

二、调解的类型

（一）人民调解

1. 人民调解的概念

人民调解委员会是依法设立的调解民间纠纷的群众性组织。

人民调解是指在人民调解委员会的主持下，依照法律、政策及社会主义道德规范，对纠纷当事人进行说服规劝，促其彼此互谅互让，在自主自愿情况下，达成协议，消除纷争的活动。

人民调解是我国法律所确认的一种诉讼外的调解形式。规范人民调解主要的法律依据有《中华人民共和国宪法》《中华人民共和国人民调解法》等。

2. 人民调解原则

人民调解委员会调解民间纠纷，应当遵循下列原则：
（1）在当事人自愿、平等的基础上进行调解。
（2）不违背法律、法规和国家政策。
（3）尊重当事人的权利，不得因调解而阻止当事人依法通过仲裁、行政、司法等途径维护自己的权利。

3. 人民调解程序

（1）调解的启动。当事人可以申请调解，人民调解委员会也可以主动调解。当事人一方明确拒绝调解的，不得调解。

（2）调解员的产生。人民调解委员会可以指定一名或者数名人民调解员进行调解，也可以由当事人选择一名或者数名人民调解员进行调解。

（3）邀请参与人。调解员可以邀请当事人的亲属、邻里、同事等参与调解，也可以邀请具有专门知识、特定经验的人员或者有关社会组织的人员参与调解。

（4）进行调解。调解员可以采取多种方式调解民间纠纷，充分听取当事人的陈述，讲解有关法律、法规和国家政策，耐心疏导。

（5）调解结束。在当事人平等协商、互谅互让的基础上提出纠纷解决方案，帮助当事人自愿达成调解协议；调解不成的，应当终止调解，并依据有关法律、法规的规定，告知当事人可以依法通过仲裁、行政、司法等途径维护自己的权利。

（6）立卷归档。人民调解员应当记录调解情况。人民调解委员会应当建立调解工作档案，将调解登记、调解工作记录、调解协议书等材料立卷归档。

> **课内小案例**
>
> 2020年12月4日，5名农民工来到方正法律服务工作站，希望法律服务人员帮忙解决雇主拒付工伤赔偿款的问题。工作人员了解事件来龙去脉并进行调查后，决定对双方的争议进行调解。但发现雇主现人在外地，无法参加现场调解协商，而5名农民工还需回到偏远的工地工作，交通不便，参加现场调解也存在难度。面对这种情况，法律服务站工作人员提出先加雇佣双方微信，尝试通过微信进行调解。最终，在遵守国家法律、法规和政策的前提下，在双方当事人平等自愿的情况下，进行线上协商，5名农民工和雇主达成调解协议，并通过微信收到了赔偿款，双方对调解结果表示满意。
>
> 法律服务工作站将传统的线下调解模式搬到线上，帮助农民工足不出户得到工伤赔偿款，这种调解方式得到了农民工的一致好评，使"数据多跑路、群众少跑腿"成为现实，同时提高了公共法律服务效率。

4. 人民调解活动中当事人的权利和义务

（1）当事人的权利。当事人在人民调解活动中享有下列权利：选择或者接受人民调解员；接受调解、拒绝调解或者要求终止调解；要求调解公开进行或者不公开进行；自主表达意愿、自愿达成调解协议。

（2）当事人的义务。当事人在人民调解活动中履行下列义务：如实陈述纠纷事实；遵守调解现场秩序，尊重人民调解员；尊重对方当事人行使权利。

5. 调解协议书

经人民调解委员会调解达成调解协议的，可以制作调解协议书。当事人认为无须制作调解协议书的，可以采取口头协议方式，人民调解员应当记录协议内容。调解协议书可以载明下列事项：

（1）当事人的基本情况。

（2）纠纷的主要事实、争议事项以及各方当事人的责任。

（3）当事人达成调解协议的内容，履行的方式、期限。

调解协议书自各方当事人签名、盖章或者按指印，人民调解员签名并加盖人民调解委员会印章之日起生效。调解协议书由当事人各执一份，人民调解委员会留存一份。

6. 人民调解的法律效力

经人民调解委员会调解达成的调解协议，具有法律约束力，当事人应当按照约定履行。双方当事人认为有必要的，可以自调解协议生效之日起30日内共同向人民法院申请司法确认，人民法院应当及时对调解协议进行审查，依法确认调解协议的效力。人民法院依法确认调解协议有效，一方当事人拒绝履行或者未全部履行的，对方当事人可以向人民法院申请强制执行；人民法院依法确认调解协议无效的，当事人可以通过人民调解方式变更原调解协议或者达成新的调解协议，也可以向人民法院提起诉讼。

口头调解协议自各方当事人达成协议之日起生效。

资料补给站

《中华人民共和国人民调解法》2011年1月1日发布实施，明确人民调解委员会是依法设立的调解民间纠纷的群众性组织。人民调解委员会在城市以居民委员会为单位，农村以村民委员会为单位建立。

其任务是：①及时发现纠纷，迅速解决争端。②防止矛盾激化，预防、减少犯罪的发生。③积极为城市、农村经济体制改革服务。④进行社会主义法制宣传教育。⑤教育挽救失足青少年。⑥推动社会主义精神文明建设。

依照法律规定，人民调解委员会在基层人民政府和基层人民法院的指导下开展工作，用调解的方法解决一般的民事纠纷和轻微的刑事案件。经调解自愿达成的协议，当事人应自觉履行，不愿调解或调解不成或调解后反悔的，一方或双方当事人可以向人民法院起诉。人民调解委员会不是国家司法机关的组成部分，也不是一级行政组织，它的活动及结果不具有法律和行政的强制性。

（二）法院调解

1. 法院调解的概念

法院调解又称诉讼中调解，是指双方或多方当事人就争议的实体权利、义务，在人民法院审判人员的主持下，自愿协商，达成协议，解决纠纷的活动。法院调解是《中华人民共和国民事诉讼法》的一项基本原则，要求人民法院审理民事案件，应遵循当事人自愿，查明事实、分清是非，合法的原则。若调解不成，应及时判决。

2. 法院调解的原则

法院调解应该遵循以下三项原则：

（1）当事人自愿原则。第一，在程序上，是否以调解的方式解决纠纷，须当事人自愿；第二，在实体上，是否达成调解协议，须尊重当事人的意愿。

（2）查明事实、分清是非的原则。人民法院进行调解活动，必须在查明案件基本事实，分清当事人是非责任的基础上进行。

（3）合法原则。第一，人民法院进行调解活动，程序上要合法。第二，调解协议内容应当不违反国家的法律规定。

3. 调解协议

调解协议通常是在调解方案的基础上形成的。调解方案原则上应当由当事人自己提出，双方当事人都可以提出调解方案。主持调解的人员也可以提出调解方案供当事人协商时参考，双方当事人经过调解，达成调解协议，法院应当将调解协议做记录，并由当事人或经授权的代理人签名。

调解协议不能违背法院调解的有关原则，具有下列情形之一的，人民法院不予确认：侵害国家利益、社会公共利益的，侵害案外人利益的，违背当事人真实意思的，违反法律、行政法规禁止性规定的。

4. 调解书及法律效力

调解书是由人民法院制作的、以调解协议为主要内容的法律文书。调解书应当写明诉讼请求、案件的事实和调解结果。调解书由审判人员、书记员署名，加盖人民法院印章，送达双方当事人。调解书经双方当事人签收后，与生效判决具有同等的法律效力，具体表现在以下几方面：

（1）诉讼结束，当事人不得以同一事实和理由再行起诉。

（2）一审的调解协议或调解书发生效力后，当事人不得上诉。

（3）当事人在诉讼中争议的法律关系中的争议归于消灭，当事人之间实体上的权利义务关系依调解协议的内容予以确定。

（4）具有给付内容的调解书，具有强制执行力。当负有履行调解书义务的一方当事人未按调解书履行义务时，权利人可以根据调解书向人民法院申请强制执行。

（三）行政调解

行政调解是指由我国行政机关主持，通过说服教育的方式，使民事纠纷或轻微刑事案件当事人自愿达成协议，解决纠纷的一种调解制度，通常称为政府调解。

行政调解有两大类：第一，基层人民政府的调解。这类调解主要是由乡镇人民政府和街道办事处的司法助理员负责进行。第二，国家行政管理机关的调解。法人之间和个体工商户、公民和法人之间的经济纠纷，都可以向工商等行政管理机关申请调解。

（四）仲裁调解

仲裁调解是在仲裁机构的仲裁员主持下进行的调解。《中华人民共和国仲裁法》第五十一条规定，仲裁庭在做出裁决前，可以先行调解。当事人自愿调解的，仲裁庭应当进行调解。调解不成的，应当及时做出裁决。调解达成协议的，仲裁庭应当制作调解书或者根据协议的结果制作裁决书。调解书与裁决书具有同等法律效力。

调解书经双方当事人签收后，即发生法律效力。在调解书签收前当事人反悔的，仲裁庭应当及时作出裁决。

由仲裁委员会对民商事纠纷进行的调解，其性质与人民调解无异。

职业素养小讲堂

发展社会调解是建立和完善多元纠纷解决机制的重要一环，对于践行党的群众路线、构建和谐社会均具有极为重大的理论价值和实践意义。

与其他纠纷解决机制相比较，社会调解可以更为有效地应对和化解各种矛盾纠纷，是更高效、便捷的纠纷解决途径。调解通过情、理、法的有机结合，能够满足群众多种不同的利益需求。调解过程的平和性有利于纠纷的友好解决。调解结果的互利性有助于社会关系的及时修复。调解价值的包容性有利于缓和我国社会转型期的结构性矛盾。

单元二　仲　裁

引导案例

2022年5月，长春市汽车维修厂A与沈阳市汽车零配件生产公司B签订了一份购销合同。合同中的仲裁条款规定："因履行合同发生的争议，由双方协商解决；无法协商解决的，由仲裁机构仲裁。"2022年9月，双方因货物交付原因发生争议，A向长春市仲裁委员会递交仲裁申请书，但B拒绝答辩。同年12月，双方经过协商，重新签订了一份仲裁协议，并商定将此合同争议提交沈阳市仲裁委员会仲裁。后来A担心沈阳市仲裁委员会偏袒B，故未申请仲裁，而向合同履行地人民法院提起诉讼，并说明了此前仲裁的约定情况，法院依然受理了此案，并向B送达了起诉状副本，B向法院提交了答辩状。法院经审理判决B败诉。B不服，理由是双方事先有仲裁协议，争议不属于法院的管辖。

思考
1. 你如何看待A直接向法院提起诉讼的行为？请说明理由。
2. 法院可以受理A的起诉吗？请说明理由。
3. B最后的主张能成立吗？请说明理由。

一、仲裁的概念和特征

（一）仲裁的概念

仲裁是指由双方或多方当事人协议将争议提交非司法机构的仲裁员组成的仲裁庭进行裁判，由仲裁庭对争议的是非曲直进行评判并作出裁决的一种解决争议的方法。

（二）仲裁的特征

1. 自愿性

仲裁的启动基于当事人的自愿申请。是否提交仲裁，交与谁仲裁，仲裁庭如何组成、由谁组成等，都是在当事人自愿的基础上，由双方当事人协商确定的。

2. 专业性

仲裁主要适用于民商事争议领域，常遇到许多专业的法律、经济贸易和有关的技术性问题。因此，仲裁是具有较高专业性要求的活动，由具有一定专业水平和能力的专家担任仲裁员对当事人之间的纠纷进行裁决是仲裁公正性的重要保障。

3. 保密性

在民商事争议仲裁中，往往涉及当事人的商业秘密和贸易活动，为了维护当事人的合法权益，仲裁以不公开裁决为原则。仲裁法律和仲裁规则也同时规定了仲裁员及仲裁秘书人员的保密义务。

4. 快捷性

仲裁实行一裁终局制，仲裁裁决一经仲裁庭作出即发生法律效力。这使得当事人之间的纠纷能够迅速得以解决。

5. 约束性

仲裁的裁决对当事人具有约束力，一方当事人不履行时，另一方当事人可以向人民法院申请执行。

二、仲裁法的概念、适用范围和基本原则

1. 仲裁法概念

仲裁法是指国家制定的调整仲裁活动中各主体权利义务关系的法律规范的总称。规范仲裁活动的主要法律依据有《中华人民共和国仲裁法》（以下简称《仲裁法》）等。

2. 仲裁法的适用范围

《仲裁法》第二条规定，平等主体的公民、法人和其他组织之间发生的合同纠纷和其他财产权益纠纷，可以仲裁。如运输合同、采购合同、仓储合同、租赁合同等。《仲裁法》第三条规定，下列争议不能仲裁：婚姻、收养、监护、扶养、继承纠纷；依法应当由行政机关

处理的行政争议。

3. 仲裁法的基本原则

（1）自愿性原则。仲裁充分尊重当事人的自由意志。当事人采用仲裁方式解决纠纷，应当双方自愿，达成仲裁协议。没有仲裁协议，一方申请仲裁的，仲裁委员会不予受理。仲裁委员会应由当事人协议选定。

（2）以事实为依据，以法律为准绳原则。仲裁应当根据事实，符合法律规定，公平合理地解决纠纷。

（3）独立性原则。仲裁依法独立进行，不受行政机关、社会团体和个人的干涉。

三、仲裁机构

1. 仲裁委员会

仲裁委员会是解决平等主体的公民、法人和其他组织之间发生的合同纠纷和其他财产权益纠纷的常设仲裁机构。

仲裁委员会可以在直辖市和省、自治区人民政府所在地的市设立，也可以根据需要在其他设区的市设立，不按行政区划层层设立。仲裁委员会的设立应当具备下列条件：有自己的名称、住所和章程；有必要的财产；有该委员会的组成人员；有聘任的仲裁员。

设立仲裁委员会，应当经省、自治区、直辖市的司法行政部门登记。仲裁委员会独立于行政机关，与行政机关没有隶属关系。仲裁委员会之间也没有隶属关系。

2. 仲裁协会

中国仲裁协会是社会团体法人，依照《仲裁法》和民事诉讼法的有关规定制定仲裁规则。

仲裁委员会是中国仲裁协会的会员，中国仲裁协会是仲裁委员会的自律性组织，根据章程对仲裁委员会及其组成人员、仲裁员的违纪行为进行监督。

> **课内小案例**
>
> 某市甲公司与该市乙商场签订了一份合同，合同中约定双方如因合同发生纠纷，由该市仲裁委员会仲裁解决。后因乙商场的主体资格不适格等原因，该合同被人民法院确认为无效合同，甲公司请求仲裁委员会裁决乙商场赔偿其损失。而乙商场则认为双方之间的合同已经无效，因此该仲裁协议也无效，拒不赔偿。
>
> 问题：乙商场的主张能否成立？请说明理由。

四、仲裁协议的概念、内容与效力

1. 仲裁协议的概念

仲裁协议是指双方或多方当事人自愿将他们之间已经发生或者可能发生的可仲裁的争议事项提交仲裁裁决的书面协议。仲裁协议包括当事人在合同中订立的仲裁条款和以其他书面方式在纠纷发生前或者纠纷发生后达成的请求仲裁的协议。仲裁协议是仲裁委员会受理案件的前提条件。

2. 仲裁协议的内容

仲裁协议应当具有下列内容：

（1）请求仲裁的意思表示。

（2）仲裁事项。

（3）选定的仲裁委员会。

3. 仲裁协议的效力

仲裁协议尊重当事人的意思自治，但有下列情形之一的，仲裁协议无效：

（1）约定的仲裁事项超出法律规定的仲裁范围的。

（2）无民事行为能力人或者限制民事行为能力人订立的仲裁协议。

（3）一方采取胁迫手段，迫使对方订立仲裁协议的。

（4）仲裁协议对仲裁事项或者仲裁委员会没有约定或者约定不明确的，当事人又达不成补充协议的，仲裁协议无效。

（5）口头仲裁协议。

仲裁协议独立存在，合同的变更、解除、终止或者无效，不影响仲裁协议的效力。仲裁庭有权确认合同的效力。当事人对仲裁协议的效力有异议的，可以请求仲裁委员会作出决定或者请求人民法院作出裁定。一方请求仲裁委员会作出决定，另一方请求人民法院作出裁定的，由人民法院裁定。当事人对仲裁协议的效力有异议，应当在仲裁庭首次开庭前提出。

> **资料补给站**
>
> 仲裁又被称为"公断"。我国古代乡间邻里发生争议，双方当事人往往邀请共同信赖的第三者，如某个家族的族长或者受人尊敬的年长者出面调停甚至裁断。到了汉代，我国已经有了一些解决乡里百姓之间纠纷的制度，如"三老会"制度，其性质类似于今天所说的"仲裁"。
>
> 我国现代意义上的仲裁，学界比较一致的看法是形成于1912年北洋政府司法、工商两部所颁行的《商事公断处章程》和同年9月颁行的《商事公断处办事细则》。
>
> 新中国成立后，我国建立了涉外仲裁和国内仲裁两套制度。1995年《中华人民共和国仲裁法》的施行，成为我国仲裁发展史上的里程碑，改革完善了我国仲裁制度。

五、仲裁程序

（一）申请

仲裁的启动基于当事人的自愿申请，当事人申请仲裁应当符合下列条件：

（1）有仲裁协议。当事人采用仲裁方式解决纠纷，应当双方自愿，达成仲裁协议。没有仲裁协议，一方申请仲裁的，仲裁委员会不予受理。

（2）有具体的仲裁请求和事实、理由。

（3）属于仲裁委员会的受理范围。不适用仲裁制度的事项不能申请仲裁。

当事人申请仲裁，应当向仲裁委员会递交仲裁协议、仲裁申请书及副本。仲裁申请书应当载明下列事项：当事人的姓名、性别、年龄、职业、工作单位和住所，法人或者其他组织的名称、住所和法定代表人或者主要负责人的姓名、职务；仲裁请求和所根据的事实、理由；证据和证据来源、证人姓名和住所。

（二）受理

1. 受理时效

仲裁委员会收到仲裁申请书之日起 5 日内，认为符合受理条件的，应当受理，并通知当事人；认为不符合受理条件的，应当书面通知当事人不予受理，并说明理由。

2. 文书送达

仲裁委员会受理仲裁申请后，应当在仲裁规则规定的期限内将仲裁规则和仲裁员名册送达申请人，并将仲裁申请书副本和仲裁规则、仲裁员名册送达被申请人。被申请人收到仲裁申请书副本后，应当在仲裁规则规定的期限内向仲裁委员会提交答辩书。仲裁委员会收到答辩书后，应当在仲裁规则规定的期限内将答辩书副本送达申请人。被申请人未提交答辩书的，不影响仲裁程序的进行。

3. 管辖

当事人达成仲裁协议，一方向人民法院起诉未声明有仲裁协议，人民法院受理后，另一方在首次开庭前提交仲裁协议的，人民法院应当驳回起诉，但仲裁协议无效的除外；另一方在首次开庭前未对人民法院受理该案提出异议的，视为放弃仲裁协议，人民法院应当继续审理。申请人可以放弃或者变更仲裁请求。被申请人可以承认或者反驳仲裁请求，有权提出反请求。

4. 财产保全

一方当事人因另一方当事人的行为或者其他原因，可能使裁决不能执行或者难以执行的，可以申请财产保全。当事人申请财产保全的，仲裁委员会应当将当事人的申请依照民事诉讼法的有关规定提交人民法院。申请有错误的，申请人应当赔偿被申请人因财产保全所遭受的损失。

当事人、法定代理人可以委托律师和其他代理人进行仲裁活动。委托律师和其他代理人进行仲裁活动的，应当向仲裁委员会提交授权委托书。

（三）组成仲裁庭

1. 仲裁庭的组成

仲裁庭可以由 3 名仲裁员组成合议制仲裁庭，或者由 1 名仲裁员组成独任制仲裁庭。合议制应当由当事人各自选定或者各自委托仲裁委员会主任指定 1 名仲裁员，第 3 名仲裁员由当事人共同选定或者共同委托仲裁委员会主任指定。第 3 名仲裁员是首席仲裁员。

独任制应当由当事人共同选定或者共同委托仲裁委员会主任指定仲裁员。

2. 仲裁员的回避

回避制度是为保证案件审理或案件仲裁的公正性，与案件有利害关系或其他关系的办案、审理或仲裁等人员，不得参加该案的审理或仲裁工作的制度。

仲裁员有下列情形之一的，必须回避，当事人也有权提出回避申请：

（1）是本案当事人或者当事人、代理人的近亲属。

（2）与本案有利害关系。

（3）与本案当事人、代理人有其他关系，可能影响公正仲裁的。

（4）私自会见当事人、代理人，或者接受当事人、代理人的请客送礼的。

当事人提出回避申请，应当说明理由，并在首次开庭前提出。

> **职业素养小讲堂**
>
> 从古至今，我国就非常重视廉洁品格的养成。春秋时期，管仲把"礼、义、廉、耻"称为国之"四维"，作为施行教育的重要内容。儒家倡导"诚意、正心、修身、齐家、治国、平天下"，教导人们加强内在修养，保持洁身自好的品行操守。岳麓书院讲堂至今仍存朱熹题写的"忠、孝、廉、节"石碑。
>
> 作为居中裁决、解决争议、维护公平正义的仲裁员、审判员，更应该做到公正廉洁，不得接受当事人、代理人的请客送礼。在工作中要以顽强的意志品质正风肃纪、反腐惩恶，推动党风廉政建设和反腐败斗争理论不断创新、实践不断深入。

（四）开庭

1. 开庭

仲裁的审理方式有开庭审理和书面审理。仲裁应当开庭进行。当事人协议不开庭的，仲裁庭可以根据仲裁申请书、答辩书以及其他材料作出裁决。

开庭审理有公开审理和不公开审理。仲裁原则上不公开进行。当事人协议公开的，可以公开进行，但涉及国家秘密的除外。

仲裁委员会应当在仲裁规则规定的期限内将开庭日期通知双方当事人。申请人经书面通知，无正当理由不到庭或者未经仲裁庭许可中途退庭的，可以视为撤回仲裁申请。被申请人经书面通知，无正当理由不到庭或者未经仲裁庭许可中途退庭的，可以缺席裁决。

2. 举证

仲裁实行谁主张谁举证，即当事人应当对自己的主张提供证据。仲裁庭认为有必要收集的证据，可以自行收集。仲裁庭对专门性问题认为需要鉴定的，可以交由当事人约定的鉴定部门鉴定，也可以由仲裁庭指定的鉴定部门鉴定。

3. 辩论

当事人在仲裁过程中有权进行辩论。辩论终结时，首席仲裁员或者独任仲裁员应当征询当事人的最后意见。仲裁庭应当将开庭情况记入笔录。当事人和其他仲裁参与人认为对自已陈述的记录有遗漏或者差错的,有权申请补正。如果不予补正,应当记录该申请。笔录由仲裁员、记录人员、当事人和其他仲裁参与人签名或者盖章。

4. 和解与调解

当事人申请仲裁后,可以自行和解。达成和解协议的,可以请求仲裁庭根据和解协议作出裁决书,也可以撤回仲裁申请。当事人达成和解协议,撤回仲裁申请后反悔的,可以根据仲裁协议申请仲裁。

仲裁庭在作出裁决前,可以先行调解。当事人自愿调解的,仲裁庭应当调解。调解不成的,应当及时作出裁决。调解达成协议的,仲裁庭应当制作调解书或者根据协议的结果制作裁决书。调解书与裁决书具有同等法律效力。调解书经双方当事人签收后,即发生法律效力。在调解书签收前当事人反悔的,仲裁庭应当及时作出裁决。

(五)裁决

仲裁裁决是指仲裁庭对当事人之间所争议的事项作出的裁决。合议制仲裁庭裁决应当按照多数仲裁员的意见作出,少数仲裁员的不同意见可以记入笔录。仲裁庭不能形成多数意见时,裁决应当按照首席仲裁员的意见作出。

我国实行一裁终局的制度。裁决作出后,当事人就同一纠纷再申请仲裁或者向人民法院起诉的,仲裁委员会或者人民法院不予受理。裁决书自作出之日起发生法律效力。

六、仲裁裁决的撤销与执行

1. 裁决的撤销

当事人提出证据证明裁决有下列情形之一的,可以向仲裁委员会所在地的中级人民法院申请撤销裁决:①没有仲裁协议的;②裁决的事项不属于仲裁协议的范围或者仲裁委员会无权仲裁的;③仲裁庭的组成或者仲裁的程序违反法定程序的;④裁决所根据的证据是伪造的;⑤对方当事人隐瞒了足以影响公正裁决的证据的;⑥仲裁员在仲裁该案时有索贿受贿、徇私舞弊、枉法裁决行为的。

人民法院经组成合议庭审查核实裁决有上述规定情形之一的,应当裁定撤销。人民法院认定该裁决违背社会公共利益的,应当裁定撤销。

当事人申请撤销裁决的,应当自收到裁决书之日起 6 个月内提出。人民法院应当在受理撤销裁决申请之日起两个月内作出撤销裁决或者驳回申请的裁定。人民法院受理撤销裁决的申请后,认为可以由仲裁庭重新仲裁的,通知仲裁庭在一定期限内重新仲裁,并裁定中止撤销程序。仲裁庭拒绝重新仲裁的,人民法院应当裁定恢复撤销程序。

2. 裁决的执行

裁决生效后,当事人应当履行裁决。一方当事人不履行的,另一方当事人可以依照《民事诉讼法》的有关规定向人民法院申请执行。受申请的人民法院应当执行。被申请人提出证据证明裁决有下列情形之一的,经人民法院组成合议庭审查核实,裁定不予执行:

(1)当事人在合同中没有订立仲裁条款或者事后没有达成书面仲裁协议的。

（2）裁决的事项不属于仲裁协议的范围或者仲裁机构无权仲裁的。

（3）仲裁庭的组成或者仲裁程序违反法定程序的。

（4）裁决所根据的证据是伪造的。

（5）对方当事人向仲裁机构隐瞒了足以影响公正裁决证据的。

（6）仲裁员在仲裁该案时有贪污受贿、徇私舞弊、枉法裁决行为的。

一方当事人申请执行裁决，另一方当事人申请撤销裁决的，人民法院应当裁定中止执行。人民法院裁定撤销裁决的，应当裁定终结执行。撤销裁决的申请被裁定驳回的，人民法院应当裁定恢复执行。

资料补给站

仲裁裁决，是仲裁庭对仲裁纠纷案件根据已查明的事实依法作出的决定。

民事裁定，是人民法院审理民事案件或者在民事案件执行的过程中，为保证审判工作的顺利进行，就发生的诉讼程序问题作出的决定。

民事判决，是人民法院代表国家行使审判权，依照法律，对审理终结的诉讼案件或者非诉讼案件，就当事人民事实体权利义务的争议，或者就确认具有法律意义的事实作出的决定。

三者的区别：

裁决是仲裁机构做出的，如劳动仲裁委员会、商事仲裁委员会。裁决一般适用于实体问题，比如赔偿责任的认定、赔偿金额的多少等。

裁定是由法院作出的，适用于程序性的问题，如管辖权异议的裁定、二审维持一审判决的裁定、人员回避的裁定等，可以发生在诉讼过程中。

判决是由法院作出的，适用于实体性的问题，比如当事人责任的认定等，一般只能在案件审理结束时作出。

单元三 民事诉讼

引导案例

赵某因买卖合同纠纷向法院起诉，要求被告刘某履行合同并承担违约责任。法院按照普通程序审理该案件，由于被告要求由人民陪审员参加审理，法院决定由法官张某和人民陪审员乔某、吉某组成合议庭，张某任审判长。赵某得知陪审员乔某是被告刘某的表弟，便要求其回避，但回避申请被张法官当场拒绝。在审理中，被告提出自己未能按照合同约定交货，是由于天降大雨，冲垮了公路。法庭审理后认为，原告未及时告知交货地点是造成被告迟延履行的主要原因，因而驳回了原告要求被告承担违约责任的请求。原告不服判决，提起上诉，二审法院发回重审，一审法院组成合议庭对该案件再次进行审理。

1. 本案合议庭的组成是否合法？张法官是否可以参加新的合议庭？新合议庭可否由人民陪审员参加？
2. 赵某要求乔某回避的理由是否成立？张法官的做法是否合法？
3. 对法院的判决不服，是否可以提出上诉？一审法院对案件的审判是否存在程序上的错误？

一、诉讼与诉讼法概述

（一）诉讼及诉讼法的概念

诉讼是指国家司法机关在当事人和其他诉讼参与人的参加下，依照法定权限和程序处理案件的活动。

诉讼参与人是指除依照法律规定的职权进行诉讼活动的国家专门机关外，依法参与诉讼活动，并享有一定诉讼权利和承担一定诉讼义务的人。诉讼参与人一般包括原告、被告、共同诉讼人、第三人、代理人、辩护人、证人、监护人、勘验人和翻译人员。

诉讼法是调整诉讼过程中所产生的社会关系的法律规范的总称。诉讼法包括民事诉讼法、行政诉讼法和刑事诉讼法。

（二）诉讼的种类

诉讼分为民事诉讼、行政诉讼和刑事诉讼。

1. 民事诉讼

民事诉讼是指人民法院在双方当事人和其他诉讼参与人的参加下，依法审理和解决民事纠纷案件的活动，以及由于这些活动形成的各种关系的总称。

2. 行政诉讼

行政诉讼是指公民、法人或其他组织认为行政机关及其人员的具体行政行为侵犯了其合法利益，依法向人民法院提起诉讼，由人民法院依法作出裁判的活动。

3. 刑事诉讼

刑事诉讼是指人民法院、人民检察院和公安机关（包括国家安全机关），在当事人及其他诉讼参与人的参加下，依照法定程序，为了揭露犯罪、证实犯罪、惩罚犯罪和保障无罪的人不受刑事追究所进行的活动。

（三）诉讼法的制度

1. 合议制和独任制

合议制是指由3名以上单数审判员或审判员、陪审员共同组成合议庭，对案件进行审理并作出裁判的法律制度。独任制是指由审判员一人独任审理并作出裁判的法律制度。适用简易程序审理的民事案件采用独任制。

2. 回避制

回避制度是指在承办案件时，出现法律规定的情形时，审判人员、书记员、鉴定人、翻译人员等应自行不参加案件的审理工作，当事人也有权申请人民法院更换上述人员。审判人员有下列情形之一的，应当自行回避，当事人有权用口头或者书面方式申请他们回避：①是本案当事人或者当事人、诉讼代理人近亲属的；②与本案有利害关系的；③与本案当事人、诉讼代理人有其他关系，可能影响对案件公正审理的。

3. 公开审判制

公开审判制度是指法院对民事案件的审理过程和判决结果向群众、向社会公开的制度。涉及国家秘密、个人隐私和法律另有规定的，不予公开审理。涉及离婚案件、商业秘密案件可以不公开审理，其他案件一律依法公开审理。同时，不论是否公开审理的案件，宣判时均一律公开进行。

4. 两审终审制

两审终审制是指案件经过两级法院审判即告终结的制度。我国人民法院审判案件实行两审终审制。当事人或其法定代理人不服地方各级人民法院的第一审判决和裁定，地方各级人民检察院认为本级人民法院第一审的判决和裁定确有错误，可在规定期限内向上一级人民法院提出上诉或抗诉。上一级人民法院作出的第二审判决和裁定，就是终审的判决、裁定。

 职业素养小讲堂

各领域的从业者都应该不断增加自身的知识储备、提升自身的业务能力。只有不断提升自身知识水平和业务能力，才能更好地为社会服务，才能更好地实现自身价值。

加强业务能力建设，是胜任本职工作的重要基础，也是工作中的客观现实要求。可以通过加强理论知识学习，增加知识储备来提高业务能力。

业务能力包括工作方法、工作态度、工作需要的技能、完成任务需要的智力支持、良好的判断能力、沟通能力、理解能力、创新能力、决策能力等。

要想具有足够的知识储备，不仅要有宽厚扎实的理论基础，还必须具有广博精深的专业知识。此外，还要建立合理的知识结构，围绕自己选择的就业目标，不断深化业务学习，对自己所掌握的知识进行合理整合、恰当调配，形成知识系统。

二、民事诉讼法概述

（一）民事诉讼法的概念

民事诉讼法是指国家制定的规范人民法院、当事人及其他诉讼参与人民事诉讼活动的法律规范的总和。

狭义的民事诉讼法专指由全国人民代表大会制定通过的《中华人民共和国民事诉讼法》（以下简称《民事诉讼法》），该法于 1991 年 4 月 9 日第七届全国人民代表大会第四次会议通过；根据 2021 年 12 月 24 日第十三届全国人民代表大会常务委员会第三十二次会议《关于修改〈中华人民共和国民事诉讼法〉的决定》第四次修正，并于 2022 年 1 月 1 日起施行。

（二）民事诉讼法的效力范围

人民法院受理公民之间、法人之间、其他组织之间以及他们相互之间因财产关系和人身关系提起的民事诉讼，适用《民事诉讼法》的规定。凡在中华人民共和国领域内进行民事诉讼，必须遵守本法。外国人、无国籍人、外国企业和组织在人民法院起诉、应诉，同中华人民共和国公民、法人和其他组织有同等的诉讼权利义务。外国法院对中华人民共和国公民、法人和其他组织的民事诉讼权利加以限制的，中华人民共和国人民法院对该国公民、企业和组织的民事诉讼权利，实行对等原则。

（三）民事诉讼法的基本原则

（1）以事实为根据，以法律为准绳原则。

（2）当事人诉讼权利平等原则。人民法院审理民事案件，应当保障和便利当事人行使诉讼权利，对当事人在适用法律上一律平等。

（3）调解原则。人民法院审理民事案件，应当根据自愿和合法的原则进行调解；调解不成的，应当及时判决。

（4）处分原则。当事人有权在法律规定的范围内处分自己的民事权利和诉讼权利。当事人有权依法按照自己的意愿决定是否行使或如何行使自己的民事权利和诉讼权利。

（5）独立审判原则。人民法院依法对案件独立进行审判，不受行政机关、社会团体和个人的干涉。

（四）民事诉讼法证据与举证责任

1. 证据的概念和特征

证据是指证明案件真实情况的一切材料和依据。作为可定案的证据必须具备三个特征，即客观性、相关性、合法性。

客观性是指诉讼证据必须是能证明案件真实的、不依赖于主观意识而存在的客观事实；关联性是指作为证据的事实必须是与案件所要查明的事实存在逻辑上的联系，从而能够说明案件事实；合法性是指证据必须由当事人按照法定程序提供，或由法定机关、法定人员按照法定的程序调查、收集和审查。

我国《民事诉讼法》第六十三条规定，证据包括当事人的陈述、书证、物证、视听资料、电子数据、证人证言、鉴定意见、勘验笔录。

（1）当事人的陈述。当事人陈述是指当事人在诉讼中就与本案有关的事实，向法院所做的陈述。

（2）书证。书证是指以文字、符号、图形等所记载的内容或表达的思想来证明案件事实的证据。

（3）物证。物证是指以其存在的形状、质量、规格、特征等来证明案件事实的证据。

（4）视听资料。视听资料是指利用录音、录像、电子计算机储存的资料和数据等来证明案件事实的一种证据。

（5）电子数据。电子数据是指基于计算机应用、通信和现代管理技术等电子化技术手段形成包括文字、图形符号、数字、字母等的客观资料。

（6）证人证言。证人是指知晓案件事实并应当事人的要求和法院的传唤到法庭作证的人，证人就案件事实向法院所做的陈述称为证人证言。

（7）鉴定意见。鉴定意见是指鉴定人运用专业知识、专门技术对案件中的专门性问题进行分析、鉴别、判断后做出的意见。

（8）勘验笔录。勘验笔录是指人民法院审判人员对与案件争议有关的现场、物品或物体亲自进行或指定有关人员进行查验、拍照、测量的情况与结果制成的笔录。

2. 民事诉讼法的举证责任

民事诉讼中实行"谁主张，谁举证"的举证责任，即当事人对自己提出的主张，有责任提供证据。

当事人及其诉讼代理人因客观原因不能自行收集的证据，或者人民法院认为审理案件需要的证据，人民法院应当调查收集。人民法院应当按照法定程序，全面地、客观地审查核实证据。

人民法院有权向有关单位和个人调查取证，有关单位和个人不得拒绝。人民法院对有关单位和个人提出的证明文书，应当辨别真伪，审查确定其效力。

（五）财产保全与先予执行

1. 财产保全

财产保全是指人民法院对案件有关财产采取的一种强制措施。《民事诉讼法》第一百条规定，对于可能因当事人一方的行为或者其他原因，使判决难以执行或者造成当事人其他损害的案件，根据对方当事人的申请，可以裁定对其财产进行保全、责令其作出一定行为或者禁止其作出一定行为的活动；当事人没有提出申请的，人民法院在必要时也可以裁定采取保全措施。

（1）财产保全的范围。保全限于请求的范围，或者与本案有关的财物。

（2）财产保全的措施。《民事诉讼法》第一百零一条规定，人民法院接受申请后，必须在48小时内作出裁定；裁定采取保全措施的，应当立即开始执行。申请人在人民法院采取保全措施后30日内不依法提起诉讼或者申请仲裁的，人民法院应当解除保全。第一百零三条规定，财产保全采取查封、扣押、冻结或者法律规定的其他方法。人民法院保全财产后，应当立即通知被保全财产的人。财产已被查封、冻结的，不得重复查封、冻结。

2. 先予执行

先予执行是指人民法院在受理案件后、终审判决作出之前，根据一方当事人的申请，裁定对方当事人向申请一方当事人先行给付一定数额的金钱或其他财物，或者实施或停止某种行为，并立即付诸执行的一种制度。

（1）先予执行的情形。人民法院对下列案件，根据当事人的申请，可以裁定先予执行：追索赡养费、扶养费、抚养费、抚恤金、医疗费用的；追索劳动报酬的；因情况紧急需要先予执行的。

（2）先予执行的条件。人民法院裁定先予执行的，应当符合下列条件：①当事人之间权利义务关系明确，不先予执行将严重影响申请人的生活或者生产经营的；②被申请人有履行能力。

人民法院可以责令申请人提供担保，申请人不提供担保的，驳回申请。申请人败诉的，应当赔偿被申请人因先予执行遭受的财产损失。

三、民事诉讼的管辖

民事诉讼管辖指上下级法院之间和同级法院之间受理第一审民事案件的分工和权限。

（一）级别管辖

级别管辖是指人民法院受理一审民事案件的分工。《民事诉讼法》第十八条规定，基层人民法院管辖第一审民事案件，但本法另有规定的除外。《民事诉讼法》第十九条规定，中级人民法院管辖下列第一审民事案件：①重大涉外案件；②在本辖区有重大影响的案件；③最高人民法院确定由中级人民法院管辖的案件。《民事诉讼法》第二十条规定，高级人民法院管辖在本辖区有重大影响的第一审民事案件。《民事诉讼法》第二十一条规定，最高人民法院管辖下列第一审民事案件：①在全国有重大影响的案件；②认为应当由本院审理的案件。

（二）地域管辖

地域管辖是指同级人民法院间受理一审民事案件的分工和权限。地域管辖又可分为一般地域管辖、特殊地域管辖、专属管辖。

1. 一般地域管辖

一般地域管辖是指以被告住所地为标准来确定管辖法院。我国《民事诉讼法》采用"原告就被告"原则，即以被告所在地管辖为原则，原告所在地为例外。《民事诉讼法》第二十二条规定，对公民提起的民事诉讼，由被告住所地人民法院管辖；被告住所地与经常居住地不一致的，由经常居住地人民法院管辖。对法人或者其他组织提起的民事诉讼，由被告住所地人民法院管辖。诉讼的几个被告住所地、经常居住地在两个以上人民法院辖区的，各人民法院都有管辖权。

《民事诉讼法》第二十二条规定，下列民事诉讼，由原告住所地人民法院管辖；原告住所地与经常居住地不一致的，由原告经常居住地人民法院管辖：①对不在中华人民共和国领域内居住的人提起的有关身份关系的诉讼；②对下落不明或者宣告失踪的人提起的有关身份关系的诉讼；③对被采取强制性教育措施的人提起的诉讼；④对被监禁的人提起的诉讼。

2. 特殊地域管辖

特殊地域管辖是指以诉讼标的物所在地或法律事实发生地为标准确定管辖法院。《民事诉讼法》第二十三条规定：①因合同纠纷提起的诉讼，由被告住所地或者合同履行地人民法院管辖。合同或者其他财产权益纠纷的当事人可以书面协议选择被告住所地、合同履行地、合同签订地、原告住所地、标的物所在地等与争议有实际联系的地点的人民法院管辖，但不得违反《民事诉讼法》对级别管辖和专属管辖的规定；②因票据纠纷提起的诉讼，由票据支付地或者被告住所地人民法院管辖；③因公司设立、确认股东资格、分配利润、解散等纠纷提起的诉讼，由公司住所地人民法院管辖；④因铁路、公路、水上、航空运输和联合运输合同纠纷提起的诉讼，由运输始发地、目的地或者被告住所地人民法院管辖；⑤因侵权行为提起的诉讼，由侵权行为地或者被告住所地人民法院管辖；⑥因铁路、公路、水上和航空事故请求损害赔偿提起的诉讼，由事故发生地或者车辆、船舶最先到达地、航空器最先降落地或者被告住所地人民法院管辖；⑦因船舶碰撞或者其他海事损害事故请求损害赔偿提起的诉讼，由碰撞发生地、碰撞船舶最先到达地、加害船舶被扣留地或者被告住所地人民法院管辖；⑧因海难救助费用提起的诉讼，由救助地或者被救助船舶最先到达地人民法院管辖；⑨因共同海损提起的诉讼，由船舶最先到达地、共同海损理算地或者航程终止地的人民法院管辖。

3. 专属管辖

专属管辖是指法律规定某些民事案件只能由特定的人民法院管辖。《民事诉讼法》第三十三条规定，下列案件，由人民法院专属管辖：①因不动产纠纷提起的诉讼，由不动产所在地人民法院管辖；②因港口作业中发生纠纷提起的诉讼，由港口所在地人民法院管辖；③因继承遗产纠纷提起的诉讼，由被继承人死亡时住所地或者主要遗产所在地人民法院管辖。

两个以上人民法院都有管辖权的诉讼，原告可以向其中一个人民法院起诉；原告向两个以上有管辖权的人民法院起诉的，由最先立案的人民法院管辖。

课内小案例

河北省个体户金某从河南省A县运5吨化工原料到B县，途经河南省的甲、乙、丙三县交界时，化工原料外溢，污染了甲县村民王某、乙县李某和丙县张某的稻田，造成禾苗枯死。受害村民要求赔偿，但由于赔偿数额争议较大，未能达成协议。为此，甲县的王某首先向甲县人民法院提起诉讼。甲县人民法院受理后，认为该案应由被告所在地人民法院管辖，于是将案件移送到金某住所地的基层人民法院。与此同时，村民李某、张某也分别向自己所在地的基层人民法院提起诉讼，要求赔偿损失。乙县和丙县人民法院都认为对该案有管辖权，与河北省金某住所地的基层人民法院就管辖问题发生争议，协商不成，河北省金某住所地的基层法院即向河北省某中级人民法院报请指定管辖。

问题：1. 哪个法院对此案有管辖权？
2. 甲县人民法院的移送是否正确？
3. 河北省基层人民法院报请指定管辖是否正确？请说明原因。

（三）移送管辖和指定管辖

1. 移送管辖

移送管辖是指人民法院发现受理的案件不属于本院管辖的，应当移送有管辖权的人民法院，受移送的人民法院应当受理。受移送的人民法院认为受移送的案件依照规定不属于本院管辖的，应当报请上级人民法院指定管辖，不得再自行移送。

2. 指定管辖

指定管辖是指有管辖权的人民法院由于特殊原因，不能行使管辖权的，由上级人民法院指定管辖。

四、民事诉讼的审判

（一）审判组织

人民法院审理第一审民事案件，由审判员、陪审员共同组成合议庭或者由审判员组成合议庭。合议庭的成员人数必须是单数。适用简易程序审理的民事案件，由审判员一人独任审理。基层人民法院审理的基本事实清楚、权利义务关系明确的第一审民事案件，可以由审判员一人适用普通程序独任审理。

人民法院审理第二审民事案件，由审判员组成合议庭。合议庭的成员人数必须是单数。中级人民法院对第一审适用简易程序审结或者不服裁定提起上诉的第二审民事案件，事实清楚、权利义务关系明确的，经双方当事人同意，可以由审判员一人独任审理。

审理再审案件，原来是第一审的，按照第一审程序另行组成合议庭；原来是第二审的或者是上级人民法院提审的，按照第二审程序另行组成合议庭。

合议庭评议案件，实行少数服从多数的原则。评议应当制作笔录，由合议庭成员签名。评议中的不同意见，必须如实记入笔录。

（二）审判程序

1. 一审程序

（1）普通程序。普通程序包括起诉、受理、审理前准备、开庭审理、判决和裁定几个阶段。

1）起诉。起诉必须符合下列条件：①原告是与本案有直接利害关系的公民、法人和其他组织；②有明确的被告；③有具体的诉讼请求和事实、理由；④属于人民法院受理民事诉讼的范围和受诉人民法院管辖。

起诉应当向人民法院递交起诉状，并按照被告人数提出副本。书写起诉状确有困难的，可以口头起诉，由人民法院记入笔录，并告知对方当事人。起诉状应当记明下列事项：①原告的姓名、性别、年龄、民族、职业、工作单位、住所、联系方式，法人或者其他组织的名称、住所和法定代表人或者主要负责人的姓名、职务、联系方式；②被告的姓名、性别、工作单位、住所等信息，法人或者其他组织的名称、住所等信息；③诉讼请求和所根据的事实与理由；④证据和证据来源，证人姓名和住所。

2）受理。人民法院认为符合起诉条件的，应当在 7 日内立案，并通知当事人；不符合起诉条件的，应当在 7 日内做出裁定书，不予受理；原告对裁定不服的，可以提起上诉。

3）审理前准备。人民法院应当在立案之日起 5 日内将起诉状副本发送被告，被告应当在收到之日起 15 日内提出答辩状。答辩状应当记明被告的姓名、性别、年龄、民族、职业、工作单位、住所、联系方式；法人或者其他组织的名称、住所和法定代表人或者主要负责人的姓名、职务、联系方式。人民法院应当在收到答辩状之日起 5 日内将答辩状副本发送原告。被告不提出答辩状的，不影响人民法院审理。人民法院对决定受理的案件，应当在受理案件通知书和应诉通知书中向当事人告知有关的诉讼权利义务，或者口头告知。审判人员确定后，应当在 3 日内告知当事人。

4）开庭审理。人民法院审理民事案件，除涉及国家秘密、个人隐私或者法律另有规定的以外，应当公开进行。离婚案件、涉及商业秘密的案件、当事人申请不公开审理的，可以不公开审理。人民法院审理民事案件，应当在开庭 3 日前通知当事人和其他诉讼参与人。

庭审过程中的法庭辩论按照下列顺序进行：①原告及其诉讼代理人发言；②被告及其诉讼代理人答辩；③第三人及其诉讼代理人发言或者答辩；④互相辩论。法庭辩论终结，由审判长按照原告、被告、第三人的先后顺序征询各方最后意见。

5）判决和裁定。法庭辩论终结，应当依法作出判决。判决前能够调解的，还可以进行调解，调解不成的，应当及时判决。宣判前，原告申请撤诉的，是否准许，由人民法院裁定。人民法院裁定不准许撤诉的，原告经传票传唤，无正当理由拒不到庭的，可以缺席判决。

原告经传票传唤，无正当理由拒不到庭的，或者未经法庭许可中途退庭的，可以按撤诉处理；被告反诉的，可以缺席判决。被告经传票传唤，无正当理由拒不到庭的，或者未经法庭许可中途退庭的，可以缺席判决。

人民法院对公开审理或者不公开审理的案件，一律公开宣告判决。当庭宣判的，应当在 10 日内发送判决书；定期宣判的，宣判后立即发给判决书。宣告判决时，必须告知当事人上诉权利、上诉期限和上诉的法院。

人民法院适用普通程序审理的案件，应当在立案之日起 6 个月内审结。有特殊情况需要延长的，由本院院长批准，可以延长 6 个月；还需要延长的，报请上级人民法院批准。

（2）简易程序。简易程序是指基层人民法院和它派出的法庭审理事实清楚、权利义务关系明确、争议不大的简单的民事案件的审理程序。对简单的民事案件，原告可以口头起诉。当事人双方可以同时到基层人民法院或者它派出的法庭，请求解决纠纷。基层人民法院或者它派出的法庭可以当即审理，也可以另定日期审理。基层人民法院和它派出的法庭审理简单的民事案件，可以用简便方式传唤当事人和证人、送达诉讼文书、审理案件，但应当保障当事人陈述意见的权利。人民法院适用简易程序审理案件，应当在立案之日起 3 个月内审结。有特殊情况需要延长的，经本院院长批准，可以延长 1 个月。

课内小案例

刘某自 2011 年起在天津市经营一家餐饮店，领有营业执照。2022 年 5 月，刘某将餐饮店转让给薛某经营，但未到工商局办理营业执照的变更手续。2023 年的一天，薛某在经营中，因煤气罐爆炸，致使顾客李某和常某受伤，现李某与常某把薛某告上天津的和平区法院，请求赔偿医药费等费用。在诉讼中，李某和常某又要求把刘某作为被告，让两人承担共同赔偿责任。

问题：1. 对于案例中的情况，法院应如何处理？
2. 法院受理案件后，在审理前的准备阶段应当做哪些准备工作？

2. 二审程序

当事人不服地方人民法院第一审判决的，有权在判决书送达之日起15日内向上一级人民法院提起上诉。当事人不服地方人民法院第一审裁定的，有权在裁定书送达之日起10日内向上一级人民法院提起上诉。

第二审人民法院对上诉案件，经过审理，按照下列情形分别处理：①原判决、裁定认定事实清楚，适用法律正确的，以判决、裁定方式驳回上诉，维持原判决、裁定；②原判决、裁定认定事实错误或者适用法律错误的，以判决、裁定方式依法改判、撤销或者变更；③原判决认定基本事实不清的，裁定撤销原判决，发回原审人民法院重审，或者查清事实后改判；④原判决遗漏当事人或者违法缺席判决等严重违反法定程序的，裁定撤销原判决，发回原审人民法院重审。

第二审人民法院的判决、裁定，是终审的判决、裁定。人民法院审理对判决的上诉案件，应当在第二审立案之日起3个月内审结。有特殊情况需要延长的，由本院院长批准。人民法院审理对裁定的上诉案件，应当在第二审立案之日起30日内作出终审裁定。

五、民事诉讼的执行程序

民事诉讼执行程序是指民事诉讼法规定的由法定组织和人员运用国家的强制力量，根据生效法律文书的规定，强制民事义务人履行所负义务的程序。

发生法律效力的民事判决、裁定，当事人应当履行。一方拒绝履行的，对方当事人可以向人民法院申请执行，也可以由审判员移送执行员执行。调解书和其他应当由人民法院执行的法律文书，当事人必须履行。一方拒绝履行的，对方当事人可以向人民法院申请执行。对公证机关依法赋予强制执行效力的债权文书，一方当事人不履行的，对方当事人可以向有管辖权的人民法院申请执行，受申请的人民法院应当执行。申请执行的期间为二年，从法律文书规定履行期间的最后一日起计算。

执行员接到申请执行书或者移交执行书，应当向被执行人发出执行通知，并可以立即采取强制执行措施。

复习思考题

一、选择题

1. 解决争议的主要途径有（　　）。
   A. 和解　　　　B. 调解　　　　C. 仲裁　　　　D. 诉讼

2. 进行调解的主体可以是（　　）。
   A. 人民调解委员会　　　　　　　　B. 仲裁委员会
   C. 法院　　　　　　　　　　　　　D. 行政机关
3. 下列可以适用仲裁的纠纷包括（　　）。
   A. 运输合同纠纷　　　　　　　　　B. 仓储合同纠纷
   C. 继承纠纷　　　　　　　　　　　D. 收养纠纷
4. 我国民事诉讼制度实行（　　）。
   A. 一审终审制　　　　　　　　　　B. 二审终审制
   C. 再审终审制　　　　　　　　　　D. 其他
5. 人民法院适用普通程序审理的案件，应当在立案之日起（　　）个月内审结。
   A. 3　　　　　B. 6　　　　　C. 9　　　　　D. 12

二、简答题

1. 仲裁的条件和原则是什么？
2. 民事诉讼法的举证责任的规定有哪些？
3. 什么是财产保全？保全的范围和措施有哪些？
4. 民事诉讼管辖的含义和民事诉讼管辖的分类是什么？
5. 书证与物证的区别是什么？

三、案例分析题

2022年5月，邢台市昊锐公司与张家口市天香园水果批发公司在张家口市订立了一份雪花梨购销合同。合同规定："昊锐公司于2022年7月底前供给天香园水果批发公司雪花梨3 000件，每件15斤，每斤价格为2元钱，货款共计9万元。"7月，昊锐公司将雪花梨运至张家口市火车站，并将水果卸在该火车站货场里。天香园水果批发公司以雪花梨不符合合同规定的规格为由，拒绝提货和支付货款。因天气炎热，货场里的水果开始腐烂。昊锐公司准备起诉天香园水果公司，并在起诉前申请法院对雪花梨采取措施。法院在接到申请的3日后，裁定变卖这批雪花梨。

请问：1. 昊锐公司是否有权申请法院处理这批水果？
　　　2. 法院在接受申请时，应要求昊锐公司履行什么义务？
　　　3. 法院在3日后作出裁定，是否正确？为什么？
　　　4. 依照有关法律，昊锐公司应向哪个法院提出处理水果的申请？
　　　5. 如果昊锐公司要起诉，可以向哪个法院提起诉讼？
　　　6. 昊锐公司必须在什么期间内提起诉讼？

参 考 文 献

[1] 李爱华，王宝生. 物流法律法规 [M]. 2 版. 北京：清华大学出版社，2018.
[2] 朱强. 物流运输管理实务 [M]. 4 版. 北京：高等教育出版社，2020.
[3] 吴吉明. 货物运输实务 [M]. 北京：北京理工大学出版社，2020.
[4] 罗佩华，郭可. 物流法律法规 [M]. 3 版. 北京：清华大学出版社，2021.
[5] 张冬云，谷晓峰. 物流法律法规概论与案例 [M]. 2 版. 北京：北京交通大学出版社，2015.
[6] 王玫. 物流法律法规 [M]. 3 版. 武汉：华中科技大学出版社，2019.
[7] 张瑜. 物流法规 [M]. 北京：对外经济贸易大学出版社，2004.
[8] 孟琪. 物流法概论 [M]. 2 版. 上海：上海财经大学出版社，2010.
[9] 黄敬阳. 国际货物运输保险 [M]. 北京：对外经济贸易大学出版社，2005.
[10] 徐杰，田源. 采购与仓储管理 [M]. 北京：北京交通大学出版社，2004.
[11] 刘北林. 流通加工技术 [M]. 北京：中国物资出版社，2004.
[12] 黄中鼎. 现代物流管理 [M]. 2 版. 上海：复旦大学出版社，2009.
[13] 李永生，刘卫华. 仓储与配送管理 [M]. 4 版. 北京：机械工业出版社，2019.
[14] 唐德华. 合同法及司法解释条文释义 [M]. 2 版. 北京：人民法院出版社，2003.
[15] 李玉如. 国际货运代理与业务 [M]. 北京：人民交通出版社，2001.
[16] 蒋志培. 网络与电子商务法 [M]. 北京：法律出版社，2002.
[17] 田晓云. 国际经济法 [M]. 北京：人民法院出版社，2004.
[18] 赵林. 物流法律与法规 [M]. 西安：西安交通大学出版社，2014.